相應院御影（徳川義直筆　寛永二十年九月十六日條、123頁參照）　愛知　相應寺所藏（徳川美術館畫像提供）

相應院石塔（寛永二十年六月四日條、113 頁參照）　　和歌山　高野山奥院

德川光友自筆「興聖山」山號（正保元年條、189 頁參照）

愛知　總見院所藏

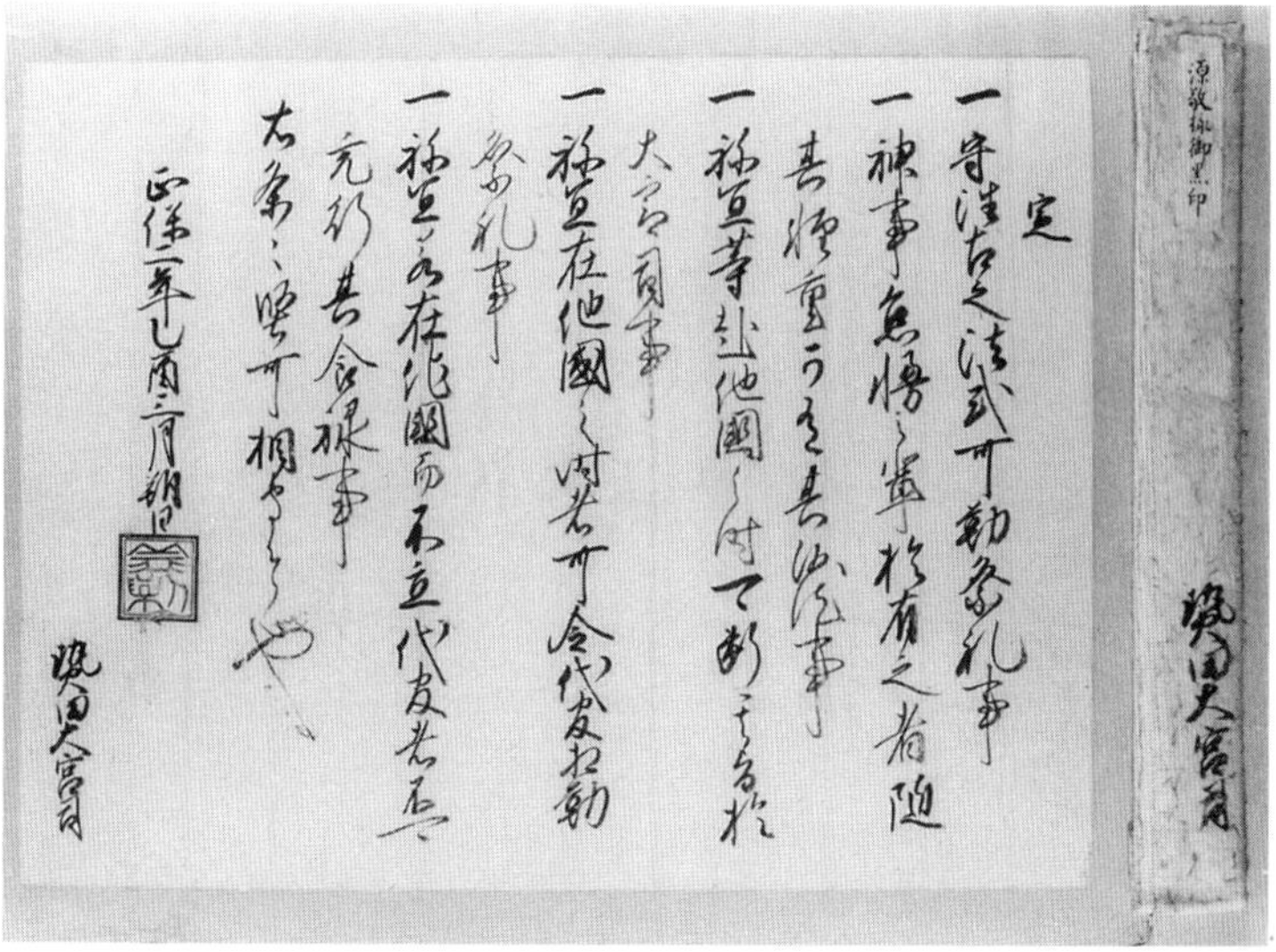

徳川義直黑印狀（正保二年三月朔日條、200頁參照）

愛知　熱田神宮所藏「千秋家文書」

相應院位牌（正保三年十月條、273頁參照）

京都　公安院所藏

御年譜（徳川義直撰　正保三年四月十七日條、246 頁參照）

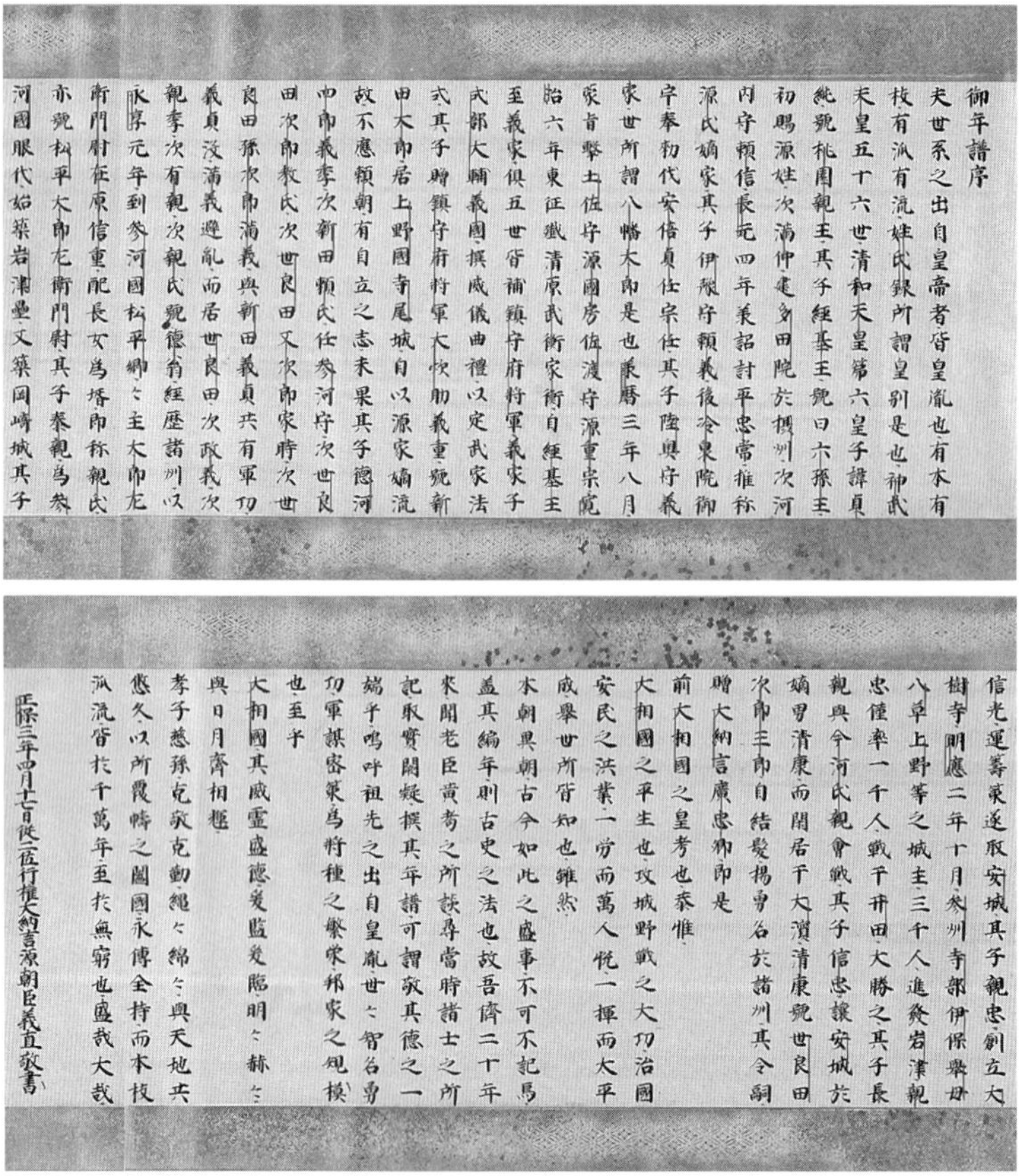

御年譜序
夫世系之出自皇帝者皆皇胤也有本有
枝有派有流姓氏録所謂皇別是也神武
天皇五十六世清和天皇第六皇子諱貞
純號桃園親王其子經基王號曰六孫王
初賜源姓次滿仲建多田院於攝州次河
内守頼信長元四年義詔討平忠常推称
源氏嫡家其子伊豫守頼義後冷泉院御
宇奉勅代安倍貞任宗任其子陸奥守義
家世所謂八幡太郎是也承暦三年八月
家旨撃土佐守源國房佐渡守源重宗寛
治六年東征戮清原武衡家衡自經基王
至義家俱五世皆補鎮守府将軍義家子
式部大輔義國撰威儀曲禮以定武家法
式其子贈鎮守府将軍大炊助義重號新
田大郎居上野國寺尾城自以源家嫡流
故不應頼朝有自立之志未果其子徳河
四郎義季次新田頼氏任参河守次世良
田次郎教氏次世良田又次郎家時次世
良田孫次郎滿義與新田義貞共有軍功
義貞沒滿義避亂而居世良田次政義次
親季次有親次親氏號徳翁經歴諸州以
永享元年到参河國松平郷々主太郎左
衛門尉在原信重配長女為婿郎称親氏
亦號松平太郎左衛門尉其子泰親為参
河國眼代始築岩津壘又築岡崎城其子
信光運籌策遂取安城其子親忠創立大
樹寺明應二年十月参州寺部伊保挙母
八草上野等之城主三千人進発岩津親
忠僅率一千人戰于井田大勝之其子長
親與今河氏親會戰其子信忠讓安城於
嫡男清康而閑居于大濱清康號世良田
次郎三郎自結髪揚勇名於諸州其令嗣
贈大納言廣忠卿即是
前大相國之皇考也恭惟
大相國之平生也攻城野戰之大功治國
安民之洪業一労而萬人悦一揮而太平
成舉世所皆知也雖然
本朝興朝古今如此之盛事不可不記焉
蓋其編年則古史之法也故吾儕二十年
來聞老臣黄耇之所談尋當時諸士之所
記取實闕疑撰其年譜可謂敬其徳之一
端乎嗚呼祖先之出自皇胤世々智名勇
功軍謀密策為将種之繁栄邦家之規模
也至乎
大相國其威霊盛徳爰監爰臨明々赫々
與日月齊相輝
孝子慈孫克敬克勤縄々綿々與天地共
悠久以所貴幹之圖國永傳全持而本枝
派流皆於千萬年至於無窮也盛哉大哉
正保三年四月十七日従二位行権大納言源朝臣義直敬書

御年譜　序

東京　個人藏

凡例

一、史料纂集は、史學・文學をはじめ日本文化研究上必須のものでありながら、今日まで未刊に屬するところの古記錄・古文書の類を中藪とし、更に既刊の重要史料中、現段階において全面的改訂が學術的見地より要請されるものをこれに加へ、集成公刊するものである。

一、本書は初代尾張藩主・徳川義直の年代記であり、原題は「源敬様御代御記録」である。書名中の「源敬」とは徳川義直が自ら定めた神主號「二品前亞相尾陽矦源敬」に由來する。

一、原本は三十六册あり、公益財団法人徳川黎明会 徳川林政史研究所所藏「舊蓬左文庫所藏史料」に含まれる。

一、本書には、慶長五年（一六〇〇）の徳川義直生誕から、慶安三年（一六五〇）の歿後四十九日法要までの記事が現存する。本册には、寛永十七年（一六四〇）から正保三年（一六四六）までの記事を收めた。

一、本書の翻刻に當つては、つとめて原本の體裁・用字を尊重したが、校訂上の體例基準は、凡そ左の通りである。

1　文中に讀點（、）と竝列點（・）を便宜加へた。

凡例

2　原本の欽損文字は□で示した。
3　原本に示されてゐる闕字は一文字空き、平出は二文字空きとして翻刻した。
4　抹消文字については、元の文字の左傍に抹消符（〻）を附し、右傍に訂正文字を註記した。
5　校訂註は、原本の文字に置き換へるべきものには〔　〕を、人名・地名または參考のための傍註には（　）を附した。また附箋の位置は△でこれを示した。
6　人名・地名の傍註は、原則として年毎にその初出の箇所に加へた。なほ江戸・京都については、本冊の初出のみに示した。
7　上欄に、本文中の主要な事項等を標出した。上段にかかる標出は無印、下段に相當するものには＊印を附した。
8　本書の記述には、今日の人權意識のもとでは問題のある記載も見える。しかし、本書が歴史學研究の史料であることに鑑み、原本の表記にしたがつた。

一、本書の校訂は、徳川林政史研究所の深井雅海・川島孝一・藤田英昭が擔當した。

平成三十年二月

公益財団法人徳川黎明会　徳川林政史研究所

目次

寛永十七年
義直四十一歳
家光三十八歳
光友　十六歳

源敬様御代御記録　第三

（表紙題簽）

源敬様御代御記録　　廿六

（貼紙、朱書）
「先達而
御覧濟」

（内題）
「源敬様御代
印御記録　寛永十七年　従正月至十二月
御滞府」

謡初

寛永十七年
正月朔日

*光友年頭の御禮として登城

年頭御禮として　御登城、（徳川家光）公方様江　御
對顔、御太刀・馬代御指上有之、

義直年頭の御禮として登城

一、為年頭御祝儀　（本多忠刻室、秀忠女、千姫）天樹院様・　（松平忠直室、秀忠女、勝姫、天崇院）高田様・　（前田光高室、家光養女、頼房女、亀姫、清泰院）大
姫君様江大判壹枚ツヽ被進之、

一、為年頭御祝儀　（光友室、家光女、千代姫、靈仙院）姫君様江大判貳枚、　（義直母、家康側室、志水宗清女、御亀の方）相應
院様江同壹枚被進之、

正月二日

今晩御謡初ニ付、御盃臺并御酒代白銀壹枚御指
上之、

一、御謡初ニ付、御登城有之、

一、為年頭御祝儀　（家康側室、蔭山刑部養女、頼宣・頼房母、於萬の方）養珠院御方江御使を以、銀五
枚被進之、

正月三日

為年頭御禮　（徳川光友）右兵衛督様　御登城、　公方
様江　御對顔有之、

一、（久能山東照宮）久能社僧大乗坊（駿河國有渡郡）　御鏡持参ニ付、銀貳枚被遣
之、

一、鷺仁右衛門江御謡初之節、御肩衣代として銀貳
枚被下之、

一、御代官鈴木九左衛門（十正）尾州江罷登候付、銀五枚・
御小袖・御羽織一充被下之、

*領分より他國へ奉公人遣す儀などの法度仰出づ

*増上寺台徳院佛殿參詣

日光東照宮へ太刀などを備ふ

正月四日
正月五日

記事無之、

正月六日

高家大澤右京亮(基重)京都(山城國)江　御使として相越候付
禁裏(明正天皇)・仙洞(後水尾上皇)江黄金壹枚充、爲年頭御祝儀
御進獻被遊、　國母様(徳川和子、後水尾上皇中宮、秀忠女、のちの東福門院)江も黄金壹枚、右同人
を以御差上有之、

右ニ付、右京亮江御小袖二被遣之、

自正月七日
至正月十二日

一、紀州様(徳川頼宣)・水戸様(徳川頼房)・常陸介様(徳川光貞)・左衛門督(徳川光圀)
様・右京大夫様(徳川頼重)江黄金壹枚ツヽ被進之、

記事無之、

正月十三日

日光(下野國都賀郡)江　御使大道寺玄蕃(直時)被遣　御宮(日光東照宮)江　御太
刀・馬代黄金壹枚御備之、
此節毘沙門堂御門跡(公海)江玄蕃を以、御小袖三被

進之、

右ニ付、玄蕃江御小袖貳被下之、

正月十四日

記事無之、

正月十五日

御領分ゟ他國江奉公人遣候儀、幷御普請役日雇
渡切御停止等之儀ニ付、御法度被　仰出之、

正月十六日

自正月十七日
至正月廿三日

酒井久左衛門(利尚)尾州江罷登候付、御小袖貳被下之、

記事無之、

正月廿四日

増上寺(武藏國豊島郡)　台徳院様(徳川秀忠)御佛殿江　御參詣、黄金
壹枚御備有之、
此節天光院(武藏國豊島郡)江銀五枚被下之、

自正月廿五日
至正月廿七日

記事無之、

正月廿八日

＊木曾福嶋火事につき山村良豊へ金五拾両下さる

御登城　公方様江　御對顔有之、

一、南光坊(天海)江　御招請ニ付、被爲　成、此節御小袖十・黄金壹枚、　毘沙門堂御門跡江御小袖五被進之、

「(貼紙、以下同ジ)僧正・出家中江も御小袖・銀子被下之、」
出家中江も被下物有之、

正月廿九日

正月晦日

＊義直鷹野として野老澤へ御成

記事無之、

一、此月、左之通被　仰出、

長圍爐裏頭被仰付、　五十人頭(正明)　下條庄右衛門

(武藏國豊島郡)八町堀御材木奉行被仰付、御加増廿石ツヽ被下置、　御歩行目付　渡辺甚右衛門
同　都筑茂大夫

＊公儀町奉行より法度書出づ

一、此月、　公義町奉行ゟ御府(江戸)内町人江相觸候御法度書、　御城下町人江相觸之、

二月朔日

一、「(附箋)福嶋火事有之候由、山村甚兵衛(良豊)より申越申上候處、金五十両被下候、家共作り候様可申付旨、甚兵衛江年寄中相達之、」
福嶋(信濃國筑摩郡)出火ニ付、山村甚兵衛達之趣有之、金五拾両被下之、家作可申付旨甚兵衛江年寄中相達之、

二月二日

記事無之、

二月三日

御鷹場江之御暇被進之、

二月四日

御鷹野として、野老澤(武藏國入間郡)江被爲　成、

二月五日

一、小榑妙福寺(武藏國新座郡)おゐて御膳被　召上候付、銀壹枚被下之、

姫君様ゟ御鷹場江、御飛脚を以被進物有之、

右御飛脚江銀子被下之、

二月六日

記事無之、

二月七日

御鷹場江　上使安藤伊賀守（重元）被進之、

右ニ付、伊賀守江御使を以、御小袖十・大判

壹枚被遣之、

八幡善法寺有清ら年頭の祝儀に罷下る

一、八幡（石清水八幡宮）善法寺（有清）幷一山惣代、為年頭御祝儀罷下候付、

銀子被下之、

二月八日

二月九日

*義直鷹場より帰府

記事無之、

二月十日

中之村（武蔵國多摩郡）法道寺おゐて、晝御膳被　召上候付、

銀壹枚被下之、

二月十一日

姫君様ゟ御鷹場江、御使を以被進物有之、

右御使江、御小袖二被下之、

一、片山（武蔵國多摩郡）法臺寺おゐて、晝御膳被　召上候付、銀

一枚被下之、

*八幡豊藏坊年頭の祝儀として罷下る

二月十二日

記事無之、

二月十三日

御鷹場江　上使池田帯刀（長賢）被進之、

右ニ付、帯刀江御使を以、御小袖十・大判壹

枚被遣之、

二月十四日

御鷹場ゟ　御帰府、

一、野老沢　御宿（武蔵國入間郡）東光寺無住「無住」ニ付、弟子共江御小

袖一ッ・銀貳枚ツ、被下之、

一、御鷹場より　御帰府之節、小榑妙福寺おゐて、

御膳被　召上候付、銀壹枚被下之、

二月十五日

五十人組小頭小山市兵衛（清政）・櫻口乞左衛門（高行）・本多

與左衛門（俊寛）・酒井金大夫（忠總）、野老澤御泊御鷹野之節、

御供出精相勤候付、為御褒美銀五枚ツ、被下之、

一、八幡（石清水八幡宮）法〔豊〕藏坊為年頭御祝儀罷下候付、銀五枚被下

*他國に罷在る者百姓の才覺にて呼歸儀ならず

構へなき浪人の親子らの抱置きは苦からず

*高野山無量壽院繼目御禮

*濃州木曾路傳馬宿近郷より助馬あり

之、

二月十六日
二月十七日

記事無之、

二月十八日

構無之牢人親子・兄弟・男女共抱置不苦、改易

被　　仰付候者之妻子不可抱置旨被　　仰出之、

一、横內理右衛門江戸(武藏國)ニ久〻相詰候付、爲御褒美銀

拾枚被下之、

二月十九日

野呂瀬半兵衛(直畠)野老沢御鷹野之節　　右兵衛督樣

御使相勤候付、御小袖貳ツ被下之、

「一、以來法眼妻木藤右衛門　(貼紙、朱書)「御役名　不　詳、」

公儀御醫師半井三位(成忠)幷清雲爲伺御機嫌參上有之候付、小袖貳

妻木藤左衛門、　公儀御醫師半井三位・清雲

等參上有之候付、御小袖貳ツ充被遣之、

ツ充被遣之、(貼紙、朱書)『御見せ被　御用如此与引書見』」

二月廿日
二月廿一日

記事無之、

二月廿二日

(附箋)「他國ニ奉公いたし罷在候者、百姓之才覺ニ而呼歸候儀不成候

他國ニ奉公いたし罷在候者呼歸候儀ニ付、御法

ハヽ、其樣子奉行所江可申上候、隱置訴人有之ハ御法度可被

度被　　仰出之、

仰付旨相渡之候樣、年寄中尾州江相達、」

自二月廿三日
至二月廿五日

記事無之、

二月廿六日

高野山(紀伊國伊都郡)無量壽院繼目爲御禮罷下候付　　御目見

被　　仰付、御使を以御小袖二被遣之、

自二月廿七日
至二月廿九日

記事無之、

一、此月、濃州御領分之內木曾路御傳馬宿、御領分

計ニ而御役相勤候処、人馬多入候節ハ、以來近

家中の輩何方へ参る共行戻の節は目付へ斷るやう觸あり

大原金之丞百姓僞を申懸く

*家光御三家へ茶進む

*義直松平輝綱宅へ御成

郷より助馬有之様、御老中江為御達有之候處、
御達之通相成、

一、此月、御進物番幡野惣四郎(忠次)不屈之儀有之候付、
御國御領分中御塞改易被　仰付之、

一、此月、御城代江相斷何方江參候共、行戻之節御
目付江斷候様、御家中之輩江御觸有之、

一、此月、志水甲斐(忠政)同心大原金之丞百姓、金之丞江
對し僞を申懸候付、頭取壹人成敗申付、殘百姓
ハ窂舍可申付旨被　仰出之、

一、此月、左之通被　仰出、

御賄頭被仰付、御加増米貳拾石被下置、　五十人御目付　太田弥兵衛(守政)

(義直側室、津田信益女、於佐井)奥様御賄頭被仰付、御加増米五石被下置、　水野七大夫(重敦)

御加増貳十石被下置、　(武藏國豊島郡)千駄ヶ谷御屋敷御留守居　上田五兵衛(吉忠)

父傳左衛門遺跡無相違被下置、御深井丸番被仰付、　(名古屋城)御深井丸番ニ而病死　傳左衛門悴　本間市兵衛(八右衛門重久カ)

一、此月、今度御供ニ而罷下候輩、毎も夏計江戸ニ
相詰、多詰之輩ハ毎も冬計相詰候付而、當三月
罷下候輩、十二月迄罷在候様年寄中申渡之、

三月朔日

三月二日

記事無之、

三月三日

御登城　公方様江御對顔、此節二之丸おゐて
御三家様方(義直・頼宣・頼房)江御茶被進、相濟而　御退出、

三月四日

昨日二之丸江　御登城之節、松平甲斐守(輝綱)宅江
被為　成、御城之御時分御待合被成候付、
為御挨拶大判壹枚・御小袖五被遣之、
右之節二之丸於御茶屋、御取持申上候付、大河
原源五左衛門江大判一枚・御小袖三ッ被遣之、

三月五日

記事無之、

成瀨正虎病氣
*長熨斗
*皆濟の判物
阿部正與病氣
*左右田八郎兵衞渡邊忠彌と喧嘩
*八幡岩本坊御目見に罷下る
阿部正與病死

三月六日
成瀨隼人正(正虎)病氣ニ付、尾州江之御暇被下置、折
ヽ知行所江も罷越候樣被　仰出之、
右ニ付、尾州御用向之儀、江戸表江相伺候程之
儀ハ、隼人正江相談可致旨被　仰出、
一、阿部河內守(正與)病氣ニ付、爲　御尋　御書被下之、
右以後猶又爲　御尋御使冨永丹波(兼吉)被遣、病呠
診察いたし候樣、賀嶋道圓(東和)江被　仰付之、
自三月七日
至三月十七日
記事無之、
三月十八日
御供番中野理右衞門(滿貞)御目付被　仰付、
自三月十九日
至三月廿一日
記事無之、
三月廿二日
阿部河內守病死、

三月廿三日
國母樣江一月ニ二度ツヽ、御差上物可被遊旨被
仰出之、長熨斗一箱御差上之、
三月廿四日
諸御代官皆濟　御判物之儀、一年ツヽ延候而
被下候筈被　仰出、
三月廿五日
記事無之、
三月廿六日
黑御門頭左右田十內(師起)悴同姓八郎兵衞・阿部河內
守同心渡辺弥大夫悴同姓忠弥、七寺辺(尾張國愛知郡)ニ而喧嘩、
八郎兵衞を忠弥討果、意趣有之趣令書置立去、
三月廿七日
八幡岩本坊(石清水八幡宮)　御目見罷下候付、御小袖三ツ被
下之、
三月廿八日
鳥居與三左衞門(十之)年寄　御守殿御廣敷之御番、

*光友任官御禮仰上ぐ
光友參議任官
右近衛中將兼官
*禮劔以上の輩
光貞參議任官
光圀中將任官
*家光本丸へ移徙
木曾路一宿へ高壹萬石充に助人馬申付く

其外出精相勤罷登候付、爲御褒美大判壹枚・御小袖貳被下之、

三月廿九日
上使酒井讃岐守(忠勝)を以御懇之　上意之上、右兵衛督様御事被任宰相旨被　仰出之、右近衛中將　御兼官有之、
一、右ニ付　御二方様(義直・光友)共來月朔日　御登城御礼被　仰上候様、御老中ゟ御差圖申上、
一、常陸介様ニも宰相、　左衛門督様ニも中將御任官有之、

三月晦日
岩田与左衛門(正勝)八町堀(武藏國豊島郡)御屋敷ニ相詰、御材木之儀精出、尾州江罷登候付、爲御褒美大判貳枚被下之、
一、此月、木曾路之内鵜沼(美濃國各務郡)ゟ中津川(美濃國惠那郡)迄八宿江、御領・私領共一宿江高壹万石餘ツヽ、助人馬指出候筈、岡田將監(善同)より申付有之、郡奉行村瀬藤左衛(勝方)門・鈴木半右衛門罷出相極、

四月朔日
宰相様(徳川光友)御任官御禮被　仰上候付　御貳方様御登城　公方様江御對顔、　宰相様ゟ御太刀粟田口國綱一腰御差上之、
一、御任官之御禮被　仰上候付　宰相様江年寄中初礼劔以上之輩御肴差上、御祝儀申上之、

四月二日
保科彈正忠(正貞)・内藤石見守(信廣)爲二條御番罷登候付、御袷五充被遣之、

四月三日
四月四日
記事無之、

四月五日
公方様御本丸江　御移徙ニ付　御登城、宰相様ニも　御登城、於御黑書院　公方様江御對顔有之、

*義直日光へ發駕

例年差上ぐ巣鷹當年駿府にて差出づやう申聞せあり

權現様廿五回忌

*義直大桑村著座

一、右御移徙ニ付、廣蓋梨子地、十御指上之、

四月六日

御本丸江　御移徙有之候御祝儀として　御登城、公方様江　御對顏、御太刀・御馬代黄金貮枚御差上之、

四月七日

例年御差上之御巣鷹、當年ハ駿府(駿河國)ニ而爲御差出有之様、松平伊豆守(信綱)ゟ御城附江申聞有之、

四月八日

記事無之、

四月九日

蘿木伊兵衛(定昌)・羽鳥伊左衛門江戸御勘定ニ罷下候付、御袷壹・御羽織一ッ充被下之、

四月十日

權現様(徳川家康)廿五回御忌被爲當、　公方様日光江御參詣被遊候付　御豫參として、明日日光江御發駕ニ付、御登城有之、

一、國母様江小鮎鮓御差上之、

四月十一日

江戸　御發駕、浦和(武藏國足立郡)　御昼休、今晩鴻巣(武藏國足立郡)　御止宿、

一、鴻巣おゐて、松平式部大輔(榊原忠次)江大判壹枚・御袷十被遣之、

四月十二日

川俣(上野國邑樂郡)　御昼休、今晩佐野(下野國足利郡)　御止宿、

紀州様ニも佐野　御止宿、

四月十三日

合戰場(下野國都賀郡)　御昼休、今晩楡木(下野國都賀郡)　御止宿、

一、水戸様鹿沼(下野國都賀郡)　御泊ゟ楡木　御旅舘江御使被進之、

四月十四日

鹿沼おゐて、井上河内守(正利)御饗應申上候付、假屋江被爲　入、此節　水戸様ニも御出會、青山大藏少輔(幸成)參向、御饗應相濟而大桒村(下野國河内郡)　御着座、

*名古屋東照宮祭禮
*日光東照宮祭禮
吉野葛
干鯛
*經供養あり
日光祭禮延引

右ニ付、為御挨拶、河内守江大判壹枚・御袷十、
弟帯刀（正義）江御袷五被遣、河内守家來江も時服
等被下之、「羽折（織）等被下之、」
四月十五日
右御使江銀五枚被下、
姫君様ゟ御使を以、御菓子被進之、
一、紀伊宰相（徳川光貞）様ゟ吉野葛、　水戸中將（徳川光圀）様ゟ干鯛、
御使を以被進之、
右御使江時服貳充被下之、
四月十六日
大桑村ゟ日光　御宿坊江　御越有之、
此節　宰相様ゟ大桑村江御使被進之、
右御使江時服貳被下之、
四月十七日
於日光　御祭禮、雨天ニ付被　仰上候趣有之、
御延引被　仰出之、

一、三之丸（名古屋東照宮）於　御宮　御祭礼有之、　御名代成
瀬隼人正相勤之、
四月十八日
日光おゐて　御祭礼有之、　公方様御棧敷江
被為　成候付　御三家様方ニも　御越、御次
之間　御着座、　神輿　還幸以後　御廟
壇江　御參詣ニ付、　御豫參、
四月十九日
日光おゐて御經御供養有之、　公方様御着座
ニ付　御三家様ニも　御着座有之、
一、御宮江黄金壹枚御備之、
南光坊江時服十・黄金十枚、毘沙門堂御門跡
江時服五、御使を以被進、其外出家中江も被
下物有之、
一、日光江　姫君様ゟ御使被進之、
右御使江銀五枚被下之、
一、宰相様ゟ大桒江御使被進之、

右御使江御袷二・御羽織一被下之、
一、大桒江　紀伊宰相様・　水戸中將様ゟ御使を
以被進物有之、
　右御使江御袷二・御羽織一充被下之、
一、大桒ゟ御使を以、奥平美作守(忠昌)・三浦志摩守(正次)・土
井遠江守(利隆)・阿部對馬守(重次)江大判壹枚・御袷十充被
遣之、
　四月廿日

義直大桑發駕

大桒　御發駕、鹿沼　御昼休、今晩橡木(下野國都賀郡)
御止宿、
　四月廿一日
行田(武藏國埼玉郡)　御昼休、今晩鴻巣　御止宿、
　四月廿二日

義直江戸著座

浦和　御昼休、江戸　御着座、
一、花井十三郎長野村(武藏國埼玉郡)江罷出候付、御袷二被遣之、
　四月廿三日

家光日光より還御

公方様日光より　還御ニ付　御登城、御老中
江　御謁御退出、
　四月廿四日
記事無之、
　四月廿五日
公方様日光より　還御之御祝儀として　御
登城、御太刀・馬代御差上之、
　四月廿六日
記事無之、
　四月廿七日
今度日光　御豫參之節、於鴻巣御饗應申上候
付、伊奈半十郎(忠治)江御使を以、大判壹枚・御袷三
被遣之、
　四月廿八日
記事無之、
　四月廿九日
増田治兵衛(豊信)江戸ニ相詰、精出相勤罷登候付、大
判壹枚・御袷二被下之、

（頭注）鮎鮓證文公儀より相渡る

一、鮎鮓證文　公義ゟ相渡候付、尾州江為御差登有之、

四月晦日

記事無之、

一、此月、日光江参向有之候　近衛前関白殿(信尋)・青蓮院(尊純法親王)御門跡・知恩院(良純法親王)御門跡・西三條前内府殿(實條)・菊亭前大納言殿(經季カ)・樋口侍従殿(信康カ)、追々御招請有之、

（頭注）家光本丸へ移徙

一、此月、　公方様　御本丸御移徙ニ付、英勝院(家康側室、太田康資女、頼房養母、於加知)御方・春日局(稲葉正成室、齋藤利三女、福)初女中向江金銀被遣之、

一、此月、　右兵衛督様御任官之為御祝儀、成瀬隼人正ゟ使者差下之、

右使者江袷貳被下之、

（頭注）御弓役長屋忠重京都にて矢數致す

一、此月、御弓役長屋六左衛門(忠重)於京都(山城國)致矢数、高山八右衛門を射越候付、為御褒美銀三拾枚被下之、

惣矢九千六百五拾三本

通矢六千三百廿三本

（頭注）太平記評判の本寫す

一、此月、太平記評判之御本御寫被　仰付候付、

新開宗庵・深田正室(得知、圓空)等尾州江参候様被　仰出、

（頭注）＊熊庄村助藏人勾引

一、此月、青山作兵衛(忠次カ)百姓春日井郡(尾張國)熊庄村助藏、庄屋ト口論いたし、其上人を勾引候付、成敗被　仰付、

五月朔日

記事無之、

五月二日

端午御祝儀として　公方様江御袷一・御單物四・御帷子五、御城附を以御差上、　天樹院様・　高田様・　大姫君様江も御單物三ツ、、御使を以被進、　英勝院御方江も御單物被遣之、

一、為端午之御祝儀　姫君様江御單物四、相應院様江御袷一・御單物二、御使を以被進之、

一、為端午之御祝儀、松平安藝守(淺野光晟)御内室(家光養女、前田利常女、萬)江、御使を以御單物三ツ被遣之、

五月三日

五月四日

記事無之、

五月五日

爲端午之御祝儀、成瀬隼人正ゟ御樽肴差上候付

御書被下之、

自五月六日
至五月九日

記事無之、

五月十日

國母様江粕漬鮑一桶御差上之、

一、左之通、御使を以被遣之、

銀貳拾枚ツ、　近衛前關白殿
　　　　　　竹內御門跡（良恕法親王）

同拾枚　竹內新宮（良尚法親王）

　　　　青蓮院御門跡
　　　　妙法院御門跡（堯然法親王）

同貳拾枚ツ、　梶井御門跡（慈胤法親王）
　　　　　　知恩院御門跡

同拾枚ツ、　圓滿院御門跡（常尊法親王）
　　　　　　實相院御門跡（義尊法親王）

同貳拾枚ツ、
御袷五　　　三條前內府殿
　　　　　　菊亭前右大將殿（經季）

銀貳拾枚
御袷二充　　阿野大納言殿（前脱）（實顯）
　　　　　　西洞院權之佐殿（時良カ）
　　　　　　竹屋內匠殿（光長カ）
　　　　　　中院中納言殿（大）（通村）
　　　　　　勸修寺中納言殿（經廣）
　　　　　　滋野井中納言殿（季吉）
　　　　　　藪　中納言殿（嗣良）

同三充

高倉中納言殿（永慶）

押小路新藏人殿（以永）

六條宰相中將殿（有純）

若王子僧正（澄存）

五條宰相殿（爲適）

尊勝院僧正（慈性）

清閑寺宰相殿（共綱）

智積院僧正（元壽長存）

三條宰相殿（實教）

中御門右大辨殿（宣順）

飛鳥井三位殿（雅章）

岩倉中將殿（具起）

梅園中將殿（實清）

七條中將殿（隆修）

柳原權右少辨殿（資行）

高倉右衞門佐殿（永敦）

土御門中務殿（中務少輔泰廣カ）

倉橋左馬助殿（泰吉）

樋口少將殿（信康）

竹內極﨟殿（後治）

同二充

光友日光へ發駕*

家光紀州屋敷へ御成*

義直相伴*

五月十一日

同三ツ、

五月十二日

記事無之、

五月十三日

公方様明日　紀州様御屋敷江　御成ニ付、

御相伴として　御越被成候様被　仰進之、

一、右御礼として　御登城有之、

一、宰相様日光　御社參ニ付、今日江戸　御發

駕、鴻巣　御止宿、御供竹腰山城守、（正信）

五月十四日

紀州様御屋鋪江　公方様御成ニ付、御相伴とし

て被爲　入、

御成已前御用人鈴木与三右衛門(景之)御附置被遊、日々相越、當日廣蓋要脚之役ニ御進物番五人被遣之、

*光友日光より歸府

一、宰相様御泊不詳、

五月十五日

宰相様今晩小山(下野國都賀郡)御止宿、

五月十六日

宰相様今晩今市(下野國都賀郡)御止宿、

家光紅葉山東照宮參詣

五月十七日

公方様紅葉山(紅葉山東照宮)御宮江　御參詣ニ付　御豫參、

光友日光社參

一、宰相様日光　御登山、大僧正(南光坊天海)江被爲　入、紀伊宰相様御待合、御同道ニ而　御社參、相濟而上乘院江　御立寄有之、

五月十八日

光友日光發駕

宰相様日光　御發駕、今晩楡木　御止宿、

五月十九日

宰相様佐野　御休之処、出水ニ付、今晩右驛御止宿、

五月廿日

宰相様今晩鴻巣　御止宿、

五月廿一日

宰相様日光より　御歸府、

五月廿二日

御歸府ニ付　宰相様御登城　公方様江　御對顔有之、

自五月廿三日
至五月廿九日

記事無之、

一、此月、　公方様江御巣鷹御差上ニ付、横井十大夫(時顯)御差下、駿府おゐて御差上有之、

一、此月、金森出雲守(重頼)より巣鶬・兒鷹指上之、

一、此月、左之通被　仰出、

御馬廻組　大塩四郎兵衛　御廣敷御足輕頭被仰付、

御進物番被召出、御切米八拾石・御扶持五人分被下置、　設樂勘右衛門

御廣敷御番被　仰付、　朝日惣兵衛（重政）

御馬廻組被召出、御合力米四百石被下置、　奥平大膳大夫（昌能カ）家中 隼人悴 本多乇兵衛

亡父同姓河内守遺跡知行無相違屋敷共被下置、同心御預、　河内守惣領 阿部善右衛門（正致）

亡父同姓河内守遺跡知行兄善右衛門江被下置候付、善右衛門知行千石・屋敷共被下置、自分知行ハ被　召上、　河内守二男 長囲爐裏頭 阿部善兵衛（正周）

一、此月、阿部河内守遺物として、同姓善右衛門ゟ刀一腰差上、　宰相様江も刀一腰差上之、

一、此月、左之通、御仕置有之、

人を切候付、成敗、　（美濃國厚見郡）岐阜町人 九郎左衛門

偽を申、九郎左衛門人を切候付成敗、　同 長助

六月朔日

御普請役日雇ニ渡切御停止、幷御領分より他國江罷越、奉公・日用（傭）・商賣御停止、欠落者等之儀ニ付、猶又御法度被　仰出、

六月二日

宰相様八町堀御屋敷江被爲　成、漁獵被　仰付、

六月三日

紀州様　御帰國、三州吉田（渥美郡）ゟ勢州大湊（度會郡）江　御渡海ニ付、松坂（伊勢國飯高郡）江御使御番頭鮎川權右衛門（長冬）被遣之、

御書を以鮎鮓被進之、

自六月四日
至六月九日

記事無之、

六月十日

去年ゟ於大峯（大和國吉野郡）　姫君様御祈禱被　仰付候付、若王子僧正江大判壹枚被遣之、

自六月十一日
至六月十三日

記事無之、

*光友八丁堀屋敷へ御成

*頼宣紀州へ帰國

*去年より大峯へ千代姫の祈禱仰付く

普請役日雇に渡切ることなど停止

*此月春日局上京

家光水戸屋敷へ御成
義直相伴

六月十四日

左之通、御褒美被下之、

大判一枚
御單物一
御帷子二
御守殿御廣敷之御番、精出相詰罷登候付、

御弓頭
平岩弥五助(重正)

御中間頭
近藤惣兵衛

同
杉浦次兵衛

同
杦浦八兵衛

銀一枚
御帷子一充
御守殿ニ相詰候付、

自六月十五日
至六月廿日

記事無之、

六月廿一日

水戸様御屋敷江　公方様御成ニ付、御相伴として被為　入、紀州様(マヽ)ニも御越有之、

自六月廿二日
至六月廿七日

記事無之、

六月廿八日

國母様江鮎鮓一曲物御差上之、

六月廿九日

記事無之、

一、此月、　公方様より御巣鷹被進之、

右御鷹据來候御鷹匠江、銀子被遣之、

一、此月、　紀州様御帰國ニ付　御國許江御使御足輕頭下方三郎右衛門(貞政)を以、鮎鮓二曲(物脱)・御樽一荷被進之、

右ニ付、三郎右衛門江銀三枚被下之、

一、此月、春日局上京ニ付、鳴海(尾張國愛知郡)・熱田(尾張國愛知郡)江為御馳走、成瀬隼人正・志水甲斐・長野五郎右衛門(政成)・高木修理(吉任)・久野七郎右衛門(宗信)其外罷出、御振廻、被遣物有之、

一、此月、御使一色壹岐(孝治)京都江為御差登、　宰相様御任官之御禮として　禁裏・仙洞・國母様江御進獻物有之、

右ニ付、壹岐江銀貳枚被下之、

任官口宣堀正意へ仰付く

＊権現様年忌につき赦免の者あり

一、此月、壹岐御差登ニ付、口　宣之儀（堀）正意法眼江被　仰付、京都江被遣之、

一、此月、左之通被　仰出、

御部屋御用人被仰付、　御小性頭　古屋主水（景泰）

御小性頭被　仰付、　長圍爐裏頭　阿部善兵衛

長囲爐裏頭被　仰付、　五十人頭　佐枝平兵衛（種定）

五十人頭被　仰付、　寄合礼鈒　久野杢大夫（長雄）

御目付被　仰付、　御供番　行方太郎左衛門（景次）

御持弓頭被　仰付、　弓組御足軽頭　朝岡五郎左衛門（重綱）

鉄炮組御足軽頭被仰付、　御目付　渡辺半十郎（直綱）

御供番被　仰付、　普請組寄合　古屋半右衛門

御馬廻組　大道寺次左衛門

（尹忠）亡父遺跡知行無相違被下置、御馬廻組被仰付、　榊原善兵衛（政朗）

亡父同姓九郎右衛門（秀久）遺跡知行無相違被下置、御馬廻組被　仰付、　御馬廻組ニ而病死太（九カ）郎右衛門惣領　御進物番　河村百助（九郎右衛門秀政カ）

一、「（貼紙）権現様御年忌ニ付、先年蒙　御勘氣候野村八郎右衛門（昌佐）被召返、并久野七郎右衛門同心平岩五郎左衛門（宗信）　御赦免有之、」
先年蒙御勘氣野村八郎右衛門今度　権現様御年忌ニ付、被　召返、久野七郎右衛門同心平岩五郎左衛門是又御赦免有之、

七月朔日

弓組御足軽頭平岩弥五助江御加増知貳百石之　御黑印被下置之、

七月二日

七月三日

記事無之、

七月四日

宰相様江京極右近（高供）・田中式部少輔（滿吉）、為伺參上有之、

七月五日

＊御三家従三位敍位

＊義直女より生御靈の饗應あり

生御靈の祝儀として光友方にて饗應あり

記事無之、

七月六日

七夕御祝儀として　公方様江黄金壹枚御差上
之、

一、御生見玉御祝儀として　相應院様江白銀十枚
被進之、

一、宰相様御所労ニ付、爲伺年寄中幷御醫師參上有
之、

七月七日

宰相様江被爲　成、　水戸様ニも御出有之、

七月八日

記事無之、

七月九日

爲御生見玉御祝儀　宰相様ニ而御饗應有之候
付、被爲　成、此節　相應院様江茂御饗應
有之、　千代姫君(光友室、家光女)様〻も於　御守殿御饗應
有之、

右ニ付　御本丸女中始御附之輩等江時服被
下之、

七月十日

記事無之、

七月十一日

御老中御差圖申上　宰相様御登城、　紀伊
宰相様・　水戸中將様ニも御登城、　公方様江
御對顔、御懇之　上意之上、　御三卿様方
御位階、被敍従三位旨被　仰出之、

七月十二日

御姫様(義直女、京姫、鶴姫、系子、のち廣幡忠幸室、普峯院)〻爲御生見玉之御祝儀、御饗應有之、

自七月十三日
至七月廿四日

記事無之、

七月廿五日

宰相様江酒井(忠勝)宮内大輔參上有之、

自七月廿六日
至七月廿九日

一色孝治宣旨口宣持參

懸緒の儀

池田輝澄ら家中仕置き無作法につき領地召上ぐ

蟹江村より大野村へ築切りの普請仰付く

伊豆浦下田番所改め

記事無之、

七月晦日

御薬込頭萩原八大夫（茂江）御鉄炮被遊候節、毎日相詰精出候付、銀五枚・御単物一・御帷子一被下之、

一、此月、一色壹岐於京都御使相勤　宣旨・口宣尾州江持參、

此節御懸ヶ緒之儀不被　仰遣候処　紀州様ゟ被　仰遣、一度ニ被申上、御懸緒竹腰山城守迄被差越候旨、飛鳥井殿（雅宣）ゟ壹岐江申聞有之、

一、此月、　御登城之處、松平石見守（池田輝澄）・生駒壹岐守（高俊）家中之仕置無作法に付、領地被　召上、右家中御仕置被　仰付候趣、御老中申上之、

一、此月、蠏江村（尾張國海東郡）ゟ大野村（尾張國葉栗郡）堤角迄千六百間餘築切御普請被　　仰付候處、右堤之内貳千石ハ芦野に而御年貢納候付、前々之通ニ差置、殘千石ハ新田ニ仕候様被　　仰出之、

一、此月、瀬戸燒之瓦船荷ニ而御差下之処、伊豆浦

下田（伊豆國賀茂郡）於御番所改候付、荷を解改有之様船頭ゟ申達候得ハ、改無之相濟候由ニ付、御船ニ而參候共、不審成荷物ハ被爲改候様、下田在番今村傳（正長）四郎江年寄中ゟ相達之、

一、此月、左之通被　仰出、

寄合被　仰付、
御馬廻組　寺西彦右衛門
同　横井孫右衛門（時元）

御納戸被仰付、御加増被下置、
長囲爐裏御番　朝倉市郎兵衛

押奉行被　仰付、
御馬廻組　山崎七右衛門

海東郡（尾張國）海邊新堤築方御普請精出候付、爲御褒美御帷子二・御単物・御羽織一充被下置、
御普請奉行　鳥居藤左衛門（吉久）
鉄炮組御足軽頭　岡田郷左衛門

一、此月、左之通、御仕置有之、

不儀いたし候妻之夫ニ被頼、町人之身分として助太刀いたし、蜜〔密〕夫を切殺候付成敗、
作兵衛
金三郎

*春日局下向につき墨俣などにて振舞あり

*渡邊金兵衛へ國拂ひを仰付く

八幡田中敬清煩ひにつき醫師差登らす

八月朔日
御登城、　宰相様ニも御登城、　公方様江
御對顔、御太刀・馬代黄金壹枚御差上、御酒・
御吸物被進、相濟而御退出、
一、宰相様江被爲　成、　水戸様ニも御出、御饗應
有之、

八月二日
宰相様江戸田左門(氏鐵)爲伺參上有之、

八月三日
記事無之、

八月四日
宰相様江安部四郎五郎(正之)・中川山城守(久清)・大久保右
京亮(教隆)爲伺參上有之、

八月五日
八幡(石清水八幡宮)田中煩(敬清)ニ付、御醫師壁庵爲御差登有之、
右ニ付、壁庵江御單物・御帷子一充被下之、

八月六日
記事無之、

八月七日
公方様江美濃柿一箱御差上之、

八月八日
記事無之、

八月九日
春日局下向、御領分通行ニ付、墨俣(美濃國安八郡)・清須(尾張國春日井郡)・熱
田おゐて御振舞有之、
此節成瀬隼人正熱田江罷出、

八月十日
一、先是右下向ニ付、御使須野崎清兵衛(重昌)爲御差登
之処、道中土山(近江國甲賀郡)おゐて　御書相屆之、
五十人組渡辺金兵衛無作法之儀有之、改易被仰
付、御國爲拂候様被　仰出之、

八月十一日
宰相様江兼松弥五左衛門(正直)伺として參上有之、

八月十二日

宰相様江石貝〔谷〕十藏（貞清）・永井監物（白元）為伺參上、御振舞
有之、

八月十三日

記事無之、

八月十四日

宰相様江兼松弥五左衛門、為伺參上有之、

八月十五日

公方様江美濃柿一箱御差上之、

八月十六日

記事無之、

*御庭の梨子

八月十七日

公方様紅葉山　御宮江　御參詣ニ付　御豫
參、

家光紅葉山東照宮參詣

一、公方様江美濃柿一箱御差上之、

八月十八日

八月十九日

記事無之、

八月廿日

宰相様江松平玄蕃頭（清昌）・高木忠右衛門（為信）、為伺參上
有之、

自八月二十一日
至八月二十三日

記事無之、

八月二十四日

上使稲垣若狭守（重大）を以、御庭之梨子被進之、

一、右御礼として、竹腰山城守御指出之、

八月廿五日

記事無之、

八月廿六日

公方様江美濃柿一箱御指上之、

八月廿七日

記事無之、

八月廿八日

姫君様御實母（家光側室、千代姫母、岡重政女、於振の方）御病氣之処、今晩御卒去、御法号

*西村十右衛門相果て三歳の悴に跡式下置く

*船入町町人磔

*自證院へ香典備ふ

自證院殿

八月廿九日

記事無之、

一、此月、左之通被　仰出、

御供番
木村吉右衛門(方明)
弓組御足輕頭被仰付、

同
兼松又兵衛(正廣)
鉄炮組御足輕頭被仰付、

水奉行
山口八郎右衛門
御國中扒筋之儀ニ付、精を出候付、御單物・御帷子・御羽織一充被下置、

御材木奉行
朝比奈十大夫(信秀)

同
植松九郎兵衛
御材木之儀ニ付、精を出候付、御單物一・御帷子二充被下置、

一、此月、三木源左衛門儀、若黨八大夫御尋之儀有之、御預之處欠落いたし、其上請人之儀ニ付、不埒有之改易被　仰付、

右ニ付、御茶道玄仲も源左衛門ニ被頼、八大夫請ニ相立候付、御扶持被　召放、

一、此月、平岩弥右衛門(元國)同心二郎兵衛悴　御目見

岡部平七郎、平岩弥右衛門同心被　召出、

一、此月、御馬廻組西村十右衛門相果候付、三歳ニ罷成候悴ニ、跡式無相違被下置、

一、此月、押奉行戸田忠兵衛(忠光)儀、町人兄を切候節、早速出合、幷先頃野村八兵衛喧嘩之節も、早ゝ出合精を出候付、御誉被　仰出、

一、此月、舩入町(尾張國愛知郡)町人兄を切殺候付磔、

九月朔日

九月二日

記事無之、

九月三日

自證院様御卒去ニ付、御香奠白銀五十枚御使を以御備有之、

九月四日

記事無之、

九月五日

重陽御祝儀として　公方様江御小袖六御差上、

天樹院様・高田様・　大姫君様江も同

三充被進、英勝院御方・春日局江も被遣之、

一、爲重陽御祝儀　　姫君様江御小袖四、　相應院様江同三ッ被進之、

一、爲重陽之御祝儀、松平安藝守(浅野光晟室)御内室江御小袖三被遣之、

九月六日

成瀬隼人正ゟ爲重陽之御祝儀、使札を以御樽肴差上之、

九月七日

姫君様ゟ清昌院(朝倉宣正室、土井利正女、清)を以、重陽之御祝儀被　仰進、

右ニ付、清昌院江銀拾枚被下之、

九月八日

春日局日光江參詣ニ付、彼地江御使松井三左衛(宗久)門被遣之、

右ニ付、三左衛門江銀貳枚被下之、

九月九日

九月十日

記事無之、

九月十一日

上使阿部對馬守を以、御鷹之鶴被進、初鶴ハ禁裏(明正天皇)江御進獻ニ付、貳度目之鶴被進旨　上意有之、

九月十二日

成瀬隼人正ゟ口切之御茶指上之、

右ニ付　御書被下之、

九月十三日

九月十四日

記事無之、

九月十五日

明日　公方様品川(武藏國荏原郡)江　御成ニ付、御越被成候様阿部豊後守(忠秋)申上之、

九月十六日

公方様品川江被爲　成、毛利甲斐守(秀元)ゟ御茶差上候付、爲御相伴　御越、　水戸様ニも御出有

*初鶴は禁裏へ進獻

*口切の茶

春日局日光參詣

*家光品川へ御成

*義直相伴

之、

一、國母様江美濃柿一箱御差上之、

九月十七日

記事無之、

九月十八日

上使を以被進候鶴今日御拔、御老中御招請有之、

自九月十九日
至九月廿三日

記事無之、

九月廿四日

春日局京都ゟ下向ニ付、參上有之、

此節供之女共江も、銀子被下之、

春日局京都より下向

自九月廿五日
至九月廿七日

記事無之、

九月廿八日

長囲爐裏御番鳥居佐五右衛門、御納戸被　仰付、

*長屋忠重大矢数致す

九月廿九日
九月晦日

記事無之、

一、此月、松平安藝守・淺野因幡守(長治)國許ゟ使者差下、

宰相様御位階ニ付、御祝儀申上之、

右使者江小袖貳充被下之、

一、此月、左之通被　仰出、

(信親)志摩守惣領(眞信)
千賀縫殿助
亡父同姓志摩守遺跡知行無相違被下置、御船奉行被　仰付、

小池才三郎
長囲爐裏御番被召出、御切米三拾石・御扶持五人分被下置、

御納戸
勝野文左衛門(延政)
京都御買物奉行被仰付、御足米廿石被下置、

先達而被召歸候
野村八郎右衛門
御合力米五拾石被下置、

朝比奈六之丞
御供番被仰付、御加増六拾石被下置、都合百貳十石被成下、

十月朔日

國母様江美濃柿御差上之、

一、御弓役長屋六左衛門大矢數いたし候付、新知四

百石被下、　御黒印をも被下置之、

十月二日

記事無之、

十月三日

公方様江甘干柿一箱御差上之、

十月四日

天樹院様江甘干柿被進之、

十月五日

記事無之、

十月六日

五十人頭久野杢大夫(長雄)江、知行四百石之　御黒印被下置之、

十月七日

公方様江甘干柿一箱御差上之、

義直鷹野として野老澤へ御成

一、御鷹野として、野老澤江被為　成、膝折村(武藏國新座郡)高麗彦左衛門宅　御止宿、

右ニ付、彦左衛門江銀子五枚被下之、

十月八日

記事無之、

十月九日

御鷹場江　上使千石大和守(久隆)を以、御肴被進之、

右ニ付、大和守江御使を以、御小袖十・大判壹枚被遣之、

十月十日

一、清戸村(武藏國多摩郡)善龍寺おゐて、御膳被　召上候付、金子被下之、

野老澤江　宰相様ゟ御使小野沢権内(吉記)、　姫君様ゟ三室権兵衛被進之、

右御使江御小袖貳ツヽ、被下之、

十月十一日

御鳥見關長九郎・鈴木三郎左衛門、野老澤江御目見ニ罷出候付、銀五枚ツヽ、被下之、

十月十二日

記事無之、

十月十三日

公方様江甘干柿一箱御差上之、

十月十四日

野老澤本光寺住職初て御目見仕る

野老沢村本光寺　御逗留中　御泊ニ相成、且當住住職以後初而　御目見仕候付、銀十枚被下之、

北野村神主御目見に罷出づ

一、（武藏國新座郡）北野村神主　御目見ニ罷出候付、小袖壹被下之、

十月十五日

公方様江甘干柿一箱御差上之、

義直鷹場より歸府

一、御鷹場ゟ　御歸府、

一、小榑村妙福寺おゐて、昼御膳被　召上候付、銀壹枚被下之、

十月十六日

記事無之、

十月十七日

公方様江甘干柿一箱御差上之、

十月十八日

記事無之、

十月十九日

上使松平（信綱）伊豆守を以、（石神井カ、以下同ジ）（武藏國豊島郡）石神ニ而御鹿狩被成候様被　仰進之、

一、宰相様江　上使松平伊豆守を以、御鷹場江之御暇被　仰出、黄鷹被進之、

十月廿日

公方様江甘干柿一箱御差上之、

十月廿一日

一、宰相様江千賀志摩守為遺物、刀一腰指上之、

十月廿二日

記事無之、

*義直鹿狩として石神へ御成

御鹿狩として、石神江被為　成、　水戸様ニも御越、此節為御案内、松平伊豆守御先江相越、石神於　御殿御饗應有之、御供之輩末〻迄御振舞被下之、猶又　上使安藤伊賀守を以、御

菓子被進之、
此節中野村（武藏國多摩郡）庄屋宅江　御腰被爲　懸、御膳
被　召上候付、銀子被下之、

十月廿三日

昨日石神おゐて御饗應、且　上使を以、被進
物有之候爲御礼　御登城有之、

一、昨日石神江、爲御馳走相越候松平伊豆守江御小
袖十、　上使安藤伊賀守江同五ッ、御使を以被
遣之、其外爲御馳走相越候堀田權右衞門（一純）・市橋
三四郎（長吉）・倉橋庄兵衞・伊奈半左衞門（忠勝）江も、御使
を以御小袖被遣之、

十月廿四日

公方樣江甘干柿一箱御差上之、

十月廿五日

*光友鷹野として野老澤へ御成

宰相樣御鷹野として、野老澤江被爲　成、

一、兼松源兵衞（正成）次男同姓左兵衞（正之）、亡父遺跡知行貳千
石被下置、寄合被　仰付、

一、石神御鹿狩之節、御馳走として罷出候御徒目付
以下之輩江、銀子被遣之、

十月廿六日
十月廿七日

記事無之、

十月廿八日

公方樣江美濃柿一箱御差上之、

十月廿九日

記事無之、

*光友敍位の位記堀正意尾州へ持參

一、宰相樣御敍位ニ付　位記等之儀、正意法眼京都
おゐて請取之、此月、尾州江持參之、

一、此月、權大納言局（橋本季宗女）京都ゟ下向、御領分通行ニ付、
町屋おゐて御振舞有之、

*戸田氏信らへの鳥見案内を尾州へ申遣す

一、此月、戸田采女正（氏信）・松平出羽守（直政）登リ、御領分通
行之節、鷹擯候樣御約束有之候間、通行之節御
鳥見案內いたし候樣、年寄中ゟ尾州□〔江〕申遣之、

一、此月、左之通被　仰出、

＊光友野老澤より帰府

道奉行被　仰付、
御馬廻組
宇野朱左衛門（正長）

御馬廻小頭被
仰付、
押奉行
大橋勘左衛門（政盛）

押奉行被　仰付、
御馬廻組
木村傳之丞

萬事ニ付精を出し、
御代官所年々入念
候故、惣免高宜候付、
御誉被　仰出、
御代官
鈴木九左衛門

亡父同姓又兵衛遺跡
知行無相違被下置、
御馬廻組被　仰付、
道奉行ニ而病死
又兵衛（景良）惣領
跡部虎之助（又兵衛景久カ）

父清安年寄候迄
御奉公相勤候付、清安
知行三百石被下置、
市右衛門取来候知行ハ被　召上、
普請組寄合ニ而隠居令病死
清安（吉政）二男
寺尾左馬助（直政）同心
久野市右衛門（宗明）

一、此月、佐竹修理大夫（義隆）ゟ白鶴、以使者進上有之、
右使者江小袖貳・羽織壹、鷹匠江銀子被下之、

自十一月朔日
至十一月五日

記事無之、

十一月六日

宰相様野老澤より　御帰府、

一、曾谷宗喝久々江戸ニ相詰罷登候付、銀十枚・小
袖一・羽織一被下之、

十一月七日
十一月八日

記事無之、

十一月九日

公方様江枝柿一箱御差上之、

十一月十日

記事無之、

十一月十一日

＊千代姫風疹につき伊勢両宮らへ祈禱を仰付く

姫君様御風疹ニ付、伊勢（伊勢國度會郡）　両宮・熱田（熱田社）・津嶋（津島社）
おゐて御祈禱被　仰付、伊勢　両宮江銀三
拾枚ツヽ、熱田江同拾枚、津嶋江同五枚御備、
宰相様ゟも御祈禱被　仰付候付、服部六
兵衛御差登、伊勢　両宮江銀廿枚充、熱田・
津嶋江金一枚ツヽ、御備有之、

右ニ付、成瀬隼人正立帰リニ罷下候様被　仰出、

千代姫風疹につき天海より祈禱の札差上ぐ

一、姫君様御風疹ニ付、南光坊ゟ御祈禱之御札差上候付　宰相様ゟ銀三拾枚被遣之、

自十一月十二日
至十一月十四日

記事無之、

十一月十五日

千代姫風疹快復

一、姫君様御風疹御快復、御湯被爲　懸候付、御祝有之、

一、御酒湯被爲　懸候爲御祝儀、御附御用人初女中向江も被遣物有之、

上屋敷千代姫臺所より出火相應院下馬の長屋などは殘る

一、未刻、上御屋敷（武藏國豊島郡）　姫君様御臺所より出火、相應院様下馬之御長屋・北側御長屋ハ相殘、其外不殘燒失、申下刻鎭火、

一、右ニ付　姫君様・　相應院様御同道　御城江御披有之、

一、右ニ付　御父子様（義直・光友）御土居ゟ下馬前江御出、水戸様御屋敷角迄被成　御越候處、井伊掃部頭（直孝）・酒井讃岐守・松平下總守（忠明）　水戸様御屋敷ニ罷在、御出向申上、御廣間江被爲　入、御見合之処　上使阿部豊後守、　宰相様江ハ上使石川弥左衛門（貴成）參上、御懇之　上意有之、相濟而　御父子様新御屋敷江　帰御、

十一月十六日

一、今晩土井大炊頭（利勝）參上、　御逢有之、

上御屋敷御燒失ニ付　上使松平伊豆守被進之、

自十一月十七日
至十一月十九日

記事無之、

十一月廿日

宰相様江兼松源兵衛遺物として、刀一腰差上之、

十一月廿一日

記事無之、

水戸屋敷を千代姫御座所として借用

十一月廿二日
御焼失ニ付　公義より　水戸様御上屋敷御借用、　姫君様御座所ニ被成進、　宰相様ニも御一所ニ被遊御超歳候様被　仰出、右御屋敷破損所御修復・御掃除、其外諸事　公義ゟ被
仰付、

*光友ら水戸上屋敷へ移徙

十一月廿三日
一、宰相様江稲葉右近(方通)為遺物、脇差差上之、
駒井長左衛門永〻江戸ニ相詰罷登候付、御小袖二被下之、

十一月廿四日
御薬込頭萩原八大夫伐リ合之者罷下候処、御焼失ニ付、逗留相勤候付、御小袖貳被下之、

権大納言局下向

十一月廿五日
権大納言局下向ニ付参上、　國母様ゟ御小袖五被進之、
右ニ付、権大納言局江銀五拾枚被遣、　御姫様ゟも同拾枚被遣、其外　國母様御附女中向参上ニ付、是又銀子被遣之、

十一月廿六日
宰相様・　姫君様今日　水戸様上御屋敷江御移徙、
一、右ニ付　大納言様(徳川義直)御登城有之、
一、公義御賄頭初今日ゟ晦日迄日〻相越　宰相様・姫君様江御料理被進、御附之輩迄支度被下之、

十一月廿七日
御留守居番牧野内匠頭(信成)　姫君様　水戸様御屋敷江　御移之節相詰候付、大判壹枚・御小袖三以御使被遣之、右御屋敷破損御修復御用相勤候輩江、以御使御小袖被遣之、
一、玄冶法印(岡本諸品)　姫君様御風疹之節　御守殿江相詰候付、以御使大判壹枚・御小袖貳被遣之、

十一月廿八日
天樹院様江枝柿一箱被進之、

*権大納言局登りにつき馳走あり

光友ら水戸屋敷へ入るにつき公儀より賄料相渡る

*菊川鍛冶御目見

*尾張上屋敷作事

十一月廿九日

十一月晦日

記事無之、

一、此月、大寄合ニ而病死稲葉右近惣領同姓主計(知通)、亡父遺跡知行四千五百石無相違被下置、大寄合被　仰付、

十二月朔日

宰相様・　姫君様　　水戸様御屋敷ニ被爲入候内ハ、御賄料従　　公義可被進旨被　仰出之、今日相渡、

十二月二日

十二月三日

記事無之、

十二月四日

公方様江枝柿一箱御差上之、

十二月五日

記事無之、

十二月六日

権大納言局登リ、今日熱田西　　御殿休、佐屋(尾張國海東郡)泊ニ付、御馳走有之、

十二月七日

御部屋御小性天野太郎左衛門(忠正)江知行三百石被下置、御黒印をも被下之、

一、上野小左衛門(資行)　御守殿ニ永々相詰罷登候付、御小袖貳ッ・御羽織一被下置、

一、菊川鍛冶清三郎　　御目見罷下、矢根差上候付、銀貳枚被下之、

十二月八日

十二月九日

記事無之、

十二月十日

公義より菜種五十五品被進之、

一、上御屋敷御作事ニ付、於尾州切組、其内遠侍・御式臺・御廣間ハ於江戸出來ニ付、枚類之御材木ハ於大坂(攝津國東成郡)御買上、御臺所御門ハ槻ニ而被　仰

付候間、先〻　公義ゟ御材木御借用之儀申達
候様被　仰出、
右御作事ニ付、御材木不足之儀も候ハヽ、如
何程成共、御借可被進旨、先達而御老中御城
附江申聞有之、
自十二月十一日
至十二月十八日
記事無之、
十二月十九日
爲歳暮御祝儀　姫君様ゟ女使を以、御小袖被
進、　相應院様ゟも御使を以、呉服被進之、
右女使江銀五枚、御使江御小袖一被下之、
一、伊達佐左衛門　御守殿ニ久〻相詰罷登候付、
御小袖二・御羽織一被下之、
十二月廿日
記事無之、
十二月廿一日

*義直増上寺台徳院佛殿へ參詣

歳暮御祝儀として　姫君様・　相應院様江御
小袖被進之、
十二月廿二日
永井勾當　御目見被　仰付、銀三枚被下之、
十二月廿三日
歳暮御祝儀として　公方様江御小袖三御差上、
天樹院様・　高田様・　大姫君様江も同
三ッ充被進之、
一、爲歳暮御祝儀、松平安藝守御內室江御小袖三ッ
被遣之、
十二月廿四日
増上寺　台徳院様御仏殿江　御參詣、
此節増上寺入院(業譽還無)後初而　御參詣ニ付、大判
一枚・御小袖五被遣之、
十二月廿五日
記事無之、
十二月廿六日

鈴木八郎左衛門らへ改易仰付く

長囲爐裏頭鈴木八郎右衛門、御供番水野甚大夫・左右田與右衛門(重次)江戸交代之儀ニ付、不屈之儀有之、改易被　仰付之、

十二月廿七日

御國奉行服部小十郎(正吉)御國表之儀爲申上罷下、御暇被下罷登候付、御小袖貳被下之、

十二月廿八日

天樹院様江枝柿一箱被進之、

松平貞則らへ改易仰付く

一、同心頭松平助左衛門(貞則)・御番頭前田七郎兵衛、江戸交代之儀ニ付、不屈之儀有之、改易被　仰付之、

十二月廿九日

記事無之、

一、此月、　姫君様御風疹御酒湯爲御祝儀　紀州様ゟ御使御差下、御樽肴被進之、上御屋敷出火ニ付而も、御使御差下有之、

右御使江御小袖三充被下之、

一、此年、左之通被　仰出、

御部屋御小性頭被仰付、
御部屋御小性 小野澤五右衛門(吉記)

御部屋御小性被仰付、
忠左衛門悴 上田甚五兵衛(正勝)

御目付被　仰付、七右衛門江御足米百石分被下置、
御小納戸 米倉平右衛門(三信)
御弓役 跡部七右衛門

奥御番被　仰付、
御進物番 山本彦助

御進物番被仰付、
御通番 林　武兵衛(信如)
同 淺野七右衛門(長重)
同 須野崎甚兵衛
同 土岐甚右衛門(頼辰)
同 增田水右衛門(儀右衛門安清ヵ)

御進物番被召出、御切米六拾石・御扶持五人分被下置、
御馬廻組 源左衛門(忠次)次男
御目見 佐分吉兵衛(忠村)

阿部河内守同心
岡村新之丞（義胤）悴
御目見
上泉弥五兵衛（秀守）

平岩主計頭ニ相勤候
五郎兵衛二男
同
小池三郎右衛門（親吉）

長囲爐裏御番被召出、御切米三拾石・御扶持五人分ツヽ被下置、

千駄ヶ谷御屋敷御留守居
上田五兵衛

上御屋敷御留守居被　仰付、

長囲爐裏御番
西郷吉大夫（正重）

御部屋御進物番被仰付、

大泉太兵衛（忠英）

御部屋御馬乗被召出、御切米貳拾石・御扶持五人分被下置、

御部屋三十人組
阿知波五右衛門（正勝）

五十人御目付被仰付、

御本丸御番
伊藤次郎兵衛

御廣敷御番被仰付、

八丁堀御屋敷御留守居役
小山清兵衛（勝政）

御守殿御番被仰付、

水野善大夫（正次）

（盛正）父隠居被　仰付、家督・知行無相違被下置、御馬廻組被　仰付、

千村九右衛門（正吉）

（重秀）亡父遺跡知行無相違被下置、寄合被　仰付、

寄合ニ而病死
（仲定）新右衛門惣領
御目見
武野新太郎（信安）

亡父新右衛門遺跡知行無相違、并家屋敷とも被下置、寄合被　仰付、

（正近）半右衛門惣領
長囲爐裏御番
魚住十右衛門

亡父同姓半右衛門遺跡知行無相違被下置、御馬廻組被　仰付、

御馬廻組ニ而病死
源左衛門惣領
御進物番
佐分弥五左衛門（源左衛門忠成カ）

亡父同姓源左衛門遺跡知行無相違被下置、御馬廻組被　仰付、

道奉行
藤田与左衛門

病氣ニ付御役儀御免、御進物番被仰付、

京都御買物奉行
西郷六右衛門（正吉）

御役儀御免、御馬廻組被　仰付、

一、此年、奥山權兵衛頓死、跡式悴江被下置、

一、此年、青山大藏少輔讃州高松城（香川郡）請取相濟下向ニ付、名古屋（尾張國愛知郡）江立寄　御逢有之、

寛永十八年
義直四十二歳
家光三十九歳
光友　十七歳
家綱　一歳

＊家光鷹野として品川へ御成

光友年頭の祝儀として太刀などを進上

家光より光友へ鏡餅など進らる

（表紙題簽）

源敬様御代御記録　　廿七

（内題）

「源敬様御代
印御記録　寛永十八年　従正月至十二月
御滞府」

寛永十八年
正月朔日

為年頭御祝儀　宰相様（徳川光友）被為　入、御太刀・馬代黄金壱枚御進上、　相応院様（家康側室、志水氏）・奥様（義直側室、津田氏）・御姫様（義直女、京姫）江も黄金壱枚充被進之、

一、公方様（徳川家光）より　宰相様江　御鏡餅・御樽肴被進之、

此節差添来候鈴木五郎兵衛江　（貼紙、以下同ジ）「一」宰相様ゟ御小袖弐被遣之、

正月二日

為年頭御祝儀　宰相様御登城、　公方様江御太刀・馬代黄金壱枚御差上之、

一、宰相様年頭為御祝儀　天樹院様（本多忠刻室、徳川氏）江被為　入、白銀五枚被進之、

正月三日

公方様為御鷹野品川辺（武蔵国荏原郡）江被為　成、御野先ゟ上使久世大和守（広之）を以、御拳之鳫被進之、

一、為年頭御祝儀、成瀬隼人正（正虎）ゟ使者差下、「御樽肴」

宰相様江御樽肴差上之、

右使者江　御同所様（徳川光友）ゟ小袖弐被下之、

一、為年頭御祝儀　宰相様より　大姫君様（前田光高室、徳川氏）江銀五枚、　紀州御簾中様（徳川頼宣室、加藤清正女）・養珠院御方（家康側室、蔭山氏）・英勝院（家康側室、太田氏）御方江同三枚ツヽ、御使を以被進之、

正月四日
正月五日
記事無之、

正月六日

光友年頭の祝儀として頼房らへ太刀などを贈る

*光友紅葉山東照宮へ白銀備ふ

山崎惣代光友へ年頭の祝儀申上ぐ

*田中仙阿彌謡初の役者召連れ參上

宰相様爲年頭御祝儀　水戸様(徳川頼房)・紀伊宰相様(徳川光貞)・
水戸中將様(徳川光圀)幷松平右京大夫様(徳川頼重)江被爲　成、
御太刀・馬代黄金壹枚ツヽ、被進之、

自正月七日
至正月九日

記事無之、

正月十日

御老中御招請有之、

正月十一日
正月十二日

記事無之、

正月十三日

山崎惣代爲年頭御祝儀罷下、　宰相様江御祝儀
申上候付　御同所様ゟ銀壹枚被下之、

正月十四日

記事無之、

正月十五日

公方様江枝柿一箱御差上、　天樹院様江も被進
之、
一、上林峯順(勝盛)年頭之爲御禮罷下、　宰相様御目見
被　仰付、　御同所様ゟ小袖貳ッ被下之、

正月十六日

高岳院(尾張國愛知郡)ゟ年頭之爲御祝儀使僧差下、　宰相様
江御祝儀申上候付　御同所様ゟ銀壹枚被下之、

正月十七日

紅葉山(紅葉山東照宮)　御宮江　宰相様ゟ白銀三枚御備有
之、

正月十八日
正月十九日

記事無之、

正月廿日

國母様(徳川和子)江粕漬鮑一桶御差上之、
一、田中仙阿彌　宰相様御謡初之節、御役者召連
參候付　御同所様ゟ御小「一小」袖壹被下之、

正月廿一日

*前澤に御座所出來

*光友竹腰正信宅へ御成

*細野成住御馬御用につき奥州へ罷下る

光友增上寺台德院佛殿へ白銀備ふ

*江戸大火

義直前澤へ御成

爲年頭御祝儀　姫君（光友室、德川氏）様ゟ御饗應有之、
此節　宰相様ゟ　姫君様御附鈴木傳左衛
門江「一」御小袖貳被下之、

正月廿二日

記事無之、

正月廿三日

萬松寺（尾張國愛知郡）ゟ爲年頭御祝儀使僧差下、　宰相様江
御祝儀申上候付　御同所様ゟ右使僧江銀一枚
被下之、

正月廿四日

公方様江枝柿一箱御差上之、
一、增上寺（武藏國豊島郡）　台德院（德川秀忠）様御仏殿江　宰相様ゟ白銀
三枚御備有之、
此節天光院（武藏國豊島郡）江　御同所様ゟ銀貳枚被下之、

正月廿五日

御鷹場江之御暇先達而被　仰出候付、今日前（武
藏國多摩郡）澤江被爲　成、

野老澤（武藏國入間郡）ハ江戸ゟ程遠、其上水便悪候付、一里
手前前澤江御替、去年ゟ御作事被　仰付、御
座所出來、

正月廿六日

宰相様竹腰山城守（正信）宅江被爲　成、
此節山城守江銀貳拾枚・「一」御小袖五、悴同姓虎（正
晴）之助江「一」御小袖三被下之、

正月廿七日

細野篠（笹）兵衛（成住）　御召御馬御用ニ而、奥州江罷下骨
折候付　宰相様ゟ「一」御小袖貳ツ被下之、

正月廿八日
正月廿九日

記事無之、

正月晦日

江戸大火ニ付　御歸府可被遊旨被　仰出候處
上使津田平左衛門（正重）を以　公方様御機嫌能
御城御別条無之、火も鎮り寄り候間、緩ゝ

御鷹野被成候様　上意有之、

八丁堀屋敷類焼

一、右火事ニ付、八丁堀（武藏國豐島郡）御屋敷御類焼有之、

義直鷹場より歸府

一、今晩　御歸府、

一、此月、左之通被　仰出、

同心頭被　仰付、同心七騎御預、御足輕頭兼被仰出、　鉄炮組御足輕頭　成瀬吉左衛門（正則）

御番頭被　仰付、　寄合　冨永丹波（兼吉）

長囲爐裏頭被仰付、　五十人頭　熊谷與兵衛（正實）

五十人頭被　仰付、　御小性　小瀬新右衛門（忠次）

江戸上屋敷作事奉行仰付く

一、此月、江戸上屋敷御作事ニ付、山下市正（氏政）・酒井久左衛門（利尚）右奉行被　仰付、其外之輩江も夫々懸被　仰付之、

自二月朔日
至二月三日

記事無之、

二月四日

愛宕山長床坊より光友へ年頭の祝儀申上ぐ

愛宕山（山城國葛野郡）長床坊年頭爲御祝儀使僧差下、　宰相様江御祝儀申上候付　御同所様ゟ銀一枚被下之、

二月五日

記事無之、

二月六日

*八丁堀屋敷類火により銀拝借

先達而八町堀御屋敷御類火ニ付、銀五千貫目御拝借被　仰出之、

二月七日
二月八日

記事無之、

二月九日

*八幡田中敬清ら年頭の祝儀申上ぐ

八幡（石清水八幡宮）田中（敬清）年頭御祝儀として罷下、　宰相様江御祝儀申上候付　御同所様ゟ銀三枚被下之、

同所一山惣代・滝本坊・鄕中惣代、且豐藏坊ニも爲御祝儀罷下候付、是又　御同所様ゟ銀貳枚ツヽ被下之、

二月十日

春木大夫光友へ年頭の祝儀申上ぐ

春木(伊勢外宮)大夫年頭御祝儀として罷下、　宰相様江
御祝儀申上候付　御同所様ゟ銀貳枚被下之、

自二月十一日
至二月十八日

記事無之、

二月十九日

御勘定奉行上田六兵衛(政成)江御加増知百石之　御
黒印被下置之、

二月廿日
二月廿一日

記事無之、

二月廿二日

高野山大徳院光友へ年頭の祝儀申上ぐ

高野山(紀伊國有渡郡)大徳院より年頭爲御祝儀使僧差下　宰
相様江御祝儀申上候付　御同所様ゟ銀一枚被
下之、

二月廿三日

養珠院豆州熱海入湯

養珠院御方豆州熱海(賀茂郡)江御入湯ニ付、爲御見廻御
使須野崎清兵衛(重昌)を以、御樽肴被進之、

自二月廿四日
至二月廿九日

記事無之、

三月朔日

松平安藝守(淺野光晟)ゟ使者を以、嫡子岩松(綱晟)袴着之爲祝儀、
宰相様江御樽肴進上有之、
右使者江　御同所様ゟ小袖貳ツ被下之、

自三月二日
至三月十四日

記事無之、

三月十五日

御馬廻組太郎(知信)左衛門惣領津田九郎兵衛(信正)、亡父遺
跡知行千石被下置、寄合被　仰付、

三月十六日
三月十七日

記事無之、

三月十八日

國母様江干大根一箱御差上之、

*光友上野へ御成

一、竹腰山城守尾州江罷登候付　宰相様ゟ御使を
以、「ー小」御小袖三被下之、

三月十九日

記事無之、

三月廿日

渡辺半藏(治綱)江御加増知千石之　御黒印被下置之、

自三月廿一日
至三月廿四日

記事無之、

三月廿五日

酒井忠勝室死去

酒井讃岐守(忠勝)內室(松平親能女)死去ニ付、若狹江御使水野善大夫(正次)被遣、御香典銀五拾枚被遣候処、拾枚相納、
四拾枚返戻有之、

三月廿六日
三月廿七日

記事無之、

三月廿八日

*千代姫所労

津金源右衛門交代、尾州江罷登候付　宰相様
ゟ「ー」御袷貳被下之、

三月廿九日

宰相様上野(武藏國豊島郡)江被爲　成、南光坊(天海)江御「ー」小袖五・
大判壹枚、毘沙門堂御門跡(公海)江御「ー」小袖三被進之、
出家中江も被下物有之、

三月晦日

記事無之、

一、此月、　奥様御附御賄頭水野七大夫(重教)、御加増
拾石被下置、

*木曾巣鷹他國へ出さざるやう山村良豊申付く

一、此月、木曾(信濃國木曾郡)巣鷹他國江出不申様、毎年妻籠(信濃國筑摩郡)・福
嶋(信濃國筑摩郡)・奈良井(信濃國筑摩郡)御番之御鷹師御差置被遊候得共、山
村甚兵衛(良豊)堅申付候付、當年ゟ相止、

四月朔日

四月二日

記事無之、

姫君様御所労ニ付　紀州様(徳川頼宣)御道中三嶋驛(伊豆國君澤郡)ゟ御
使御差下、御見舞被　仰進、

*千代姫不例快然

*家中新屋敷拝領などの定めあり

右御使江　宰相様ゟ御袷「一袷」貳被下之、

四月三日

姫君様御所労ニ付　紀州様御道中戸塚（相模國鎌倉郡）驛ゟ御使御差下、御見舞被　仰進、

右御使江　宰相様ゟ御袷「一」二被下之、

四月四日
四月五日

記事無之、

四月六日

姫君様御所労ニ付　公方様ゟ於御廣敷御振舞被　仰付、　御本丸奥方御臺所頭內田助右衛門參上有之、

右ニ付、助右衛門江　宰相様ゟ御袷「一」貳被遣之、

自四月七日
至四月九日

記事無之、

四月十日

寺尾（直政）左馬助江御加增知三千石之　御黑印被下置之、

四月十一日
四月十二日

記事無之、

四月十三日

姫君様御不例被爲　在候処、早速御快然被遊候付、爲御祝　御城女中御招請有之、

一、御家中新屋敷拝領、家作取建引移方御定、幷知行被下候輩相果候節、跡式不被　仰付內たり共、所務時分ニ候ハヽ、物成所納之筈御定有之、

四月十四日

宰相様江杦山（政武）次郎大夫より、御腰物差上之、

四月十五日

公方様江枝柹一箱御差上之、

一、姫君様御所労御快然之爲御祝儀、竹腰山城守ゟ使者差下、

*紫組の冠懸け
山王長命院へ相應院祈念頼む
*明眼院圓慶尾州へ罷登る

右使者江　宰相様ゟ袷貳被下之、

四月十六日

宰相様御任官之節、御取持被申上候爲御挨拶
御同所様ゟ菊亭(經季カ)大納言様江大判壹枚・御袷三「一」、
御使を以被遣之、

一、姫君様御所労御快然之爲御祝儀、井伊掃部頭(直孝)・
土井大炊頭(利勝)・酒井讃岐守・堀田加賀守(正盛)・酒井河
内守(忠清)ゟ以使者、御樽肴進上有之、
右使者江　宰相様ゟ袷貳ツ、被下之、

四月十七日

記事無之、

四月十八日

山王長命院(武藏國豊島郡)江　相應院様ゟ御祈念御頼ニ付
宰相様ゟ御使を以、銀五枚被遣之、且毎年右
之通被遣筈、

一、姫君様御所労御快然之爲御祝儀、青山大藏少輔(幸成)
ゟ使者を以、御樽肴進上有之、

右使者江　宰相様ゟ袷貳被下之、

自四月十九日
至四月廿一日

記事無之、

四月廿二日

宰相様ゟ紫組之御冠懸之爲　御禮　禁裏(明正天皇)江
銀五枚、　仙洞(後水尾上皇)江同三枚、　國母様江も同三
枚、飛鳥井大納言(雅宣)殿江御作御進獻有之、
右ニ付、飛鳥井大納言殿江爲御挨拶銀三枚、
御同所様ゟ被遣之、

四月廿三日

記事無之、

四月廿四日

間嶋村(尾張國海東郡)明眼院(圓慶法印)尾州江罷登候付　宰相様ゟ銀廿
枚被下之、

自四月廿五日
至四月廿九日

記事無之、

*吉利支丹改めなどの上意あり

*渡邊治綱に年寄役仰付く

四月晦日
國母様江鮎鮓一桶御差上之、
一、此月、左之通被　仰出、
御作事奉行被仰付、　御馬廻組　内藤又左衛門(昌茂)
被　召出、竹腰山城守同心被　仰付、知行貳百五十石被下、　村井又右衛門(勝盛)
五月朔日
五月二日
記事無之、
五月三日
竹腰山城守ゟ爲端午之御祝儀使者差下、　宰
相様江御祝儀申上候付　御同所様ゟ右使者江
時服貳ッ被下之、
自五月四日
至五月九日
記事無之、
五月十日
御能被　仰付候付　御登城、　紀州様・
水戸様ニも御登城有之、
一、右之節御老中出座、吉利支丹御改、且倹約等之
儀ニ付　上意之趣申上之、
自五月十一日
至五月十八日
記事無之、
五月十九日
國母様江枝柿一箱御差上之、
五月廿日
公方様江巣鷹御差上之
五月廿一日
渡辺半藏年寄役被　仰付、
一、御目付米倉平右衛門(三信)・行方太郎左衛門(景次)江知行三
百石ツ、之　御黒印被下置之、
自五月廿二日
至五月廿七日
記事無之、
五月廿八日

切支丹制禁につき他國へ相越す者は苦しからず

切支丹御制禁ニ付、改方幷御領分所〻より他國江相越候者自今不苦、且欠落者之儀ニ付、御定被　仰出御觸有之、

五月廿九日

記事無之、

一、此月、爲端午御祝儀　公方様江時服十御差上有之、　宰相様ゟも御帷子貳、御單物・御袷一充、御使小野澤五郎兵衛（吉清）を以御進上有之、

一、此月、　宰相様ゟ爲端午御祝儀　天樹院様・高田様（松平忠直室、徳川氏）・　大姫君様江銀五枚ツヽ、御使を以被進之、

一、此月、　宰相様ゟ爲端午御祝儀　姫君様江御單物・御袷一充被進之、

一、此月、　公方様ゟ爲端午御祝儀　宰相様江女使被進之、

右ニ付　宰相様ゟ女使江銀五枚被遣之、

一、此月、左之通被　仰出、

御通番
川口藤左衛門
御部屋御通番被
仰付、

奥様御附
藤右衛門悴（長次）
御目見
成田半平（藤右衛門宜長カ）
御通番被
召出、御切米六拾石・
御扶持五人分被下置、

*鷹場前澤御殿に上使の間取建つ

一、此月、御鷹場前澤　御殿ニ　上使之間御取建有之、

六月朔日

御登城、御酒・御吸物被進、相濟而御退出、

自六月二日
至六月五日

記事無之、

六月六日

*家中の輩乘物無用たるべし

*絹袖より上の物著すべからず

御家中江戸江罷下候輩・小身之面〻、老人・病之外乘物可爲無用旨、幷衣類絹袖ゟ已上不可着御定ニ候処、羽織・袴ハ絹袖以上之物も着候得共、自今以後羽織襠たり共、絹袖ゟ上之物一切不可着旨被　仰出之、

自六月七日
至六月九日

記事無之、

六月十日

たふの鳩執る儀停止

たふの鳩執候儀、堅く御停止被　仰出、御留池川ニ而百姓魚取候ハヽ、可為過料旨被　仰出、

御留池川などで百姓魚取るは過料たるべし

六月十一日

記事無之、

六月十二日

御庭の桃

上使を以御庭之桃被進之、

一、右為御禮　御登城有之、

自六月十三日
至六月十五日

記事無之、

*山野勘十郎御前にて様物仕る

六月十六日

千代姫深曾幾の祝い

姫君様御深曾幾御祝有之、　公方様ゟ碁盤被進之、

右御祝之節、春日局（稲葉正成室、齋藤氏）抱之女能仕候付　宰相様ゟ銀子被下之、　公義御役者江も被下物有之、

自六月十七日
至六月廿九日

記事無之、

六月晦日

宰相様江備中定次・一文字御腰物被進之、

一、此月、御帳付中野與次右衛門、御腰物奉行被仰付、

七月朔日
七月二日

記事無之、

七月三日

山野勘十郎於　御前様物仕候付、銀拾枚被下、勘十郎弟子篠崎平右衛門・萩野源右衛門召連來候付、帷子・單物一充被下之、

七月四日
七月五日

*義直川狩りとして深川へ御成

七夕の祝儀

日光廟屋根石上る

*後水尾上皇御悩

記事無之、

七月六日

爲七夕之御祝儀　公方様江従　宰相様御使
岩田長右衞門(昌成)を以、黄金壹枚御差上之、

自七月七日
至七月十七日

記事無之、

七月十八日

日光　御廟屋根石昨十七日天氣能上之、御珎
重被　思召候由　上使を以被　仰進之、

一、右爲御禮　御登城有之、

一、久野七郎(宗信)右衞門同心弥左衞門次男橋田長七郎、
御右筆被　召出、御切米貳拾石・御扶持五人
分被下之、

七月十九日

記事無之、

七月廿日

爲御川狩、深川(武藏國葛飾郡)江被爲　成、

七月廿一日

記事無之、

七月廿二日

國母様江鮎鮓御差上之、

自七月廿三日
至七月廿七日

記事無之、

七月廿八日

日光　御廟屋根石無恙上り候付、御能被　仰付、
爲御見物　御登城、宰相様ニも　御登城有
之、

七月廿九日

記事無之、

一、此月、　仙洞御脳(悩)ニ付　國母様江爲御見廻、
御使村上八郎(吉藤)兵衞爲御差登有之、

一、此月、御生見玉之御祝儀として　姫君様ゟ御

饗應有之、

此節糅被　仰付候付　宰相様ゟ大夫江被下物有之、

中屋敷近所に下屋敷進らる

一、御中屋敷近所ニ而御下屋敷被進候付、御作事被　仰付候付、此月、御作事奉行岡寺兵助（正次）替時分同心召連罷下、星野七右衛門（則政）儀ハ、一左右次第可罷下旨被　仰出之、

一、此月、左之通被　仰出、

御小性頭被　仰付、　長囲爐裏頭　熊谷与兵衛

長囲爐裏頭被　仰付、　五十人頭　久野李大夫（長雄）

五十人頭被　仰付、　御小性　山下佐左衛門

知行四百石被下置、御黒印をも被下置、　御馬廻組　本多七兵衛

御廣敷御番被　仰付、御加増被下置、　三十人組　早川金左衛門

御部屋御賄頭被　仰付、　御部屋御賄小頭　山川久右衛門

同　山田次郎左衛門

御進物番被　召出、御切米六拾石・御扶持五人分被下置、　松平肥前守（前田利常）家中　山下勘兵衛（氏慶）悴　山下源太左衛門（氏連）

御暇被下置、　御部屋御賄頭　飯尾仁〔左〕右衛門（道治）

一、此月、御書院番青野右衛門作（勘兵衛頼治カ）、父源左衛門跡志水甲斐（忠政）同心ニ被下、

*人を殺す山伏へ成敗を仰出づ

一、此月、稲葉主計（知通）知行所おゐて、人を殺候山伏兩人頭江申付、山伏之作法ニ成敗仕候様被　仰出之、

一、此月、御小性頭松井三左衛門（宗久）去十一日夜致自害、氣違之様子ニ付、知行・居屋敷被　召上之、

*流木盗人礫

一、此月、葉栗郡（尾張國）光明寺村ニ而流木盗候七平治・長九郎川並を引所おゐて礫、

一、此月、二ッ杁之辺ニ而阿部善兵衛（正周）組米倉甚五郎、阿部河内（正致）同心加藤八郎兵衛（吉藤）草履取切殺候付、吟

*徳川家綱去る三日誕生

八朔の祝儀

*若君竹千代と稱す

相應院女中伊勢へ參る

味之處、善兵衛并堀田彥兵衛草履取兩人之仕業
ニ而善兵衛草履取ハ欠落いたし候付、彥兵衛草
履取成敗被　仰付之、

八月朔日

爲八朔之御祝儀　宰相様御登城、　公方様
江御太刀・馬代黃金壹枚御差上之、

自八月二日
至八月四日

記事無之、

八月五日

相應院様女中勢州江御參らせニ付、右女中江　宰
相様ゟ銀五枚・御帷子「一」・御單物「一」充被下之、

八月六日

加嶋道圓（東和）江知行三百石之　御黑印被下置之、

八月七日

記事無之、

八月八日

京都所司代板倉周防守（重宗）熱田（尾張國愛知郡）到着に付、竹腰山城
守御差出、同所於　西御殿御振舞有之、

八月九日

若君様（竹千代、のちの家綱）去三日御誕生、今日御七夜に付、爲御祝
儀　御登城、於御座之間　若君様江　御對
顏、

一、若君様御名　竹千代様与奉称、

一、右ニ付、御使成瀨隼人正を以　若君様江　御
腰物長光、・御脇差來國次、・御產衣・御樽肴御差
上、　公方様江　御太刀助眞、御進上被遊、お（家光側室、七澤清宗女、のちの寶樹院）
らく御方・春日局江も御贈物有之、

八月十日

若君様より　上使牧野內匠頭（信成）被進之、
右ニ付、內匠頭江御刀被遣之、

八月十一日

若君様より御產衣被進候付　宰相様より成瀨
隼人正悴同姓熊之助（正親）江御產衣四ッ被下之、

八月十二日
八月十三日

記事無之、

八月十四日

國母様江鮎鮓御差上之、

自八月十五日
至八月廿日

記事無之、

八月廿一日

家綱誕生の祝儀として能あり

若君様御誕生之爲御祝儀、於新御屋敷御老中・御簱本之面〻、御招請御能有之、

右御招請ニ付、俄ニ御廣間之前江御舞臺御取建有之、

八月廿二日

記事無之、

八月廿三日

若君様御誕生被遊候爲御祝儀、熱田大宮司(千秋武季)幷馬場左京(仲行)早速罷下候様被　仰出、

自八月廿四日
至八月廿七日

記事無之、

八月廿八日

若君様御誕生之爲御祝儀、東本願寺(山城國愛宕郡)ゟ使者差下候付　宰相様より右使者江帷子・單物壹ツ充被下之、

八月廿九日
八月晦日

記事無之、

一、若君様御誕生ニ付　國母様江御悦として、此月、以御飛脚　御書被遣之、猶又御使尾関弥左衛門爲御差登、三種貮荷御差上有之、此節權大納言局(橋本季宗女)・大岡美濃守(忠吉)江御樽肴被遣之、

*柳生宗矩招請の能

一、此月、柳生但馬守(宗矩)御招請御能有之、此節　御自身御能實盛被遊、但馬守芭蕉・山姥相勤之、

*南光坊天海招請の能

一、此月、南光坊御招請御能被　仰付之、

取建つ舞臺柳生宗矩へ遣す

杉山正次知行所百姓出入あり押籠仰付く

植松次大夫草履取成敗

*重陽の祝儀

*江戸屋敷御守殿方圍長屋切組熱田白鳥にて仰付く

*家綱誕生祝儀の能

一、此月、今度御取建之御舞臺御祝相濟候上、柳生但馬守江被遣之、

一、此月、御簱奉行平岩瀬兵衛(元成)四男同姓金兵衛(元知)、御部屋御通番被　召出、

一、此月、新御屋敷奉行杉山甚大夫(正次)知行所百姓出入之儀有之、御僉議之上押籠被　仰付、知行被召上、

一、植松次大夫草履取、去月十六日曉長嶋町(尾張國愛知郡)町人江爲手屓、其上脇差被奪取候付、此月、成敗被仰付、町人ハ御國拂候様被　仰出之、

九月朔日

記事無之、

九月二日

若君様江御太刀助平、御差上、　宰相様ゟも公方様・　若君様江　御太刀・御馬代御差上有之、

此日、　若君様初而御表　出御有之、

九月三日

記事無之、

九月四日

八幡善法寺(有清)・田中(敬清)・新善法寺(常清)・豊藏坊・一山郷中　若君様御誕生之爲御祝儀罷下候付、善法寺・田中・新善法寺江銀三枚ツヽ、豊藏坊・一山郷中江同貮枚ツヽ、　宰相様ゟ被下之、

自九月五日
至九月七日

記事無之、

九月八日

爲重陽御祝儀女使を以　宰相様江御時服被進候付、右女使江　御同所様ゟ銀五枚被遣之、

一、江戸御屋敷　御守殿方御囲長屋切組、熱田白鳥(尾張國愛知郡)ニ而被　仰付、

九月九日

若君様御誕生御祝儀之御能被　仰付候付、爲御

見物　　御登城、御饗應有之、
一、帰御之上御祝被遊、御家中江御酒被下之、

九月十日

八幡岩本坊　　御目見罷出候付　　宰相様ゟ御「一」小袖貳被下之、

九月十一日

成瀬隼人正日光（下野國都賀郡）江　　御名代相勤候付　　宰相様ゟ御使を以、御小袖貳被下之、

九月十二日

記事無之、

九月十三日

江戸上御屋敷御表方御作事、於熱田切組被　仰付、御指下有之、

＊江戸上屋敷表方作事熱田にて切組仰付く

自九月十四日
至九月廿二日

記事無之、

九月廿三日

宰相様・　姫君様十一月二日吉日ニ付、御移徙可被遊旨被　仰出、

自九月廿四日
至九月廿九日

記事無之、

＊重陽の祝儀

一、此月、爲重陽御祝儀　公方様・　若君様江御小袖六ッ充御差上、　宰相様ゟも　公方様江御小袖三ッ、　若君様江同貳ッ、御使岩田長右衞門を以御進上有之、

一、此月、　宰相様ゟ爲重陽御祝儀　天樹院様・　高田様・　大姫君様江銀五枚充、御使を以被進之、

一、此月、　宰相様ゟ爲重陽御祝儀　姫君様江御小袖二被進之、

＊家綱安全の大々神樂を伊勢内宮へ仰付く

一、此月、　若君様御安全之爲伊勢内宮（伊勢國度會郡）おゐて大々神樂御執行被　仰付、遠山新左衞門（景豊）被遣、御祓慶光院（周清）より　御本丸江御差上有之、

横田耕心病死につき知行召上ぐ

鷹の白鶴

*家綱誕生につき公家衆來臨

一、此月、左之通被　仰出、

御部屋御歩行頭被仰付、知行三百石被成下、　御部屋御小性 堀内記（善親）

御供番被　仰付、　御部屋御進物番 米倉造酒佐

御通番被召出、御切米六拾石・御扶持五人分被下置、　御先手物頭 無手右衛門（繁清）惣領 御目見（繁豊） 大澤五郎三郎

一、横田耕心病死ニ付、此月、悴同姓權之助仍願知行被　召上、

十月

自十月朔日
至十月三日
記事無之、

十月四日
御鷹之白鶴被進之、

自十月五日
至十月九日
記事無之、

十月十日

左之通　宰相様ゟ被下置、

銀二十枚
「一」御小袖貳〃　上田忠右衛「左衛門」〃〃

御守殿御作事奉行相勤候付、

銀廿枚　下方三郎右衛門（貞政）
　轟木猪兵衛（定昌）
小判拾両充　内藤五右衛門（忠次）

御守殿御作事骨折候付、

右之外輕キ輩江も　御同所様ゟ金銀被下之、

十月十一日
記事無之、

十月十二日
國母様江粕漬鮑一桶御差上之、

自十月十三日
至十月廿日
記事無之、

十月廿一日
若君様御誕生ニ付、九條前關白（幸家）殿始公家衆下向、

今日來臨有之候付　宰相様ゟ以御使、前關白殿・松殿(道基)江大判壹枚充被遣、其外公家衆江も以御使、「一」御小袖被遣之、

*家光日光社參來年まで延引

十月廿二日
十月廿三日
記事無之、

*光友鈴木重之宅へ御成

十月廿四日
御部屋御歩行頭堀內記江知行三百石之　御黑印被下置之、

築山御用

一、左之通　宰相様ゟ被下置、

銀三枚　小林五右衞門

御築山御用仕廻罷登候付、

「一」御小袖一ツ充　淺井半兵衞
三浦六兵衞

御築山御用仕廻候付、

十月廿五日
十月廿六日
記事無之、

十月廿七日
公方様來月二日　御發駕、日光江　御社參被遊筈候処、大雪降候付、南光坊御訴詔(訟)申上、來年迄御延引被　仰出、

十月廿八日
宰相様今日鈴木主殿(重之)宅江被爲　成、此節主殿江大判壹枚・「一」御小袖三被下之、

十月廿九日
左之通　宰相様ゟ被下置、

銀三拾枚
「一」御小袖貮　山下市正

銀三拾枚　酒井久左衞門(利尚)

同貳拾枚ツ、　岩田與左衞門(正勝)
渡辺半十郎(直綱)

同拾枚ツ、　坂　源左衞門(定次)
上田五兵衞(吉忠)

網懸の鶴

「一」御小袖貳充
山下八郎右衛門(氏輝)
內藤左平(正高)
田中市左衛門

表方御作事御用相勤候付、

右之外輕者江も　御同所様ゟ金銀被下之、

十月晦日

記事無之、

一、此月、松平阿波守(蜂須賀忠英)より、網懸之鶴進上有之、

一、此月、左之通被　仰出、

御馬廻頭被　仰付、
御小性頭
阿部善兵衛

御小性頭被　仰付、
寄合
稲葉六郎左衛門(正辰)

御部屋御進物番被仰付、御加增三拾石被下置、
長囲爐裏御番
朝比奈甚左衛門

御部屋御納戸被仰付、御加增貳拾石被下置、
長囲爐裏御番
中野治左衛門

御加增三拾石被下置、
京都御買物奉行
勝野文左衛門(延政)

御加增米貳拾石被下置、
御醫師
壽菴

御部屋御通番被召出、御切米六拾石・御扶持五人分ツヽ、被下置、
弓組御足輕頭
(資行)小左衛門次男
御目見　上野佐助(資宗)

成瀬隼人正同心
善左衛門次男
松井權九郎

長野五郎右衛門(政成)同心
(良光)善大夫惣領
御目見　若尾右馬介(源之助良利)

被　召出、御切米八拾石被下置、
(山城國)京都住居浪人
伊勢清次郎悴
伊勢清吉(貞平)

病氣ニ付、御役儀御免、
御部屋御納戸
梶七大夫

御小袖貳
御羽織一充
弓組御足輕頭
平岩弥五助(重正)

同
上野小左衛門

御小袖貳
御作事奉行
星野七右衛門

御守殿切組御用相勤候付、御褒美として被下置、

一、此月、戸田金兵衛・杢佐大夫黄鷹打差上候付、

金兵衛江呉服三、佐大夫江銀五枚被下之、
一、此月、興津半大夫病死、悴無之候付、知行被
召上、
一、此月、御部屋御小性佐久間久米助(重勝)不埒之儀有之、
改易被　仰付之、
十一月朔日
記事無之、
十一月二日

上屋敷作事出來

上御屋敷御作事出來ニ付　宰相様・　姫君様
御移徙有之、
一、右ニ付　宰相様江御使成瀬隼人正を以、御祝
儀被　仰進之、
此節　宰相様ゟ隼人正江御脇指被下之、

上屋敷移徙につき能あり

一、右御移徙ニ付御能有之、上御屋敷江被爲　成、
御父子様御能被遊、
一、宰相様江御腰物貳腰片山直次、被進之、

移徙祝儀として年寄中より樽肴差上ぐ

一、御移徙御祝儀として、竹腰山城守始年寄中ゟ御
樽肴差上、其外千石以上之輩ゟ御肴差上之、

*千石以上の輩は肴差上ぐ

山城守・渡辺忠右衛門(重綱)・志水甲斐・間宮権大(正照)
夫・稲葉主計・石河伊賀(正光)・滝川権十郎(之成)・山村
甚兵衛・千村平右衛門(重長)ゟハ使者差下、山下大
和守(氏勝)・志水甲斐(衍カ)・市辺出羽守(正好)妻・甲斐母(東條行長女)ゟも
使者差下候付、追而右使者江　宰相様ゟ小
袖、又ハ金銀被下之、
一、右御移徙之爲御祝儀、年寄中ゟ　姫君様江差
上物有之、
十一月三日
御移徙御祝儀として　宰相様より　相應院
様江銀三拾枚、　奥様江同貳拾枚、　御姫様
江同拾枚、御使小野沢五郎兵衛を以被進之、

*移徙につき天海祈念す

一、南光坊御移徙之時、奥方ニ而御祈念被致候付、
宰相様ゟ御使を以、大判三枚被遣之、右節
相越候僧中江銀子被下、且御移徙前　御守殿御
祈禱相勤候僧中江も小袖被遣之、

移徙につき光友より銀子遣す

一、御移徙爲御祝儀　宰相様ゟ女使を以、春日局江銀五拾枚被遣、其外　御城惣女中江も銀子被遣之、

十一月四日

十一月五日

記事無之、

十一月六日

御移徙相濟候爲御祝儀　姫君様江　御城女中御招請御能有之、

十一月七日

五十人頭山下佐左衛門(氏紹)江知行三百石之　御黒印被下置之、

一、御移徙爲御祝儀　宰相様ゟ御使を以、左之通被下之、

「一」御小袖六　寺尾左馬助

同五充　長野五郎右衛門

渡辺半藏

同三ツ　同心頭　鈴木主殿

同二充　御用人　肥田孫左衛門(忠重)

御用人　鈴木與三右衛門(景之)

同　都筑四郎左衛門(正英)

十一月八日

御移徙御祝儀として　宰相様江　紀州様・水戸様・　紀伊宰相様・水戸中將様ゟ御使を以、御樽肴被進之、　松平右京大夫様ゟも御使を以、御樽肴御進上之、

右ニ付　御同所様ゟ　紀州様・　水戸様御使江「一」御小袖五充、　紀伊宰相様・　水戸中將様・　松平右京大夫様御使江ハ同三充被下之、

十一月九日

*移徙の祝儀として光友へ老中招請の囃子あり

御移徙之爲御祝儀　宰相様江御老中御招請御囃子有之、諸番頭・諸物頭爲御取持參上有之、

十一月十日

長野五郎右衛門尾州江罷登候付　宰相様ゟ以御使「一」御小袖三被下之、

徳川和子女中ら家綱誕生につき下向

一、國母様女中權大納言局幷あわち　若君様御誕生ニ付下向之処、上京ニ付　宰相様ゟ權大納言局江小夜物貳、あハち江銀五枚被遣之、

自十一月十一日
至十一月十七日

記事無之、

十一月十八日

移徙の祝儀として頼宣頼房父子招請の饗應などあり

御移徙之御祝儀として　宰相様江　紀州・水戸御父子様御招請、御饗應・御囃子有之、

一、右ニ付、上御屋敷江被爲　成、

自十一月十九日
至十一月廿三日

記事無之、

十一月廿四日

家綱色直しの祝儀

若君様御色直之御祝儀として　宰相様ゟ御使上田忠左衛門を以、御小袖四ッ御差上有之、

自十一月廿五日
至十一月廿九日

記事無之、

*御免の外猥りに鷹擅すべからざる旨仰出づ

一、此月、　御免之外鷹不可所持、猥ニ鷹擅候族可爲曲事旨、「但御預リ之鷹ハ可爲格別、兼而又一」(附箋)鷹場被下候面々も、於其所綱はこニ而大鳥不可取旨等被「一」仰出、

一、此月、京都御買物奉行安藤治左衛門江御加増被下置、

*網懸の鶬

一、此月、遠藤但馬守(慶隆)・竹中左京(重常)より網懸之鶬進上有之候付、爲御挨拶　御書被遣之、

一、此月、左之通被　仰出、

御番頭ニ而病死
三郎右衛門惣領(正吉)
小笠原治部右衛門(吉龍)
父遺跡知行千石被下置、寄合被仰付、

御馬廻組ニ而病死
勝藏惣領(重政)
中川庄藏(政玄)
父遺跡知行之内七百石被下、御馬廻組被　仰付、

父遺跡知行之內、
分知三百石被下、
御馬廻組被　仰付、

勝藏二男（秀政）
中川五郎兵衛

自十二月朔日
至十二月十二日

記事無之、

十二月十三日

法度仰出づ

左之通御法度被　仰出之、

條々

一、就諸事　公義御法度堅可相守事、

一、吉利支丹宗門之儀　公義如御制禁弥守其旨、面々召仕之者ハ勿論、知行所百姓等至迄、常々無油斷彼宗門可相改事、

一、喧嘩・口論双方可爲曲事、於令荷擔ハ、其咎可重於本人、惣而喧嘩・口論之場江一切不可懸集事、

一、於城中自然喧嘩・口論・火事在之時、兼而定置輩之外、無下知而不可駈集事、

一、火事不依何方雖令出來、横目之者・役人之外不可懸集、但親類・縁者幷火元ゟ四方貳町之者ハ可爲格別事、

一、軍役・諸色之兵具等、應其分限可相嗜事、付、知行高貳百五拾石已上之輩、馬可所持事、

一、被行死罪者在之時、相定役人之外、一切其場江不可懸集事、

一、諸法度之趣、横目之者申渡時、違背之輩可爲曲事事、

一、諸法度之趣、物頭急度可申渡、若不念申渡、組下於相背ハ、其頭可爲越度事、
付、物頭之下知、組下之輩不可違背事、

一、諸奉行・諸役人其役之品々、常致吟味不可油斷事、

一、就諸事企徒黨、或成妨、或ハ令一味義、堅停止之、若違乱之輩可爲曲事事、

一、屋作等應其分限、萬可用儉約事、

一、面〻知行所相定年貢・所當之外、不可致非法之所務事、付、雖爲百姓・土民於侍奉公仕者、其代官・其給人不可有構事、

一、百姓公事有之時、双方給人私之諍論不可致事、

一、結縁邊儀、千石以上幷近習之輩ハ、令言上可相定、私不可申合事、

一、養子令停止、但子細有之ハ可爲各別、知行取之子他所江於遣之ハ、致言上可遣、同心ハ其頭に相理、可隨差圖事、

一、改易之者ハ勿論、雖爲其妻子一切不可拘置、但離別之者ハ、横目に相斷可召置事、

一、諸牢人不可拘置、雖然親子・兄弟幷切米望之小身者者横目に相斷可拘置、但構有之者ハ雖爲親子・兄弟、其妻子共に拘置間敷事、

一、手屓不可隱置、致過者雖（マヽ）有之、其子細与頭迄可申理、與頭無之輩ハ、横目ニ可相理事、付、他所ゟ付屆之者有之者、其主人・與頭迄早速

申屆、與頭ゟ可致言上、与頭無之者ハ、横目ニ可申屆事、

一、他所江猥不可罷越、但不叶子細於有之ハ、致言上可參他國、逗留中於國許他所江罷越輩、子細を城代ニ相斷可請差圖、与頭有之者ハ与頭ゟ可申理、及歸宅ハ、其者城代に可申理事、付、同心ハ其頭ニ相理、可任其意事、

一、乘物免許之輩之外不可乘之、但病人ハ横目ニ相斷、任差圖可乘事、

一、振舞猥にすへからす、不叶雖爲會合可限二汁・貳菜・肴一種・酒三返、勿論木具・盃之臺停止之、若於相背ハ可爲過料、但他客幷嫁娵之時ハ各別之事、

一、衣類之儀　公義如御定白綾・白小袖・紫袷・紫裏練・無紋之小袖不可着用之、千石以上・同嫡子太刀ニ而礼見候輩幷側小性・側之物頭・側之寄合・持弓頭・持筒頭・横目使番・

供番・進物番・通番ハ、御制禁之外之衣類、
不限其品可着之、雖然不可及衣服結構、相定
者之外、絹袖より上之衣類、雖爲肩衣・袴・
羽織不可着之、但他客有之時ハ、其客人存之
者當座ハ不苦、被下置小袖可着用之、古小袖
下に着不苦事、
一、面々召仕之者衣類之儀、中小性以上之者ハ、
主人可任其意、勿論不可致衣類結構、歩・若（行脱カ）
黨之衣服さや（沙綾）・ちりめん（縮緬）・平嶋・羽二重・絹
袖・布木綿之外不可着之事、
附、弓・鉄炮之者ハ絹袖・布木綿之外不可
着之、幷小者・中間ハ萬布木綿可用之事、
一、面々召仕之者之儀、構有之者・請人なき者不
可抱置事、付、大ひたい（額）・大そりさけ（剃下）・大な（撫）
てつけ（付）・下ひけ（鬚）置者、惣而かふき者不可召置、
幷小者・中間かいらきさや（梅花皮鞘）停止之事、
一、大刀・大脇差不可差之、但刀ハ貳尺八寸、脇
差ハ壹尺八寸迄不苦、幷鷹野・鹿狩之場脇指
之寸尺可爲各別、刀・脇差之さや朱青・漆
黄・漆白檀幷大鍔・角鍔停止之事、
一、博奕・好色ハ勿論、不依何事、不行儀之輩可
爲曲事（事脱）、
右、可相守此旨、若違犯之輩於有之ハ、依其
輕重或過料、或可處罪科者也、
寛永拾八年巳十二月十三日
自十二月十四日
至十二月十七日
記事無之、
十二月十八日
*登城の役の御定など仰出づ
於 御城喧嘩・口論幷火事有之節、登 城之
役々御定幷寄合振舞之御定被 仰出、
十二月十九日
記事無之、
十二月廿日

國母様江海鼠腸御差上之、

十二月廿一日

爲歳暮御祝儀　宰相様より　姫君様江御小袖三被進之、

十二月廿二日

記事無之、

十二月廿三日

歳暮の祝儀として家光らへ差上ぐ物あり

爲歳暮御祝儀　公方様江御小袖六、　若君様江同三ッ御差上、　宰相様ゟも　公方様・若君様江同三充、御使岩田長右衛門を以御進上有之、

十二月廿四日

記事無之、

十二月廿五日

光友より天樹院らへ歳暮の祝儀進らす

天樹院様・　高田様・　大姫君様江　宰相様ゟ歳暮御祝儀として　御使を以、大判壹枚充被進之、

十二月廿六日

英勝院御方江歳暮御祝儀として　宰相様ゟ御使を以、銀拾枚被進之、

十二月廿七日

爲歳暮御祝儀　宰相様江　公方様ゟ女使被進之、

右ニ付　御同所様ゟ女使江銀五枚被遣之、

十二月廿八日

記事無之、

十二月廿九日

姫君様爲歳暮御祝儀　御登城有之、

御帰殿之節、御見送り相勤候女使江　宰相様ゟ御小袖貳被遣之、

一、右之節　公方様ゟ　姫君様江御誂ニ而宰相様江御茶壺・御茶椀被進之、

十二月晦日

記事無之、

徳川和子らへ時候伺ひとして進物あり

一、此月、　國母様江時候御伺として、京都江御使
爲御差登、熨斗一箱・鰹節一箱・昆布一箱・御
樽貳荷・御夜物貳・金三枚御差上、右御使を以
　禁裏・　仙洞江御內〻熨斗一箱・鰹節一箱・
昆布一箱・御樽貳荷充御進獻被遊、　宰相様
ゟも　國母様江熨斗一箱・鰹節一箱・昆布一
箱・御樽貳荷・繻子廿巻・金三枚御差上有之、
此節天野豊前守(長信)幷權大納言局・右衞門佐江も
　御書を以、御樽肴被遣之、

光友增上寺へ參詣
初めて金地院へ立寄る

一、此月、　宰相様增上寺　御參詣之節、初而
金地院(武藏國豊島郡)江　御立寄ニ付　御同所様ゟ御使を
以、「ー」御小袖三被遣之、

普請役御定を仰出づ

一、此月、御家中之輩、御普請役御定被　仰出、

名古屋熱田町中法度仰出づ

一、此月、名古屋(尾張國愛知郡)・熱田町中御法度被　仰出之、
一、此月、左之通被　仰出、尾州おゐて年寄中申
渡之、

「ー」御小袖貳充

鉄炮組御足輕頭
湯本三左衞門(幸棟)
同
岡田鄕左衞門
御普請奉行
鳥居藤左衞門(吉久)
御材木奉行
植松九郎兵衞(信秀)
大代官
平野甚右衞門(長行)
水奉行
山口八郎右衞門

「ー」御小袖壹
「ー」御羽織壹
充

尾州郡奉行
佐〻長兵衞(宗重)
尾州郡奉行
勝野太郎左衞門(良政)
御代官
杢原弥一左衞門
同
八橋藤兵衞

　常〻出精相勤候付、爲御褒美被下置、
一、此月、御船奉行千賀志摩守(信親)御船之儀精を出候付、
　御譽被　仰出、

國中の儀申上ぐるため御國奉行鈴木十正江戸へ下る

一、此月、御國中之儀申上として、御國奉行鈴木九（十正）左衛門江戸表江罷下、

一、此月、御馬廻組小頭戸田平左衛門病氣に付、知行差上度旨奉願候處、知行其侭被下候間、養生可仕旨被　仰出、御馬廻組被　仰付、

伊達佐左衛門悴三十歳餘まで御前へ罷出ざるなどにつき跡式仰付られず

一、此月、御鉄炮頭伊達佐左衛門致病死、悴有之候得共、三拾歳餘迄　御前江不罷出、其上他國江遣置、末期および跡式奉願候付、跡式不被　仰付、知行被　召上、

一、此月、御網打助七兄令不屆候付、兄弟共成敗被　仰付、

水野村に御殿取建つ

一、此年、水野村（尾張國春日井郡）ニ　御殿御取建有之、

一、此年、左之通被　仰出、

同心頭被　仰付、同心十騎御預、　大寄合　遠山彦左衛門（景吉）

御番頭被　仰付、　寄合　毛利源六（廣豐）

御部屋御小性頭被　仰付、　御部屋御小性　上田五兵衛

同　小野澤五郎兵衛

町奉行被　仰付、　御足輕頭　長野猪右衛門（吉堅）

御目付被　仰付、御足米百石被下置、　御弓役　本多太兵衛（因信）

御目付被　仰付、御加増百石被下置、　御馬廻組　落合安右衛門（幸正）

御目付被　仰付、御加増六十石被下置、　御腰物奉行　若林四郎兵衛（尚信）

二之丸御門番御足輕頭被　仰付、　遠山彦左衛門同心　冨永清大夫

奥御番被　仰付、御加増拾石被下置、　御進物番　林　武兵衛（信加）

御弓役被　仰付、　御弓矢奉行　埛和次郎兵衛

御供番被　仰付、御足米百九拾石被下置、　御薬込頭　萩原八大夫（茂江）

御供番被　仰付、　御馬廻組　長谷川郷右衛門

御進物番被　仰付、　御通番　舍人源太左衛門（經時）

御部屋御小性被　仰付、　同　服部十郎右衛門（正元）

長囲爐裏御番　加藤治部左衛門

御進物番被
仰付、御加増三拾石充
被下置、

同　天野儀左衛門
同　山田郷左衛門
同　杉浦能登路

御進物番被
仰付、御加増□拾石被下置、
御部屋御供番代可相勤旨、

同　増田五右衛門

御部屋御進物番
被　仰付、

同　小池三郎右衛門

川並奉行被
仰付、

御馬廻組
中村甚五右衛門

水奉行被　仰付、

御納戸（寄良）
取田才兵衛

御部屋御右筆被
仰付、

御右筆（正實）
西郷十大夫

御薬込頭被
仰付、

御膳奉行（興弘）
永井清左衛門

御馬廻組被
仰付、

御進物番（吉親）
小笠原九郎左衛門

御通番被
召出、御切米六拾石・
御扶持五人分充
被下置、

（紋）（正勝）
門左衛門悴（廣勝）
野呂杢右衛門

御馬廻組
須野崎清兵衛二男
御目見（八之右衛門重治）
田村新六

合羽御鷹匠
吉田小次郎

御加増五石充
被下置、

御手鷹匠
渡辺次郎九郎

御加増拾石被下置、

五十人御目付（政因）
太田弥五右衛門

御歩行目付被
仰付、御加増被下置、

御歩行（正俊）
稲葉九郎左衛門

隠居被　仰付、

寄合觸流（正好）
市辺出羽守

祖父家督・知行貳千
五百石無相違被下、
寄合被　仰付、

出羽守孫（勝信）
市辺十左衛門

亡父遺跡知行之内
七百石被下、御馬廻組
被　仰付、

次郎大夫惣領
御進物番（政武）
杉山次郎右衛門

亡養父遺跡知行
之内、分知三百石被下、
御馬廻組被　仰付、

次郎大夫養子
御進物番（俊親）
杦山勘之丞

（政直）
亡父遺跡知行無相違
被下置、御馬廻組被
仰付、

御進物番（正勝）
津金武右衛門

亡父同姓次郎右衛門
遺跡知行無相違、
家屋敷共被下置、　御馬廻組被　仰付、

同　小笠原半弥

亡父同姓七平遺跡
知行無相違被下置、
御臺所頭被　仰付、

御臺所頭ニ而病死
（伊舍）
七平惣領（伊則）
大橋惣大夫

*侍奉公の者百姓に致すも同心せず改易仰付く

光友へ御通番など江戸上屋敷定詰を仰付く

*鈴木五郎左衛門商人を打擲するにつき改易

先年公儀より借用の銀當年より追々返済

家中知行所夫銀元高百石につき銀廿匁づつ差出づ

御馬廻組ニ而病□〔死カ〕
庄左衛門悴〔忠勝〕
松平十藏〔忠也〕
亡父同姓庄左衛門遺跡知行無相違家屋敷共被下置、御馬廻組被　仰付、

御番頭
冨永丹波
病氣仍願御役儀御免、寄合被　仰付、

御弓役
湯本貞〔定〕右衛門〔幸繼〕
病氣仍願御役儀御免、寄合被　仰付、

道奉行
尾崎内藏助〔廣定〕
御役儀御免、御馬廻組被　仰付、

一、此年、　宰相様江御通番・御進物番御附、江戸上御屋敷定詰被　仰付、去寅年　御上國以後御小性頭・長囲爐裏頭等　御部屋ニ相詰候處、今年　御部屋附之輩罷下候付、代リ合詰相止、

一、先年從　公義御借用之銀五千貫目、當年より追ゝ御返濟有之、

一、此年、御家中知行所夫銀、元高百石ニ銀廿匁充差出候筈相究、

一、此年、長野五郎右衛門同心柘植㐂左衛門、渡辺忠右衛門同心充倉郷右衛門と及出入、㐂左衛門理不尽之次第ニ付改易被　仰付、卿〔郷〕右衛門ハ御構無之候得共、郷右衛門幷同苗市左衛門令書置立退、

一、此年、武藤兵大夫知行所之者侍奉公いたし、他國ニ罷在候處呼返し、百姓ニ可致旨申聞〔候脱〕得共、同心不致立退候處及成敗、不屆ニ付改易被　仰付、

一、此年、大道奉行鈴木五郎左衛門、垪和次郎兵衛宅おゐて商人を令打擲候付改易、次郎兵衛ハ閉門被　仰付、右商人ハ對侍及悪口不屆ニ付、成敗被　仰付之、

寛永十九年
義直四十三歳
家光四十歳
光友十八歳
家綱二歳

（表紙題簽）

源敬様御代御記録　廿八

（内題）
「源敬様御代
印御記録　寛永十九年 從正月至十二月
十月　御帰國
十二月　御參府」

寛永十九年
正月朔日

家光より光友へ鏡餅進らる

（徳川家光）公方様ゟ　（徳川光友）宰相様江御鏡餅被進之、
此節差添來候鈴木五郎兵衛江　（貼紙、以下同ジ）「一」宰相様ゟ御ゝ
小袖貳被遣之、

正月二日
記事無之、

正月三日
為年頭御祝儀、竹腰山城守（正信）より使者差下之、
右使者江小袖壹被下之、
一、為年頭御祝儀、成瀬隼人正（正虎）ゟ使者差下、右使者
宰相様　御前江被　召出、

正月四日
記事無之、

正月五日
為年頭御祝儀、竹腰山城守ゟ使者差下、　宰
相様江御樽肴差上之、
右使者江　御同「所」姓様ゟ小袖貳被下之、

正月六日
（光友室、徳川氏）姫君様より御鏡餅御差上有之、
此節差添來候御臺所小頭江小袖壹被下之、

自正月七日
至正月十日
記事無之、

正月十一日

*公儀より禁裏へ年頭の御使遣す

公義より　（明正天皇）禁裏江年頭之御使として、大沢右（基

＊寺尾直政娘婚姻
日光へ名代阿部正致を遣す

(重)京亮上京ニ付、「丨」御小袖貳被遣之、爲年頭御礼、
山崎惣代之者罷下候付、小袖壹被下之、

正月十二日

記事無之、

正月十三日

日光江(下野國都賀郡)　御名代阿部(正致)河内被遣之、
此節毘沙門堂御門跡(公海)江爲年頭御祝儀、河内を
以「丨」御小袖三被遣之、
一、右ニ付、河内江「丨」御小袖貳被下之、

正月十四日

御國奉行鈴木九左衛門(十正)尾州江之御暇被下候付、
「丨」御小袖壹・「丨」御羽織壹ッ被下、　宰相様ゟも同
様被下之、

正月十五日

記事無之、

正月十六日

御廣敷御賄頭小島助右衛門(守親)江知行百石之　御
黑印被下之、

正月十七日
正月十八日

記事無之、

正月十九日

寺尾左馬助(直政)尾州江休息、御暇被下罷登、娘婚姻
ニ付、紅白縮緬三十巻被下、　宰相様ゟも「丨」御
小袖四被下之、

正月廿日

記事無之、

正月廿一日

姫君様ゟ年頭之御饗應有之、
此節　宰相様ゟ　姫君様御附御臺所頭鈴木
傳左衛門江「丨」御小袖貳、御臺所人小頭江小袖壹
被下之、

正月廿二日
正月廿三日

記事無之、

義直増上寺台徳院佛殿へ參詣

*道中宿々駄賃人足賃らの御定公儀より仰出さる

伊勢金剛證寺年頭の祝儀に罷下る

*熱田ら傳馬役人公儀より拜借米仰付く

領分中在々所々へ法度仰出づ

*竹千代山王宮參

*無官供奉の例なし

正月廿四日

増上寺（武藏國豐島郡）　台徳院様（徳川秀忠）　御佛殿江　御參詣、
此節金地院（武藏國豐島郡）おいて、朝御膳被　召上候付、
「一」御小袖三被遣之、

正月廿五日

勢州朝熊（度會郡）金剛證寺爲年頭御祝儀罷下候付、「一」御小
袖貳被下之、

自正月廿六日
至正月廿九日

記事無之、

一、此月、御老中御招請有之、

一、此月、御領分在ゝ所ゝ江御法度被　仰出、御
國奉行江年寄中申渡之、

一、此月、本多内記（政勝）ニ罷在候兒嶋怒庵（恕）六男正木六之丞（喜兵衛時英）、御禿被　召出、金三十兩・御扶持四人分
被下之、

二月朔日

記事無之、

二月二日

道中宿ゝ御法度書荷物一駄・四十貫目、幷漬「清」須
より名古屋（尾張國愛知郡）迄、清須（尾張國中島郡）ゟ稲葉迄駄賃・人足賃之御
定、　公義ゟ被　仰出之、

一、熱田（尾張國愛知郡）・鳴海（尾張國愛知郡）傳馬役人江當月ゟ來未七月迄　公
義ゟ拜借米被　仰付、

自二月三日
至二月八日

記事無之、

二月九日

若君様（竹千代、のちの家綱）山王（武藏國豐島郡）　御宮參ニ付、依　上意山王江
御越、　紀州様（徳川頼宣）・　水戸様（徳川頼房）ニも　御越有之、
先是酒井讃岐守（忠勝）・松平伊豆守（信綱）を以　御三家（義直・頼宣・頼房）
様方　御供奉可被遊旨　上意之処、大・中
納言之　御官職ニ而　御無官　御供奉之例
無之段　此方様被　仰候処、御先江御越

*義直浅草文殊院へ御成

石清水杉本坊初て御目見仰付く

*義直ら天海へ御成

三州大樹寺ら年頭の祝儀に罷下る

*義直女額置の祝儀あり

被遊候様申上之、

自二月十日
至二月十四日

記事無之、

二月十五日

（石清水八幡宮）八幡山杉本坊初而　御目見被　仰付、　宰相様ニも　御目見被　仰付之、

右ニ付、小袖二被下、　宰相様ゟも同二被下之、

二月十六日

記事無之、

二月十七日

御勘定奉行羽鳥猪左衛門江戸御勘定相済、御暇被下罷登候付、「｜」御小袖貳ツ被下之、

二月十八日

三州（存榮）大樹寺・伊勢春木（伊勢外宮）大夫為年頭御祝儀罷下候付、大樹寺江「｜」御小袖三、春木大夫江同貳被遣之、

自二月十九日
至二月廿三日

記事無之、

二月廿四日

（武藏國豊島郡）淺草文珠院江被為　成、御饗應申上候付、「｜」御小袖五ツ被遣之、弟子江も同三被下之、

自二月廿五日
至二月廿九日

記事無之、

二月晦日

（天海）南光坊江御招請ニ付、被為　成、　宰相様ニも　御越有之、南光坊江「｜」御小袖十、毘沙門堂御門跡江同五、花山院少將（忠長）殿江同三被進、　宰相様ゟも南光坊江同五、毘沙門堂御門跡江同三、花山院少將殿江同貳被進之、其外出家中江も「｜」御小袖被遣之、

一、此月、　御姫様（義直女、京姫）御額置御祝儀有之、紅白縮緬廿巻被進之、

*徳川頼重當二月讃州高松拜領

中山信吉遺物として刀差上ぐ

武家系圖御撰につき堀正意へ御用仰付く

一、此月、左之通被　仰出、

御加増十石被下置、　御右筆　橋田長七郎

亡父遺跡知行百石、無相違被下置、御城代同心被　仰付、　神宮（谷）半右衛門

三月朔日

中山備前守（信吉）爲遺物刀差上之、

自三月二日
至三月四日

記事無之、

三月五日

五十人御供組佐藤源左衛門（勝由）、五十人組小頭被
仰付、御加増米貳十石・御加扶持貳人分被下、

自三月六日
至三月十日

記事無之、

三月十一日

於　公義武家系圖御撰ニ付、正意（堀）法眼江右
御用御老中奉書を以被　仰付之、

自三月十二日
至三月十五日

記事無之、

三月十六日

松平右京大夫（徳川頼重）様當二月常州下舘（眞壁郡）を轉、讃州高松（香川郡）
之城御加増御拜領ニ付、爲御悦御使を以、猩々
緋鉄炮袋百被進之、

自三月十七日
至三月廿四日

記事無之、

三月廿五日

増田治兵衛（豊信）尾州江之御暇被下罷登候付、「一」御小袖
貳被下、　宰相様ゟも同貳被下之、

一、宰相様江茶屋長右衛門御茶差上候付　御同所
様ゟ「一」御小袖壹被下之、

自三月廿六日
至四月朔日

記事無之、

*家光江戸發輿
成瀬正虎へ休息の暇下さる

四月二日
成瀬隼人正休息之御暇被下、尾州江罷登候付
宰相様ゟ　御使を以、御小袖三被下之、
自四月三日
至四月六日
記事無之、
四月七日

御幟御用

御幟御用ニ付　若君様江黑皮壹枚御指上有之、
四月八日
公方様今度日光（日光東照宮）　御社參ニ付、御先江　御越
被成候様被　仰出之、
自四月九日
至四月十一日
記事無之、
四月十二日

義直日光社參につき江戸發駕

日光江　御參詣ニ付、江戸　御發駕、佐野（下野國安蘇郡）通御
旅行有之、
四月十三日

公方様日光江　御發輿、今晩岩附（武藏國足立郡）　御止宿
ニ付、右　御旅舘江御道中ゟ御使稲葉六郎左衛（正辰）
門を以、干鯛御差上有之、
四月十四日
一、右　御旅舘江從　宰相様御使岩田長右衛門（昌成）御
差下、尚又古河（下總國葛飾郡）　御着座之御様躰御伺として、
兼松源兵衛（正榮）をも御差下有之、
公方様古河　御止宿ニ付、右　御旅舘江御道
中より御使寺尾弥右衛門（政親）を以、熨斗廿把御差上
有之、
一、宰相様ゟ爲御伺御機嫌、右　御旅舘江　御使
伊奈左門（吉次）御差下之、
四月十五日
紀伊宰相様（徳川光貞）・水戸中將様（徳川光圀）ゟ大桒江（下野國河内郡）　御使を以、
御見舞被　仰進之、
右　御使江御袷貳ツ、被下之、
一、於日光山　御祭礼相濟　公方様御機嫌能被爲

地布地木綿の外著すべからず

*家光宇都宮著座

日光祭禮

家光日光東照宮參詣

*義直歸府

入候哉、被爲　聞度旨ニ而、従　宰相様
御使上田忠左衛門御差下之、
　四月十六日
衣類・羽織・袴ニ至まて地布・地木綿之外不可
着旨被　仰出之、
　四月十七日
記事無之、
　四月十八日
昨日雨天ニ付、今日御祭礼有之、　公方様
御登山、　御宮江　御參詣ニ付　御豫參、
一、宰相様ゟ御使伊奈左門日光江被進之、大桒　御
旅舘江も　御同所様ゟ御差下之御使者上田忠
左衛門御使相勤之、
右ニ付、左門江「一」御袷貳、忠左衛門江「一」御袷貳・
「一」御羽織壹被下之、
一、紀伊宰相様・　水戸中將様ゟ御精進揚ニ付、御
使を以御肴被進之、

右御使江「一」御袷貳・「一」御羽織壹ツ、被下之、
一、大僧正(天海)江「一」御袷十、毘沙門堂御門跡江同五、御使
を以被遣、千妙寺僧正(嚴海)江も同三被遣之、
　四月十九日
公方様今晩宇都宮(下野國河内郡)　御着座ニ付、右駅江大桒
村ゟ御使渡辺半藏(治綱)を以、熨斗廿把御差上有之、
　四月廿日
記事無之、
　四月廿一日
公方様日光より　還御、爲御伺御機嫌、岩付
　御旅舘江　宰相様ゟ御使新見才兵衛(正成)御差
下之、
一、御道中早川田(上野國邑樂郡)江松平式部大輔(榊原忠次)家來罷出候付、袷
貳ツ被下、川俣(上野國邑樂郡)江も同人家來罷出候付、袷貳ツ・
「一」御羽織壹ツ被下之、
　四月廿二日
日光より　御歸府、

一、伊奈半十郎(忠治)浦和(武藏國足立郡)おいて御肴、使者を以進上有之、
　右使者江袷壹ツ・羽織壹被下之、

　　自四月廿三日
　　至四月廿七日
記事無之、

　　四月廿八日

公家衆馳走の能

公家衆御馳走之御能爲御見物　御登城有之、

　　四月廿九日

寺尾直政女婚姻の御禮

寺尾左馬助娘婚姻之御礼として使者差下、御樽肴差上之、　宰相様江も御禮申上之、
右使者江袷貳被下、　宰相様ゟも追而袷壹・羽織壹被下之、

　　四月晦日

光友日光社參につき江戸發駕

宰相様日光　御社參ニ付、今日江戸　御發駕、

　　五月朔日
記事無之、

　　五月二日

*端午の祝儀として家光らへ進物あり

爲端午之御祝儀　公方様江御袷壹・御單物四・御帷子五、　若君様江御袷壹・御單物貳・御帷子三、津金源右衛門を以御差上、　若君様江八菖蒲・御兜をも御進上被遊、　宰相様ゟも
　公方様・　若君様江御袷壹・御單物一・御帷子貳ツ、、上田忠左衛門を以御差上有之、
一、天樹院様(本多忠刻室、德川氏)・高田様(松平忠直室、德川氏)・　大姫君様(前田光高室、德川氏)江御單物三ツ
　、御使を以被進、　英勝院(家康側室、太田氏)御方江も時服被遣之、
一、爲端午御祝儀　姫君様江御單物四、　相應院(家康側室、志水氏)様江御袷壹・御單物貳御使を以被進之、　宰相様ゟも　姫君様江御袷・御單物一ッ、被進之、
一、爲端午御祝儀、松平安藝守(淺野光晟)幷御内室(前田利常女、家光養女、萬)江も時服被遣之、

　　五月三日
記事無之、

　　五月四日

*光友日光東照宮參詣

日光　御宮江　宰相様　御參詣有之、

一、於日光　宰相様より南光坊江「一」御袷五、上乗院（珍祐）
僧正江同三被遣之、

一、紀伊大納言様（徳川頼宣）ゟ今市（下野國都賀郡）　御旅舘江以　御使
宰相様江御肴被進之、浅野内匠頭（長直）ゟ以使者御肴
進上有之、奥平美作守（忠昌）ゟも以使者、御樽肴進上
有之、

右御使并使者江　御同姓「所」様ゟ時服被下之、

自五月五日
至五月十日

記事無之、

五月十一日

松平右京大夫様讃州高松江御入府ニ付、時服廿
被進、　宰相様ゟも時服十被進之、

自五月十二日
至五月十六日

記事無之、

五月十七日

宰相様江　紀州様・水戸様御出有之、

一、正意法眼（堀正英）悴立庵尾州江罷登候付、「一」御袷一・「一」御帷
子貳被下之、

自五月十八日
至五月廿六日

記事無之、

五月廿七日

相應院様御饗應有之、

五月廿八日
五月廿九日

記事無之、

*相應院日光東照宮參詣

一、此月、　相應院様日光　御宮江　御參詣有之、
右ニ付、　宰相様ゟ御帷子三十被進之、

*領分中傳馬役人へ毎月金百両づつの拝借あり

一、此月、従　公義御領分御傳馬役人江、當月ゟ
十二月迄毎月金百両ツヽ拝借被　仰付、

一、此月、寄合武野新太郎（信安）　御側江相詰候様被
仰付、

自六月朔日
至六月六日

＊木曾谷中飢饉につき米などの拝借あり

＊五月桃

＊義直八丁堀屋敷へ御成

＊生御靈の祝儀

記事無之、

六月七日

(安倍順貞)長徳院法印參上有之、　宰相様　御逢有之候付、御使を以「一」御帷子貳・「一」御單物壹被遣之、

六月八日
六月九日

記事無之、

六月十日

(元壽長存)智積院僧正參上、　宰相様　御逢有之候付、御使を以「一」御帷子貳・「一」御單物壹被遣之、

自六月十一日
至六月廿三日

記事無之、

六月廿四日

渡辺半藏尾州江休息之御暇被下候付　宰相様ゟ「一」御袷三、御使を以被下之、

自六月廿五日
至六月晦日

記事無之、

一、此月、佐枝(種長)十郎左衛門爲遺物、脇差差上之、

一、(信濃國木曾郡)木曾谷中飢饉ニ付、此月、米百石・麦四百石拝借被　仰付之、

七月朔日
七月二日

記事無之、

七月三日

公方様ゟ御庭之五月桃被進之、

一、爲御川狩、(武藏國豊島郡)八町堀御屋敷江被爲　成、

七月四日
七月五日

記事無之、

七月六日

姫君様御生見玉之爲御祝儀　(義直側室、津田氏)奥様御饗應有之、

七月七日
七月八日

記事無之、

湯帷子

*深川御殿にて御三家並びに嫡子方へ饗應あり

蓮の飯

七月九日

爲御生見玉御祝儀　姫君様江被爲　成、御饗應有之、揉被　仰付之、

此節御附女中幷御比丘尼江、一ゝ御湯帷子被下之、

自七月十日
至七月十四日

記事無之、

七月十五日

公方様ゟ　宰相様江女使を以、蓮之飯被進之、

右女使江一ゝ御帷子貳・一ゝ御單物壹被遣之、

一、松平右京大夫様讃州高松江御入府に付　宰相様江　御使を以、御樽肴被進之、

右御使江帷子貳・單物壹　御同所様ゟ被下之、

七月十六日

松平安藝守國許到着ニ付、以使者　宰相様江御樽肴進上有之、

右使者岡田宇右衛門　御同所様江自分御礼申上、銀馬代差上候付、帷子貳・單物一・羽織一被下之、

七月十七日

記事無之、

七月十八日

於深川(武藏國葛飾郡)　御殿　御三家様方(義直・頼宣・頼房)幷　御嫡子様方(光友・光貞・光圀)御饗應に付被爲　入、　宰相様ニも　御越被遊、

此節爲御馳走阿部豊後守(忠秋)罷出、御給仕中奥御小性、

七月十九日

昨日於深川　御殿御饗應之節、御取持申上候付、向井弁之助・溝口半左衛門・伊奈半十郎・鈴木㐂左衛門江一ゝ御帷子三・一ゝ御單物貳ツヽ、向井八郎・天野孫左衛門(信定)・神尾五助江一ゝ御帷子貳・一ゝ御單物壹ツ、御使を以被遣之、坊主江も被下物有之、　宰相様ゟゝ江も小濱弥十郎(安隆)江一ゝ御帷子四・一ゝ御

單物貳、御使を以被遣之、

七月廿日
七月廿一日

記事無之、

七月廿二日

長久手村（尾張國愛知郡）久助、所〻ニ而盗いたし候付成敗、

自七月廿三日
至七月廿五日

記事無之、

七月廿六日

諸國人民草臥候付、飢饉之覺語（悟）可致旨、幷本田畑ニ多葉粉作間敷旨、且田畑不荒様ニ可耕作旨等、御領分寺社・町人・百姓等江堅申付候様
公義ゟ御觸之趣相守、急度可申付旨被　仰出之、

自七月廿七日
至七月晦日

記事無之、

*外山善九郎家來七左衛門主人を切殺す

*七左衛門鋸挽きのうえ磔
*親も獄門

諸國人民草臥田畑荒ざるやうに耕作仕るべき旨公儀より御觸あり

*光友八丁堀屋敷へ御成

一、此月、　若君様江御小屛風一双御指上有之、

一、此月、間宮權大夫同心伊部次郎兵衛（道利）病死、知行被召上之、

一、此月、間宮權大夫（正照）同心外山善九郎家來七左衛門、主人を切殺、刀・脇差・金銀取之出奔いたし、御普請奉行鳥居藤左衛門（吉久）御預御足輕之家ニ罷在候処、藤左衛門悴善大夫・十右衛門兩人罷越搦捕候付、七左衛門町中引渡鋸挽之上磔、七左衛門親忠左衛門追而獄門、
右ニ付、藤左衛門悴兩人　御譽被　仰出、

一、此月、於白鳥（尾張國愛知郡）檜木盗取候者、兩人磔、

自八月朔日
至八月四日

記事無之、

八月五日

宰相様八町堀御屋敷江被為　成、

自八月六日
至八月十二日

記事無之、

八月十三日

義直前澤へ御成

御鷹場江之御暇被　仰出、今日江戸　御發駕、
（武藏國多摩郡）前澤江被爲　成、

宮崎粉

一、前沢江　紀州様より御使を以、宮崎粉被進之、
右御使江御「一」帷子貳「一」・御單物貳「壹」被下之、

八月十四日

前澤江　上使中根壹岐守（正盛）を以被進物有之、
此節壹岐守江御刀被遣之、

東光寺前澤へ御目見に出づ

*東光寺光友へ御目見に出づ

一、東光寺前澤江　御目見ニ罷出候付、「一」御帷子貳・
「一」御單物壹被下之、

自八月十五日
至八月十九日

記事無之、

八月廿日

光友前澤へ御成

*廣橋兼賢ら禁裏遷幸につき下向

宰相様御鷹場江之御暇被進、前澤江被爲　成候
付、今日　上使田中主殿（吉官）被進之、
右ニ付　御同所様より主殿江御使を以、帷
子三・單物貳被遣之、

一、宰相様御鷹場江　姫君様より御使被進之、
右　御使江　御同所様より帷子貳・單物壹
被下之、

八月廿一日

一、宰相様御鷹場江御使被進之、
右　御使江　御同所様より御帷子貳・御單
物一被下之、

一、宰相様江爲　御目見、前澤江東光寺罷出候付、
御帷子・御單物一ツ、被下之、

自八月廿二日
至八月廿五日

記事無之、

八月廿六日

廣橋大納言殿（兼賢）・勸修寺大納言殿（經廣）　禁裏　遷幸
ニ付下向有之、來臨ニ付爲御挨拶、以御使袷二

ツ、被遣之、

*當免相相定む難澁の百姓には急度申付べし

一、先達而従　公義被　仰出候御書付之旨相守、當免相可相定、其上ニ而難澁申百姓於有之者、吟味之上急度可申付旨御觸有之、

八月廿七日

記事無之、

八月廿八日

英勝院死去

英勝院御方去ル廿三日御死去、鎌倉(相模國鎌倉郡)英勝寺おいて御葬送・御法事ニ付、英勝寺江御使大道寺玄蕃(直時)を以、御香典白銀五十枚御備有之、

八月廿九日

記事無之、

一、此月、盗賊貳人成敗被　仰付、

自九月朔日
至九月四日

記事無之、

九月五日

*重陽の祝儀として家光らへ進物あり

爲重陽御祝儀　公方様江御小袖六、　若君様江同四、津金源右衛門を以御指上、　宰相様ゟも　公方様・若君様江御小袖三ツヽ、岩田長右衛門を以御差上有之、

一、爲重陽御祝儀　天樹院様・高田様・大姫君様江御使を以、御小袖三ツ、被進之、

一、爲重陽御祝儀　姫君様江御小袖四、相應院様江同三、御使を以被進之、　宰相様ゟも　姫君様江御小袖三被進之、

一、爲重陽御祝儀、松平安藝守御内室江御小袖被遣之、

*頼宣入湯のため金澤へ赴く

一、紀州様爲御入湯、金澤(武藏國久良岐郡)近邊江被成御越候付宰相様ゟ御使野呂瀬半兵衛(直畠)被進之、

自九月六日
至九月七「八」日

記事無之、

九月九日

崇源院十七回忌
*家綱灸治
*成瀬正虎病氣
水野忠清信州松本入部

宰相様　御登城　　公方様江　御對顔有之、

自九月十日
至九月十四日

記事無之、

九月十五日

崇源院様（秀忠室、浅井長政女、江）十七回御忌ニ付、於増上寺御法事有之、

右　御佛殿江　御參詣、白銀五十枚御備有之、

此節天光院江「｜」御小袖三被下之、

一、御勘定奉行勝野文左衛門（延政）江知行貳百五十石之

御黒印被下之、

從是京都御買物奉行ゟ當役被　　仰付、

九月十六日

記事無之、

九月十七日

水野隼人正（忠清）信州（筑摩郡）松本入部ニ付、家老鈴木助左衛門を以、御樽肴進上有之、　宰相様江も御樽肴進上有之、

右助左衛門江「｜」御小袖三被下、　宰相様ゟも同貳被下之、

自九月十八日
至九月廿日

記事無之、

九月廿一日

若君様御灸事〔治〕ニ付、爲御伺　御登城有之、

一、成瀬隼人正病氣ニ付、爲　御尋御使被成下候御礼として、使者を以御肴差上之、

右使者江小袖貳被下置、　宰相様ゟも小袖壹・羽織壹被下之、

九月廿二日

水野隼人正松本入部ニ付進上物有之、爲御挨拶松本江御使を以、猩々緋十間被遣之、

九月廿三日

記事無之、

九月廿四日

*當免相給人百姓相對は各別
*百姓坪苅にては給人六分百姓四分
光友上乗院へ御成
*網掛けの鵠
相應院所労につき上乗院へ祈禱を仰付く

(尾張國愛知郡)
冨澤町聖徳寺江　公義より高貳百石之　御
朱印被下置之、
九月廿五日
記事無之、
九月廿六日
宰相様上乗院(武藏國豊島郡)江被爲　入、
右ニ付、上乗院江御小袖貳被遣之、
九月廿七日
九月廿八日
記事無之、
九月廿九日
相應院様先比ゟ御所労ニ付　宰相様ゟ於上乗
院御祈禱被　仰付之、
右ニ付　御同所様ゟ以御使、上乗院江御小
袖貳被遣之、
自九月晦日
至壬九月六日
記事無之、

壬九月七日
當免相給人・百姓相對者格別、百姓難澁申坪苅
ニ而於相究者、給人江六分、百姓江四分ニ可相
究、給人江對し慮外仕間敷、且江戸詰之輩知行
急度納所可致旨、在ゝ所ゝ江可相觸旨、年寄中
ゟ御國奉行江申渡之、
壬九月八日
宰相様江南光坊ゟ日光山にて、網掛ヶ之鵠壹蓮〔連〕
進覧有之、
壬九月九日
相應院様御所労爲　御尋　上使松平伊豆守被
進之、
一、右御礼として　宰相様　御登城有之、
壬九月十日
相應院様御所労爲　御尋　上使阿部對馬守(重次)被
進之、

*千代姫蟲氣

壬九月十一日
壬九月十二日
記事無之、
壬九月十三日
相應院様江　上使松平伊豆守を以　御尋被
仰進之、
壬九月十四日
記事無之、
壬九月十五日
相應院様御所労、一両日ハ御太「大」切、
壬九月十六日

相應院遠行
小石川傳通院にて荼毘
遺骨尾州へ登る

相應院様御不例、御養生不被成御叶、戌刻御遠
行、（武藏國豊島郡）小石川傳通院おいて奉荼毗、住持聞悦下火、
依　御遺言　御遺体「骨」尾州江御登、
一、御法號
相應院殿信譽公安大禪定尼
自壬九月十七日
至壬九月十九日

*相應院葬送につき義直江戸發駕

記事無之、
壬九月廿日
姫君様御虫氣ニ付　上使松平伊豆守御醫師同
道參上、　上意よつて御藥、相談之上差上之、
自壬九月廿一日
至壬九月廿三日
記事無之、
壬九月廿四日
相應院様御送葬ニ付、小石川傳通院（聞悦）・歡乇院（觀問）尾
州江罷登候付、傳通院江「｜」御小袖三、歡乇院江同貳、
御使を以被遣之、
自壬九月廿五日
至壬九月廿七日
記事無之、
壬九月廿八日
相應院様御葬送ニ付、於尾州御追善被成候様ニ与、
先達而　上使松平伊豆守を以、御暇被進候付、
今日江戸　御發駕御登有之、

去年當年民間草臥

一、去年・當年作毛悪敷所も相見、民間草臥候趣ニ相聞候付、入念仕置申付、幷酒造・雑穀等之義ニ付　公義ゟ被　仰出之趣御領分中江御觸有之、

壬九月廿九日

記事無之、

相應院遠行につき義直上國

一、此月、　相應院様御遠行ニ付而、　御入「上」國被遊候付、使者留之儀、東者沼津(駿河國駿東郡)ニ御足輕頭罷在、西者尾濃之境御領分ニ御差置、路次中在番之輩、領主・御代官等江御馳走等御斷有之、

十月朔日
十月二日

記事無之、

十月三日

傳通院名古屋到着ニ付、今夕より廿三日朝迄念宗院ニ而御馳走有之、

自十月四日
至十月六日

記事無之、

*義直名古屋著城

十月七日

御着城、

一、天樹院様ゟ御袖細・御頭巾被進之、

十月八日

御着城爲御礼、御使御差下之、

自十月九日
至十月十三日

記事無之、

十月十四日

尾州江之　上使中根大隅守(正成)到着ニ付、鳴海幷本町(尾張國愛知郡)七左衞門所ニ而御馳走有之、

十月十五日

今日　上使中根大隅守を以、御香典白銀三百枚被進之、

右爲御礼、御使渡辺半藏御差下之、

一、傳通院名古屋到着ニ付　相應院様御法事ニ付、爲御香典銀三百枚被遣、　宰相様ゟも同五十

枚、　奥様・　御姫様よりも同三十枚ツヽ、御使を以被遣之、

十月十五日「六」

相應院葬送につき高岳院に棺堂など出來

相應院様御葬送ニ付、高岳院（尾張國愛知郡）東布ヶ池之辺ニ御棺堂・御火屋等出來、　御棺御供被遊、志水甲斐（忠政）・志水監物（忠知）・山下市正（氏政）・山下權之助（氏忠）・北村金十郎・山本内藏助・近藤杢（秀種）大夫始數輩供奉、　御位牌石原甚兵衛（重綱）・寺町四郎右衛門（忠成）替ヽ奉持、導師傳通院聞悦相勤之、御葬式相濟而御燒香被遊、　宰相様　御名代竹腰山城守、　姫君様　御名代成瀬隼人正相勤、　奥様・　御姫様ゟも　御名代有之、

遺骨相應寺ら三ヶ所へ納む

一、御遺骨高岳院本堂内陣江奉移候以後、追而相應寺（尾張國愛知郡）幷江戸小石川傳通院境内・紀州高野山（伊都郡）三ヶ所江御納有之、

十月十七日

他國の寺院風經あり

於高岳院七日之間、他國之寺院諷經有之、

自十月十八日
至十月廿二日

記事無之、

十月廿三日

宰相様江　上使阿部對馬守を以、御精進被爲解候様　上意ニ而、御鷹之鶴・御樽壹荷被進候付、爲御礼今日御使御指下之、

＊高岳院にて千部法事あり

一、於高岳院五日之間、千部御法事有之、導師高岳院（呑阿、本蓮社眼譽眞阿）相勤之、

導師傳通院聞悦

一、姫君様ゟ頓写被　仰付、　奥様・　御姫様ゟも御同様被　仰付之、

一、傳通院名古屋發足罷下候付、銀三百枚・御小袖「一」十被遣之、江戸ゟ罷登候僧中江同五百枚、傳通院伴僧江同五十枚被遣之、

十月廿四日
十月廿五日

記事無之、

十月廿六日

尾州江　上使安藤伊賀守(重元)を以、御菓子被進候
付、爲御礼御使志水甲斐御差下之、

十月廿七日

頓写御執行ニ付、高岳院江御布施銀五枚被遣、
其外僧中江も金銀被遣之、

十月廿八日

宰相様　御登城　公方様江　御對顔被遊候処
相應院様御事被　仰出、　大納言(徳川義直)様御儀も
御尋、近ゝ御懇之　上意有之、

一、相應院様御法事相濟候付、高岳院江御布施とし
て銀百枚、性高院(呑公、光譽)江同三十枚・御小袖貳被遣之、
其外僧中江金銀等被遣之、

一、頓写御執行ニ付爲御布施、此日傳通院江宰相様・
奥様ゟ銀十枚ッヽ被遣、其外僧中江も　宰相
様ゟ金銀被遣之、

十月廿九日
十月晦日

記事無之、

一、此月、　相應院様御葬送ニ付而　國母様(徳川和子)より
御使被進候付、右御使江御小袖貳ッ被遣之、知(良
恩院(純法親王)御門跡ゟも御使花山院大納言(定好)殿・柳原大納
言殿(業光)ゟも使者被差下候付、是又御小袖貳ッヽ被
遣之、

一、此月、左之通被　仰出、

御加増米十石被下、　御右筆　橋田長七郎

歸參、御進物番被仰付、　御進物番ニ而改易被　仰付候　小畑五大夫(武敬)

自十一月朔日
至十一月四日

記事無之、

十一月五日

相應院様御遠行ニ付　姫君様より頓写御執行
有之、　宰相様傳通院江　御參詣有之、
右節傳通院江　御同所様ゟ御小袖三被遣之、

一、秋元但馬守(泰朝)息女病死ニ付、爲御香典銀三十枚被

*相應院葬送につき徳川和子らより使者あり

高岳院へ布施遣す

相應院遠行につき頓寫あり

*光友傳通院へ參詣

*秋元泰朝息女病死

*戸田光重濃州加納へ所替につき尾州へ參上

*徳川和子手製の薫物

*千代姫江戸城逗留

當暮下向なるやう上意あり

遣之、
　十一月六日
記事無之、
　十一月七日
姫君様ゟ尾州江御使為御差登、御小袖・御肴被
進之、
　十一月八日
　十一月九日
記事無之、
　十一月十日
宰相様江女使を以　大納言様久ゝ御精進、其
上寒氣之節候間、緩ゝ御休息、當暮　御下向
被成候様可被　仰上旨御懇之　上意有之、
　十一月十一日
尾州江　上使酒井壹岐守(忠重)を以、御精進被為
解候様　上意ニ而、御鷹之鶴・御樽壹荷被
進候付、御饗應有之、御刀壹「腰」腰被遣之、

一、右御礼として、御使成瀬隼人正御差下之、
　此節隼人正を以壹岐守江、「一」御小袖五ッ被遣之、
一、松平(戸田光重)丹波守今度濃州加納(厚見郡)江所替被　仰付、初
而尾州江參上ニ付、御刀一腰被遣之、
　十一月十二日
國母様ゟ御使を以、御手製之御薫物・御樽肴被
進之、
一、姫君様江先達而女使を以　御登城被成候様被
　仰進候付　御城江被為　入　公方様江
御對顔之処、御挨拶柄も宜御機嫌被　思召、
今日　御歸殿之筈候処、御留被遊、　御逗
留有之、
　十一月十三日
來十五日尾州　御發駕　御下向可被遊候処、
久ゝ御精進、其上寒氣ニ相成候間、緩ゝ被遊
御休息、來月下旬　御下着被成候様　上
意之趣松平伊豆守ゟ申上、御内ゝゟも被　仰進

候付、為御礼　御使御差下、來月上旬　御下向
可被遊旨為御達有之、

十一月十四日

千代姫歸殿

一、姫君様　御歸殿、

記事無之、

十一月十五日

光友登城し家光と對顔
家光義直事尋ぬ

宰相様　御登城　　公方様江　御對顔之處
大納言様御事、　御尋　　上意有之、

一、駒井長左衛門　　姫君様為伺御機嫌相詰候處、
交代罷登候付　　宰相様ゟ御小袖貳被下之、

自十一月十六日
至十一月廿日

記事無之、

十一月廿一日

光友袖留の祝儀

水戸中將様御袖留之為御祝儀　　宰相様江　御
使を以、御樽肴被進之、
右　御使江　　御同所様ゟ御小袖三被下之、

自十一月廿二日
至十一月廿七日

記事無之、

十一月廿八日

渡辺忠右衛門　　相應院様　御葬送ニ付　　御
歸國之節ゟ江戸表ニ相詰罷登候付　　宰相様ゟ
御使を以、御小袖三被下之、

十一月廿九日

*鷹の鶴の御禮として成瀬正虎を差下す
*正虎家光と御目見す

以　上使御鷹之鶴被進候為御礼、成瀬隼人正
御差下之処　　公方様　御目見被　仰付、此節
上意ニ者、日ゝ御鷹野　御樂被遊、　若君
様ニも無御恙御安心可被成旨　　御參府之義者、
先比被　仰進候通、緩ゝ御休息被成、來月下
旬　　御出府可被成旨　　御諚有之、隼人正御
馬拜領ニ付、為御礼御使御差下之、

*義直尾州發駕も今少し在國なれるやう仰られ歸城

一、此月、尾州　　御發駕　御下向之処、三州御油(寶飯郡)
江奉書到來、　御在國間も無之候間、今少

御在國被成候様被　仰進　御歸城有之、
一、此月、寄合ニ而病死竹中源助(重昌)悴同姓吉三郎(重政)、父
遺跡無相違被下置、寄合被　仰付、

十二月朔日

宰相様　御登城之処　大納言様御事　御尋、
御懇之　上意有之、

自十二月二日
至十二月四日

記事無之、

十二月五日

義直側室津田氏所労全快

奥様御所労之処、駿河(内田千里)玄勝御藥差上、御快全ニ
付　宰相様ゟ御使を以、「一」御小袖三被遣之、

十二月六日

相應院遺物家光らへ差上ぐ

相應院様御遺物　公方様・若君様江御差上
有之、

十二月七日

記事無之、

十二月八日

*義直尾州發駕

尾州　御發駕、東海道　御下向、今晩藤川(三河國額田郡)
御止宿、
一、藤川　御旅舘おいて、御代官鳥山牛之助(精明)江「一」御
小袖貳被下之、
一、藤川　御旅舘江、水野監物(忠善)ゟ使者差出、本多
伊勢守(忠利)・松平主殿頭(忠房)ゟ使者を以、御肴進上有之、
間宮左衛門佐(信之)ゟも使者を以、鳫・鴨進上有之、
右使者江小袖貳ツ、被下、左衛門佐使江ハ羽
織壹被下之、

十二月九日

御泊不詳、
一、於吉田(三河國渥美郡)水野監物御膳差上候付、越前綿百把被遣
之、家老初江小袖・羽織被下之、
一、於荒井(遠江國敷知郡)京都江之　上使吉良若狭守(義冬)江、御刀被
遣之、家來江も小袖・羽織被下之、
一、本多能登守(忠義)ゟ於掛川(遠江國佐野郡)御膳差上度旨、荒井迄以使

者申上候付、右使者江小袖貳被下之、

一、荒井江服部仲（保俊）・秋鹿内匠（朝重）參上有之候付、以御使「一」御小袖貳ツ、被遣之、

一、荒井迄水野監物・戸田因幡守（忠能）より使者差出、松平和泉守（乘壽）ゟも使者を以、御肴進上有之、

右ニ付、監物使者江小袖貳、因幡守使者江小袖壹・羽織壹、和泉守使者江ハ小袖貳・羽織壹被下之、

一、荒井ゟ横須賀（尾張國知多郡）江御使を以、井上河内守（正利）江「一」御小袖十被遣之、

十二月十日

今晩袋井（遠江國山名郡）　御止宿、

一、見附（遠野國磐田郡）おいて、御代官平野三郎右衛門（重政）・大草太郎（太郎左衛門政信）馬江「一」御小袖壹ツ、被遣之、遊行上人（他阿如短）江も「一」御小袖貳被遣、其外社家江も小袖被下之、

一、袋井　御旅舘江相詰候付、本多能登守家老初江小袖・羽織被下之、

一、袋井　御旅舘江井上河内守より家老を以、御菓子・御肴進上有之、

右家老江小袖貳・羽織壹被下之、

十二月十一日

今晩金谷（遠江國榛原郡）　御止宿、

一、掛川町屋おいて、本多能登守より御膳差上候付、以御使「一」御小袖十被進「遣」之、家老初江も小袖・羽織被下之、

一、掛川おいて、本多能登守江御刀被遣之、能登守ゟも御脇差指上之、

一、金谷　御旅舘おいて、御代官長谷川藤兵衛（長勝）倅同姓藤太郎（長春）江、「一」御小袖貳被遣之、

一、金谷　御旅舘江本多能登守ゟ使者を以、御肴近〻進上有之、

十二月十二日

右使者江小袖貳被下之、

御泊不詳、

奥津鯛

*木曾谷中飢饉につき小判千両拝借

一、藤枝（駿河國志太郡）おいて、松平伊賀守（忠晴）江御刀被遣之、伊賀守ゟも御刀差上之、

一、藤枝おいて、伊賀守より御膳差上候付、御使を以、「｜」御小袖十被遣之、家老初江も小袖・羽織被下之、

一、丸子（駿河國有渡郡）江以使者、松平伊賀守ゟ鯛、大久保玄蕃頭（忠成）ゟ鯉、藤合小平次ゟ密柑（蜜、以下同ジ）・雉子、土屋市之丞（勝正）ゟ奥津鯛・密柑進上有之、

　右ニ付、伊賀守・玄蕃頭使者江小袖二ツ、小平次・市之丞使者江同一ツ、被下之、

一、駿府（駿河國）江御使を以、大久保玄蕃頭江「｜」御小袖五被遣之、

一、駿河寶臺院、丸子江　御目見ニ罷出候付、御使を以、「｜」御小袖三被遣之、其外寺社等同所江　御目見罷出候付、「｜」御小袖被下之、

　十二月十三日

御泊不詳、

一、江尻（駿河國庵原郡）江山下弥藏より使者を以、密柑・御肴差上之、

　右使者江小袖壹被下之、

一、蒲原（駿河國庵原郡）江堀美作守（親昌）・板倉主水佐（重矩）・池田帯刀（長賢）・水野甲斐守（忠保）ゟ使者を以、御肴進上有之、

　右使者江小袖貳ツ、被下之、

一、蒲原おいて、御代官野村彦大夫（爲重）江、「｜」御小袖二被遣之、

一、江尻江　御目見罷出候寺社江、「｜」御小袖被下之、

一、蒲原おいて　御殿御留守居人　御目見罷出候付、御使を以、「｜」御小袖貳・「｜」御羽織壹ツ、被遣之、

　十二月十四日

御泊不詳、

一、木曾谷中飢饉ニ付、小判千両拝借被　仰付之、

一、宰相様ゟ之御使上田甚五兵衛（正勝）、三嶋（伊豆國君澤郡）おいて

塩鯛*

知行所内堤川除など破損あらばその村の百姓へ申付く

御目見被　仰付、「｜」（マヽ）御小袖貳・「｜」御羽織壹被下之、
一、御代官江川太郎左衛門（英利）、三島江　　御目見罷出
候付、「｜」御小袖貳被遣之、
一、三島江稲葉美作（濃）守（正則）より、以使者御樽肴進上有之、
右使者江小袖貳被下之、
一、三嶋神主（谷田部盛世）密柑差上候付、小袖壹被下之、
一、三島江伊奈兵藏（忠公）より、御肴近ミ差上之、
右ニ付、追而於江戸「｜」御小袖三被遣之、
十二月十五日
今晩小田原（相模國足柄下郡）　御止宿、
一、姫君様より　御使青山彦左衛門被進之、
右彦左衛門江於小田原、御使を以「｜」御小袖二被
下之、
一、今晩花畑屋敷（相模國足柄下郡）　御泊ニ付、罷出候稲葉美濃守
家老初江小袖、又者羽織被下之、
一、知行所之内堤川除雨池少し之破損有之候ハヽ、
其村ミ百姓共江可申付旨御觸有之、
十二月十六日
御泊不詳、
一、大磯（相模國淘綾郡）おいて、御代官坪（壺）井次左衛門（良勝）江「｜」御小袖二被
遣之、
一、宰相様ゟ藤沢（相模國高座郡）江御使岩田長右衛門を以、被進物
有之、
右ニ付、長右衛門江「｜」御小袖三被下之、
一、遊行上人藤澤江　　御目見罷出候付、御使を以
「｜」御小袖貳被遣之、
一、藤澤江松平伊豫守（忠昌）ゟ以使者塩鯛一箱、松平大和
守（直基）より鱈、松平土佐守（山内忠義）ゟ密柑・鳫、淺野内匠頭
より密柑進上有之、金森出雲守（重頼）ゟ使者差出之、
右ニ付、伊与守使者江小袖貳・羽織壹被下之、
其外江も小袖貳ツヽ被下之、
十二月十七日
御泊不詳、

*義直登城し家光と對顔

義直江戸著座

一、奥様より神奈川駅（武藏國橘樹郡）江為御迎、御使菅沼伊左衛門
被進之、
右ニ付、伊左衛門江「一」御小袖壹被下之、
一、神奈川江　紀州様より忍冬酒、　紀伊宰相様
ゟも密柑、　水戸中將様ゟも栗、御使を以被進
之、
右ニ付　紀州様御使江「一」御小袖貳・「一」御羽織壹
被下之、　宰相様・　中將様　御使江者「一」御
小袖貳ツ、被下之、
一、神奈川江松平（池田光仲）相摸守ゟ以使者、密柑進上有之、
伊奈半十郎よりも使者差出之、
右ニ付、相摸守使者江小袖二、半十郎使者江
者小袖壹・羽織壹被下之、
十二月十八日
江戸　御着座、
一、右ニ付、今晩　上使松平伊豆守被進之、
十二月十九日

駿河玄勝　奥様御所労之節、御薬差上候付、
「一」御小袖五被遣之、
十二月廿日
今日　御登城、於御座之間　公方様江　御
對顔、種〻御懇之　上意有之、
十二月廿一日
道中　御城米為改、村越七郎左衛門（正重）・長谷川
太郎兵衛（正清）・完倉與兵衛登り、熱田止宿ニ付、米・
大豆被遣、桑名（伊勢國桑名郡）江之御船御差出有之、
十二月廿二日
中根大隅守・安藤伊賀守先達而尾州江為　上
使相越候付、御使を以御小袖十ツ、「一」（マヽ）被遣之、杢
川小左衛門（之俊）御道中江為　上使相越候付、是又
以御使「一」御小袖五被遣之、
十二月廿三日
相應院様御所労之節、為診追〻參上有之候

*借用銀當年返納分年延べ

相應院百ヶ日につき義直傳通院へ參詣

*死骸獄門

義直女筋氣

*光友前髮執る

*歳暮の祝儀として家光らへ進物あり

公義御醫師玄冶法印(岡本諸品)初江「一」御小袖二ッ、被遣之、

十二月廿四日

天樹院様・　高田様・　大姫君様・紀州御簾中(頼宣室、加藤氏)様・　養珠院(家康側室、蔭山氏)御方より　　相應院様　御葬送ニ付、爲御差登之御使江「一」御小袖貳ッ、被遣之、

十二月廿五日

十二月廿六日

記事無之、

十二月廿七日

相應院様御百ヶ日ニ付、傳通院　　御牌前江御參詣、

此節傳通院江「一」御小袖十被遣之、

一、御姫様御筋氣聢与無之ニ付、尾州ニ而御養生被遊候様ニ与　　上意ニ付、來年二月末ニ尾州江御登被成、有馬(攝津國有馬郡)等江御湯治之上、　御本復次第　御下向被成候様被　　仰出之、

一、相應院様　御葬送之節　　紀州様・　水戸様ゟ

御差登之御使江「一」御小袖三ツ、被遣之、　　紀伊宰相様・　水戸中將様・松平右京大夫様より御差登之御使江も、「一」御小袖貳ッ、被遣之、

十二月廿八日

御登城　　公方様江　御對顔、御懇之　　上意有之、

十二月廿九日

御借用銀當年五百貫目御返納分年延之義　　公義江御達有之、

一、竹中貞右衛門(重賢)爲遺物刀差上之、

一、材木盗取候濃州三ヶ村与九郎、死骸獄門、

十二月晦日

宰相様　御前髮被爲執之、

一、此月、爲歳暮御祝儀　　公方様江御小袖六、若君様江同四御差上、　　宰相様ゟも　　公方様・若君様江御小袖三ツ、、御使岩田長右衛門を以御差上有之、

一、此月、為歳暮御祝儀　天樹院様・高田様・大姫君様江御小袖三ツ、被進之、

一、此月、為歳暮御祝儀　姫君様江御小袖四被進之、　宰相様ゟも同三被進之、

千駄ヶ谷に野屋敷買上ぐ
茶屋屋敷と唱う

一、此年、（武藏國豊島郡）千駄ヶ谷辺ニ而野屋敷御買上、御茶屋等御取建有之、御茶屋屋敷ト相唱之、

一、此年、左之通被　仰出、

御役義御免、大寄合被　仰付　長野（政成）五郎右衛門

寄合觸流被仰付、　大寄合　石川（正光）伊賀〔河〕

御船奉行被仰付、　御足輕頭　渡辺（直綱）半十郎

熱田奉行被仰付、　御本丸御城附　増田治兵衛

御目付被仰付、　御供番　萩原（茂江）八大夫

御弓矢奉行被仰付、御加増五十石被下置、　御弓役　岡部（忠次）藤左衛門

御弓矢奉行被仰付、　同　岡寺（正好）治部右衛門

御供番被仰付、知行代三百石被成下、　五十人組小頭　石川勘左衛門

御鷹匠頭被　仰付、御鷹養生方両役相勤、　御鷹養生方・据方相勤候　吉田（安信）五兵衛

向御屋敷御留守居役被　仰付、　御守殿御番　小山（勝政）清兵衛

御本丸御番被仰付、　御馬廻組　河野三右衛門

御馬廻組小頭被　仰付、　御馬廻組　淺利（信瀧）半六
同　西尾（正房）助右衛門

御馬廻組被仰付、　相應院様御傅　山本内藏助
同　近藤杢大夫

御馬廻組被仰付、　知行二百石被下罷在候　渡辺（有綱）郷右衛門

御加増五石・御加扶持壹人分被下置、　合羽御鷹匠　冨田（正行）勘左衛門

御手鷹匠被仰付、御加増米五石被下置、　同心御鷹匠　林（高豊）安右衛門

御手鷹匠被仰付、御加増被下置、　同　馬杉又兵衛

五十人御目付被仰付、御加扶持一人分被下置、　五十人組　東（政莫）武右衛門

　寛永十九年十二月

御廣敷御賄頭
助右衛門悴
御目見
小嶋平左衛門（守治）
御部屋御小性被
召出、御切米四十石・御扶持
五人分被下置、

御部屋御納戸
兩角半四郎
御腰物奉行被
仰付、

御部屋御馬乘
大泉太兵衛（忠英）
御加増十石
被下置、

御進物番
東條助左衛門（行廣）
知行貳百五十石被下、
志水甲斐同心ニ被下、

浪人
中西甚五兵衛（勝武）
被　召出、知行貳百五十石
被下置、間宮大隅（正照）
同心被　仰付、

浪人
庄右衛門（忠政）惣領
赤堀次郎兵衛（政綱）
御城代組被　召出、知行
百石被下置、二之丸御番
被　仰付、

内藤紀伊守（信正）家中
務右衛門悴
天野源之丞
被　召抱、御藏米
八十石被下置、

兵庫（教幸）三男
柳生七郎兵衛（嚴包）
被　召出、

御進物番ニ而改易被　仰付候
幡野惣四郎（忠次）
被　召歸、御進物番
被　仰付、

大道奉行ニ而改易被　仰付候
鈴木五郎左衛門
歸參被
仰付、

長囲爐裏御番ニ而有故而致浪人候
毛利傳左衛門（廣政）

寄合觸流
山下大和守（氏勝）
老年仍願隱居被
仰付、悴市正江被下來候
知行千石爲隱□□（居料）被下置、

大和守悴
御番頭
山下市正
父家督知行貳□□（千石）無
相違被下置、寄合
被　仰付、

正意悴
御小性
堀　外記（貞高）
亡父同姓正意遺跡
知行七百石之内五百石
被下置、

正意三男
堀　七九郎（道隣）
亡父同姓正意遺跡
知行七百石之内、分知
貳百石被下置、

弓組御足輕頭
鳥居与三左衛門（十之）
年罷寄候付、仍願
隱居被
仰付、御扶持三十人分
被下置、

与三左衛門悴
御進物番
鳥居惣兵衛（十長）
父同姓与三左衛門家督・
知行無相違、居屋敷共
被下置、御馬廻組被
仰付、

長囲爐裏御番
今井伊兵衛
父隱居被
仰付候付、家督・知行
無相違被下置、御馬廻組
被　仰付、

御目見
小澤十郎右衛門
亡父遺跡知行貳百五十石
被下置、御馬廻組被
仰付、

御鷹匠
倉林四兵衛（昌知）
長病ニ付、依願知行
差上、御扶持十人分
被下置、

御鷹匠
四兵衛惣領
倉林與八郎（昌繼）
父同姓四兵衛□□（差上）候
知行三百石之内貳百石
被下置、御鷹匠被
仰付、

*熱田宿傳馬退轉につき公儀より貸渡金あり
大圓坊悴清壽院へ山伏支配頭仰付く
*家中知行所夫銀元高百石につき六十匁三箇年の內差出づ
軍用貝の役義も仰付く
家督相續の悴などに諸士並の御目見仰付く
高岳院書院取建つ
當五月より毎月熱田傳馬所らへ公儀より貸渡金あり

父同姓四兵衛差上候知行三百石之內、分知百石被下置、御鷹匠被仰付、

同二男　倉林與七郎(昌房)

一、此年、大圓坊(村瀬兵庫)悴清壽院儀、大圓坊年寄候付、山伏支配頭被　仰付、清壽院儀、代〻修驗頭仕來候得共、今般格別ニ被　仰付、御領分中當山・本山共、修驗之義者御預被遊候間、御國法違却無之樣裁許いたし、御軍用貝之御役義をも被　仰付旨被　仰出、

一、右之通被　仰付候上者、家督相續之悴者勿論、武士相立候悴有之候ハ、、諸士並之　御目見可被　仰付旨被　仰出之、

一、此年、高岳院書院御取建ニ付　相應院樣御座所を以、方丈ニ御取建有之、

一、此年、當五月ゟ毎月熱田・鳴海傳馬所江　公義ゟ黄金百兩ツ、御貸渡有之、九ヶ月之內錢御買上時之相場、小判壹兩ニ付、錢五貫文之処公義江者四貫文ニ御取立、殘右宿江被下之、

一、此年、熱田宿傳馬百疋之內、拾五疋退轉ニ付、取立候樣ニ与、壹疋ニ付、金三兩ッ、之積四拾五兩、來未年ゟ五ヶ年賦　公義ゟ御貸渡有之、

一、此年、御家中知行所夫銀元高百石ニ付銀六十匁ツ、、當年ゟ三ヶ年之內差出候筈相成、

一、旧臘上畠神□(社カ)(尾張國愛知郡)神主加藤宮內宅江强盜入、宮內□手肩せ、同人妻を切殺候付、御吟味有之候処、日下部次郎(定久)左衛門下人之所爲ニ付、此年、次郎左衛門改易被　仰付之、
右下人同類礫、又者獄門、

寛永二十年　義直四十四歳　家光四十一歳　光友十九歳　家綱三歳

*謡初

*光友へ前髪執る祝儀進らす

義直年頭の祝儀として登城し家光らへ進物あり

*光友登城し家綱と對顔

成瀬正虎年頭の祝儀として樽肴差上ぐ

*年頭の祝儀として頼宣らへ太刀などを進らす

（表紙題簽）

源敬様御代御記録　廿九

（内題）

「源敬様御代
㊞御記録　寛永廿年　従正月至十二月
御滞府」

寛永廿年
正月朔日

爲年頭御祝儀　御登城、公方様（徳川家光）・若君（徳川家綱）様江御太刀・馬代黄金三枚充御差上有之、

一、爲年頭御祝儀　天樹院様（本多忠刻室、徳川氏）・高田様（松平忠直室、徳川氏）・大姫君（前田光高室、徳川氏）様江黄金壹枚ツヽ被進之、養珠院（家康側室、蔭山氏）御方江も銀五枚被遣之、

一、爲年頭御祝儀　姫君（光友室、徳川氏）様江黄金貳枚被進之、

一、爲年頭御祝儀、成瀬隼人正（正虎）ゟ使者指下、御樽肴差上之、

右使者江小袖貳被下之、

正月二日

今晩御謡初ニ付　公方様・若君様江御盃臺并御酒代白銀壹枚充御差上之、

一、宰相（徳川光友）様江　上使松平伊豆守（信綱）を以、御前髪執之御祝儀として、御鷹之鶴・御樽被進之、

一、今晩御謡初ニ付　御登城、御盃事有之、

正月三日

記事無之、

正月四日

宰相様御登城、於御白書院　若君様江　御對顔有之、

正月五日

記事無之、

正月六日

爲年頭御祝儀　紀州（徳川頼宣）様・紀伊宰相（徳川光貞）様・水戸中將（徳川光圀）様江被爲　入、御太刀・馬代黄金壹枚充被進之、

*家綱髪置の祝儀
若菜の祝儀
年頭の祝儀として山崎惣代ら參上
御拳の白鳥
*彦坂玄隆參上
年頭の祝儀として禁裏などへ進獻あり

正月七日
爲若菜御祝儀　御登城、御老中江　御謁御退出、
一、爲年頭御祝儀、山崎惣代并伊勢・三河之社家、高野山(紀伊國伊都郡)・大山(相模國大住郡)等之寺院參上有之候付、山崎惣中江小袖一ッ被下之、其外寺社江銀子被下之、
一、入夜　上使を以、今日御鷹野ニ被爲　成候付、御拳之白鳥被進之、
正月八日
正月九日
記事無之、
正月十日
爲年頭御祝儀　禁裏(明正天皇)・仙洞(後水尾上皇)江御太刀一腰・御馬代黄金壹枚充、　國母様(徳川和子)江御差上之黄金一枚、「茂――」(貼紙、以下同ジ)　公義　御名代大澤右京亮(基重)を以御進獻有之、
右ニ付、右京亮江「一」御小袖貳被遣之、
正月十一日

若君様御髪置ニ付、爲御祝儀　御登城有之、
一、右ニ付　若君様江銀五拾枚御差上、於樂御方(家光側室、七澤氏、家綱母)江銀三拾枚御贈有之、御乳人等江も銀子被遣之、
一、上使牧野内匠頭(信成)を以右爲御祝儀、呉服・御樽肴被進之、　若君様ゟも被進物有之、
右ニ付、内匠頭江御刀被遣之、
正月十二日
記事無之、
正月十三日
彦坂織部(玄隆)參上、「一」御小袖貳・銀馬代差上、御禮申上候付、「一」御小袖三・「一」御羽織一被遣之、
一、熊谷與兵衛(正實)水戸(常陸國茨城郡)江爲御使罷越候付、銀貳枚被下之、
正月十四日
小野澤七郎兵衛(吉行)御精進揚之節、宰相様ゟ尾州江之御使相勤候付、「一」御小袖貳被下之、

丹羽氏之年男に罷下る

義直傳通院相應院牌前へ參詣

*家綱少々風氣

*家綱不例快然

*家光増上寺台徳院佛殿參詣

正月十五日

丹羽次郎左衛門(氏之)御年男ニ罷下、御暇被下候付、銀五枚被下之、

正月十六日

傳通院(武蔵國豊島郡)　相應院(家康側室、志水氏)様御牌前江　御參詣、黄金壹枚御備之、

正月十七日

志水監物(忠知)奉書爲御禮御差下之処、其節於尾州不被下置候付、此節「一」御小袖貳被下之、

正月十八日

御老中御招請有之、此節先達而　宰相様江被進候御茶壺・御茶碗并御鷹之鶴御披有之、

正月十九日

井上角右衛門去ゝ巳年豆州御石場江爲御用罷越候處、其節不被下候付、此節銀貳枚被下之、

正月廿日

記事無之、

正月廿一日

相應院様御葬送之節、宗對馬守(義成)國許ゟ尾州江、以使者御香典差越候付、右使者江小袖貳被下之、

正月廿二日

若君様少ゝ御風氣ニ付、爲御伺御機嫌御登城可被遊哉与御老中江被　仰入候處、御登城ニ不及、御使者御差出被遊候様申上候付、今日御使者御差出有之、

正月廿三日

若君様御不例御快然ニ付、爲御悦　御登城、御老中江　御謁御退出、

一、公方様明日増上寺(武蔵國豊島郡)江　御參詣ニ付、御先江御越被成候様可申上旨、阿部對馬守(重次)ゟ御城附江申聞有之、

正月廿四日

公方様増上寺　台徳院(徳川秀忠)様御仏殿江　御參詣ニ付　御豫參、黄金壹枚御備之、

鈴木十正手代切殺す百姓女房ら磔

*尾張上屋敷數寄屋にて茶事あり

八幡善法寺有清ら年頭の御禮として罷下る

此節天光院(武藏國豐島郡)江銀五枚被下之、

正月廿五日

岐阜(美濃國厚見郡)下竹屋町ニ而、鈴木九左衞門(十正)手代切殺候百姓女房・同娘壹人磔、

正月廿六日

爲年頭御祝儀　公方様江　若君様ゟ御膳御差上ニ付、爲御悦　御登城、御老中江　御謁御退出、

一、相應院様御葬送之節、秋月長門守(種春)國許より、尾州江以使者御香典差越候付、右使者江小袖貳被下之、

正月廿七日

八幡(石清水八幡宮)善法寺(有清)・同所郷中之使杢本市丞、年頭御禮として罷下候付、善法寺江銀五枚、市丞江同貳枚被下之、

正月廿八日

爲當日之御祝儀　御登城有之、

正月廿九日

明朔日　公方様日光(日光東照宮)・久能(久能山東照宮)　御鏡　御頂戴ニ付、不及　御登城旨、御老中ゟ申上之、

一、御茶器御披として　宰相様江　紀州様・紀伊宰相様・　水戸中將様御招請ニ付、被爲　入、爲御相伴松平右衞門大夫(正綱)參上有之、

一、初瀬(大和國十市郡)小池坊參上、　御逢有之、「一」御小袖二被遣之、

一、此月、　上使水野石見守(忠貞)を以、御鷹之鳫被進之、

一、右爲御礼　御登城有之、

一、此月、石川主殿頭(忠總)・松平右衞門大夫・小堀遠江(政一)守御招請、御上屋敷御數寄屋おゐて御茶事有之、遠江守江盃たて御所望有之、

一、此月、　宰相様御前髪被爲執候御祝儀として　大納言(徳川義直)様・　宰相様江　水戸様(徳川頼房)ゟ御使被進之、

右御使江「一」御小袖二被下之、

濃州付知村盗賊獄門

一、此月、濃州付知村（惠那郡）百姓小次郎所江這入候盗賊、所おいて獄門、

二月朔日

二月二日

記事無之、

二月三日

柴皮*

御姫様（義直女、京姫）尾州江御登ニ付、八丈縞三反被進之、

直參の輩御意なくして名苗字替へ停止

一、御直參之輩不得　御意而名・苗字替候儀、御停止被　仰出、大成損亡・大成子細無之候而、身上不成旨御訴詔（訟）申上間敷旨被　仰出、

二月四日

記事無之、

二月五日

左之通御仕置有之、

（尾張國愛知郡）本町　與次兵衛
弟と及口論、脇差を抜、右脇差ニ而母致怪我相果候付、成敗、

（尾張國春日井郡）下品野村　仁藏
所ゝ寺江入令盗候付、成敗、

（尾張國春日井郡）清須　長次郎
（尾張國愛知郡）白鳥おゐて榑木盗取候付、成敗、

二月六日

多羅尾左兵衛（光武）跡目被　仰付候為御礼參上、柴皮五枚・銀馬代差上候付、大判壹枚・御小袖貳「一」被遣之、

二月七日

記事無之、

山門惣中の使僧ら年頭の御禮に參上*

二月八日

山門惣中之使僧并三州鳳來寺（設樂郡）学頭・三州眞福寺（額田郡）年頭爲御礼參上に付、御小袖貳ツ「一」、被下之、

一、久野大乘坊（駿河國有渡郡）參上、年頭之　御鏡持參ニ付、銀貳枚被下之、

二月九日

記事無之、

二月十日

宰相様江竹中源助（重昌）爲遺物、刀一腰指上之、

一、左之通御仕置有之、
元主人之所江忍入令盗候付、引廻、磔、　な津
な津同類ニ付、磔、　たけ

二月十一日

記事無之、

二月十二日

若君様御灸事(治)ニ付、爲御伺　御登城有之、

年頭の祝儀として高野山遍照光院ら參上

一、年頭爲御祝儀、(紀伊國伊都郡)高野山遍照光院參上に付、「一」御小袖貳被下之、八幡豐藏坊・一山惣代ニも右爲御祝儀罷下候付、銀子被下之、

二月十三日

左之通御仕置有之、
人を殺候付、成敗、　(尾張國)愛知郡高畑村百姓　六兵衛
成敗、　六兵衛悴　勘太郎
首打捨、　同　太郎

千代姫紐直の祝儀

二月十四日

姫君様御紐直之御祝有之、

一、右ニ付　御守殿江被爲　成、縮緬廿巻被進之、右爲御祝儀、御附御用人大橋五左衛門(親善)江「一」御小袖三、太田次兵衛・鈴木傳左衛門江同貳ッ充被下之、其外御附女中江も銀子被下之、

二月十五日

爲當日御祝儀　御登城有之、

一、姫君様御紐直御祝儀として、今日女使を以、白銀・呉服被進、　御姫様江も白銀三拾枚被進之、右女使江絹拾巻被遣、　御姫様ゟも越前綿貳拾把被遣之、

一、姫君様ゟ御紐直爲御祝儀、女使を以御樽肴被進之、
右女使江縮緬五巻被下之、

*鞍馬妙壽院參上

一、(山城國愛宕郡)鞍馬妙壽院參上　御目見被　仰付、「一」御小袖貳被下之、

一、間宮權大夫(正照)同心儀左衛門(久盛)惣領　御目見飯沼左(守明)源太、御弓役被　召出、御切米三拾石・御扶

持五人分被下之、

二月十六日

所澤村東光寺參上

（武藏國入間郡）所澤村東光寺參上、久〻不被爲　成候付、難
澁之段申上候處　御殿も御取建被成置候付、
銀五枚被下之、

自二月十七日
至二月十九日
記事無之、

二月廿日
御紐直御祝儀被爲　濟候付　姫君様　御城江
被爲　入、
此節爲御土產美濃紙三拾丸　姫君様江被進
之、

一、盜賊二郎右衛門獄門、

二月廿一日

水戸家老山野邊義忠へ遣す物あり

水戸様御家老山〔野脱〕邊右衛門（義忠）　公義江御差登之御
使相勤候付參上、御太刀・馬代差上、御礼申上

候付、「一」御小袖三・「一」御羽織壹被遣之、

二月廿二日

*竹生嶋吉祥院參上

（近江國東淺井郡）竹生嶋吉祥院年頭御祝儀として參上ニ付、銀三
枚被遣之、

二月廿三日
御姫様尾州江御登ニ付　紀伊宰相様ゟ御使被
進、　（賴宣室、加藤氏）紀州御簾中様ゟも御使被進之、
右御使江「一」御小袖被下之、

二月廿四日
記事無之、

二月廿五日
御姫様尾州江御登ニ付　水戸様ゟ銀三拾枚・縮
緬貳十巻・御樽肴、御使を以被進之、
右御使江「一」御小袖貳被下之、

二月廿六日
御姫様尾州江御登ニ付　水戸中將様ゟ越前綿百
把、御使を以被進之、

義直女江戸發輿*
名古屋城二の丸に御座*
公儀より熱田傳馬所などに御救金貸渡あり*
徳川和子御使參上
三州鳳來寺日輪坊ら參上
上巳の祝儀として登城し家光らと對顔*
雛の祝*

右御使江「」御小袖貳被下之、

二月廿七日

清須(尾張國春日井郡)北市場村吉助、令盗候付成敗、

二月廿八日

爲當日御祝儀　御登城　公方様江　御對顔有之、

一、國母様ゟ御使右衛門佐參上ニ付、銀三拾枚被遣之、　奥様(義直側室、津田氏)ゟ同貳拾枚、　御姫様ゟも縮緬拾巻被遣之、

右節右衛門佐ニ差添相越候女中等江も、銀子被遣之、

二月廿九日

三州鳳來寺日輪坊・身延(甲斐國巨摩郡)久遠寺爲年頭御祝儀參上ニ付、日輪坊江「小」御小袖貳、久遠寺江同三被遣之、

二月晦日

記事無之、

一、此月、　御姫様江戸　御發輿、尾州江御登有之、二之丸ニ被成御座、

一、此月、竹腰山城守(正信)同心忠左衛門(忠久)次男　御目見長屋安左衛門(楞忠)、御弓役被　召出、御切米三拾石・御扶持五人分被下之、

一、此月、従　公義爲御赦(救)熱田(尾張國愛知郡)傳馬所江金三百兩、鳴海(尾張國愛知郡)江同五百兩御貸渡有之、

三月朔日

爲當日御祝儀　御登城　公方様江　御對顔有之、

三月二日

記事無之、

三月三日

爲上巳御祝儀　御登城　公方様江　御對顔、過而　若君様江　御對顔、御手自御熨斗　御頂戴有之、

一、姫君様より　奥様江女使を以、御雛之御祝被

進候付、右女使江縮緬五巻被遣之、

三月四日

茶屋屋敷作事出精の者へ銀など遣す

御茶屋屋敷御作事御用出精相勤候付、上田五兵衛（吉忠）江銀十枚被下之、甲良助五郎（宗賀）江も「ー」御小袖貳・銀十枚被下之、

三月五日

盗賊（尾張國愛知郡）桶屋町久作成敗、

自三月六日
至三月十四日

記事無之、

三月十五日

爲當日御祝儀　御登城　公方様江　御對顔有之、

愛宕大善院罷出づ

一、（山城國葛野郡）愛宕大善院罷下　御目見ニ罷出候付、「ー」御小袖貳被遣之、

三月十六日

津金源右衛門御暇被下、尾州江罷登候付、「ー」御小袖貳被下之、

三月十七日

姫君様御紐直爲御祝儀　松平右京大夫（徳川賴重）様御在所（讃岐國）より御使者御差下、御樽肴被進之、右御使者江「ー」御小袖貳・「ー」御羽織壹被下之、

三月十八日
三月十九日

記事無之、

三月廿日

盗賊（尾張國）春日井郡西久保村吉助獄門、

三月廿一日

*笠寺村に火附ける坊主磔

（尾張國愛知郡）笠寺村ニ火を附候坊主磔、

三月廿二日
三月廿三日

記事無之、

三月廿四日

*乞食切りなど停止

乞食を切候者、或死候者を様候儀、御停止被仰出之、

*熱田などの公儀貸渡銭代銭にて相納む

三月廿五日

御茶器為御披　宰相様江酒井讃岐守(忠勝)・小堀遠江守御招請ニ付、被為　入、林道春(羅山)ニも參上有之、

此節遠江守江盆懸御所望有之、

三月廿六日
三月廿七日

記事無之、

三月廿八日

為當日御祝儀　御登城、御老中江　御謁御退出、

一、御姫様尾州江御登被成候付　御同所様ゟ　姫君様江美濃紙五十束被進之、春日局(稲葉正成室、齋藤氏)等江も美濃紙御贈有之、

三月廿九日

濃州黒野村(方縣郡)新七、乞食之死骸を様物ニ賣候付成敗、

*麹町御屋敷奉行

乞食の死骸を賣るにつき成敗

*家綱御殿柱立

一、熱田・鳴海傳馬所江去年五月より毎月金百両ツヽ　公義ゟ御貸渡有之、當春上納分金壹両ニ付銭四貫文替之積を以、代銭ニ而相納、相場違之分、右両宿江被下之、

一、此月、　水戸様御參府ニ付御出　御對顔有之、

四月朔日

記事無之、

四月二日

麹町(武藏國豊島郡)御屋敷奉行杦山甚大夫(正次)、御普請精出候付、「一」御小袖壹被下之、

四月三日
四月四日

記事無之、

四月五日

若君様　御殿今日御柱立ニ付、為御祝儀　公方様江壹種壹荷、　若君様江二種壹荷御差上、

宰相様ゟも御同様御差上有之、

朝鮮人來朝につき公儀より馳走の用意仰出づ

一、朝鮮人來朝ニ付、御領分泊之節御馳走用意等之儀　公義ゟ被　仰出、

*公家衆馳走の能見物に登城

四月六日

賀茂別雷社の社家御目見に罷下る

上加茂之社家(賀茂別雷社)(山城國愛宕郡)　御目見ニ罷下、差上物仕候付、銀三枚被下之、

四月七日

普請組寄合高木久大夫(吉和)、五十人頭被　仰付、

四月八日

記事無之、

四月九日

謀言を以、令盗候與右衛門磔、

*家光紅葉山東照宮參詣

*義直服ゆえ豫參なし

*名古屋東照宮祭禮

四月十日

上使安藤伊賀守(重元)を以、明十一日公家衆御馳走之御能被　仰付候間　御登城御見物被成候様被　仰進之、

三州高月院御目見に罷下る

一、三州高月院(本譽尊太)(加茂郡)　御目見ニ罷出候付、銀五枚被下之、

四月十一日

公家衆御馳走之御能爲御見物　御登城、

宰相様ニも　御登城有之、

四月十二日

記事無之、

四月十三日

熱田簗出孫作、盗賊之宿いたし候付成敗、

自四月十四日
至四月十六日

記事無之、

四月十七日

公方様紅葉山(紅葉山東照宮)　御宮江　御參詣被遊候處、仍

御服中　御豫參無之、

一、於名古屋(尾張國愛知郡)　御祭禮有之、

四月十八日

記事無之、

四月十九日

拜領の茶器披露

御拜領之御茶器爲御披　宰相様江土井大炊頭(利勝)・同遠江守(利隆)・牧野内匠頭・大河内金兵衛(久綱)御招請ニ付、被爲　入、

*近日頼房末子ら御目見

*高原院七回忌法事

一、七軒町左次兵衛悴二郎左衛門、女房之事ニ付、理不尽ニ人を令殺害候付成敗、

四月廿日

四月廿一日

記事無之、

四月廿二日

歩行使の者承違ひ

酒井讃岐守御用有之被爲　召候処、玉虫八左(宗茂)衛門、讃岐守　御城ニ罷在候儀不存、歩行使を以、讃岐守屋敷江申遣候処、今朝登　城退出無之ニ付、若　御城ニ不居合候ハヽ、　御三家様(義直・頼宣・頼房)歟、井伊掃部頭(直孝)ニ罷在可申候間、呼出登　城有之様可申旨讃岐守家來挨拶およひ候処、歩行使之者承違、掃部頭・讃岐守江罷越、御用有之候間、早ゝ登　城有之様ニと申、　御三家様方江も罷越、右之通申上候付　御登城之處、間違ニ付御退出被遊、

四月廿三日

上使松平伊豆守を以、近日　水戸様御末子方(頼元・頼隆)御目見可被　仰付旨被　仰進之、

一、高原院様「様」(義直室、浅野幸長女、春姫)七回御忌被爲　當候付、於万松寺(尾張國愛知郡)御法事有之、右　御霊前江　宰相様御名代小野澤五郎兵衛(吉清)相勤、御香典黄金壹枚、　御姫様御名代藤田治左衛門相勤、同白銀五枚御備之、

四月廿四日

*家光紅葉山台徳院靈廟參詣

公方様紅葉山(武藏國豊島郡)　台徳院様　御仏殿(霊廟、以下同ジ)江　御參詣ニ付　御豫參、

四月廿五日

*陳元贇長崎へ罷越す

陳玄贇(肥前國彼杵郡)長崎江罷越候付、銀五枚被下之、

四月廿六日

四月廿七日

*義直忌明けにつき登城
松平忠明姉死去
大久保忠職母死去
*端午の祝儀として家光らへ進物あり
馬場五兵衛ら酒狂につき切腹
*信州追分本陣御目見に罷下る

記事無之、

四月廿八日

松平下總守(忠明)姉(奥平信昌女、大久保忠常室)死去、御忌中ニ付　御登城無之、

四月廿九日

大久保加賀守(忠職)母儀(奥平信昌女)死去ニ付、御使を以、御香典
白銀三十枚被遣之、

一、左之通御仕置有之、
令盗、其上火を附候付、於所磔、　愛知郡鳴海村　助五郎
令盗候付獄門、　春日井郡大永寺村　七藏

一、此月、鉄炮組御足輕頭大澤五郎(繁清)大夫、御鎗奉行
被　仰付、御加増百石被下置、

一、此月、五十人組馬場五兵衞・山内吉十郎、御祭
禮　神輿御通行之節、町奉行屋敷前おゐて酒
狂之上、無作法仕立去候処、追而　御沙汰之趣
有之、含笑寺(尾張國愛知郡)おゐて兩人共切腹、
右節致同道候松井分四郎・岡田市郎兵衞も立
去、鈴木三之助ハ改易被　仰付、

五月朔日

御忌明ニ付、爲當日御祝儀　御登城、御老中
江御聞合被遊候處、五日之御忌ニ而未御忌中之
旨申上候付御退出、

五月二日

一、御用之儀有之　宰相様江酒井讃岐守・松平伊
豆守入來、　御三家様御出會有之、
爲端午御祝儀　公方様江御單物四・御帷子五・
御袷壹御差上、　若君様江も菖蒲・御兜・御單
物貳ツ・御帷子三・御袷壹御差上有之、

一、爲端午御祝儀　天樹院様・　高田様・　大
姫君様江御單物三ツ充被進之、

一、爲端午御祝儀　姫君様江御單物四被進之、

一、信州追分(佐久郡)本陣　御目見ニ罷下候付、銀三枚被
下之、

五月三日

五月四日

朝鮮人來朝につき晝休用意の儀公儀より仰出づ

*賴房三男ら初て御目見

義直ら能見物に登城

尼崎屋又右衞門御目見に罷下る

記事無之、

五月五日

朝鮮人來朝ニ付、御領分晝休之節、御馳走用意等之儀　公義ゟ被　仰出之、

五月六日

記事無之、

五月七日

明日御能有之候間　御登城、　宰相樣ニも御登城、御見物被成候樣　上使を以被　仰進之、

一、右爲御禮　御登城有之、

五月八日

御能爲御見物　御登城、　宰相樣ニも　御登城有之、

一、尼ヶ崎屋又右衞門　御目見ニ罷下候付、銀三枚・單物壹ツ・帷子貳被下之、

自五月九日
至五月十六日

記事無之、

五月十七日

公方樣紅葉山　御宮江　御社參被遊候得共、御服中に付　御豫參無之、

一、若君樣同　御宮江　御參詣、　還御以後宰相樣御社參有之、

五月十八日

水戸樣御三男　松平刑部（賴元）樣・御四男　同播磨（賴隆）樣、初而　御目見ニ付　御登城有之、

五月十九日

松平刑部樣・同播磨樣初而　御目見相濟候付水戸樣御同道御出、　御對顏・御盃事有之、

御二方樣江御脇差一腰充被進之、

一、竹中源助爲遺物御刀差上之、

自五月廿日
至五月廿二日

記事無之、

朝鮮人來朝につき乗鞍馬など出すべき旨公儀より仰出づ

五月廿三日
今度朝鮮人來朝之節、名古屋ゟ吉田（三河國渥美郡）迄、歸之節
ハ吉田ゟ大垣（美濃國安八郡）迄、乗鞍馬并鞍皆具出之可相送旨
被　仰出候段、御老中ゟ成瀬隼人正迄奉書到
來、

家光紅葉山台徳院靈廟へ參詣

五月廿四日
公方様紅葉山　台徳院様御仏殿江　御參詣
ニ付　御豫參、
一、還御以後、右　御仏殿江　宰相様御自拜、

日光相輪塔出來

一、日光（下野國都賀郡）相輪塔（輪王寺）出來、御供養有之候付、山下市正（氏政）彼
地江被遣之、

朽木稙綱男子出生

五月廿五日
朽木民部少輔（稙綱）男子（のちの稙昌）出生ニ付、御使を以御小脇指・
御產衣被遣之、
一、左之通被　仰出、
知行三百石被下置、御黒印をも被下、　御合力米被下候　野村八郎右衛門（昌佐）
被　召出、知行五百石被下置、御黒印をも被下、　浪人　片桐九兵衛（由重）
被　召返、知行三百石被下置、御黒印をも被下、　御徒頭ニ而改易被　仰付候　小畑十大夫（久廣）

五月廿六日
五月廿七日
記事無之、
五月廿八日
水戸様江被爲　成、松平刑部様・同播磨様江
「一」御袷十充被進之、
五月廿九日
五月晦日
記事無之、
一、此月、　公方様江巣鷹御差上有之、

*火付の宿

六月朔日
火付之宿いたし候七兵衛獄門、
六月二日
六月三日
記事無之、
六月四日

高野山奥院に相應院石塔建立

落首*

石塔梵字漢字

拜領の茶器披露

木曾宮の越宿燒失*

高野山興山寺（紀伊國伊都郡）　相應院様御位牌并同所奥院
御石塔御建立御造早ニ付、彼地おゐて今日御供
養有之、爲御代參船橋久右衛門（貞則）・尾池四兵衛被
遣之、
右ニ付、高野山見樹院江御布施白銀百枚被遣、
御石塔梵字・漢字之筆者江銀五枚、頓写之御
布施銀三枚被遣之、

六月五日

記事無之、

六月六日

御拜領之御茶器爲御披　宰相様江松平安藝守（淺野光晟）・
淺野因幡守（長治）・松平越中守（定綱）・竹中左京亮（重常）・小出對
馬守（吉親）御招請有之、

六月七日

上使を以、御巣鷹二居被進之、
一、春日井郡（尾張國）大永寺村覚右衛門、謀書を以、鳥目盗
取候付獄門、

六月八日

上使を以、御巣鷹被進候爲御礼　御登城有之、
一、巣鷹爲持相越候付、御鷹匠頭間宮左衛門（左衛門佐信之）江大判
壹枚、御鷹匠江銀三枚被遣之、

六月九日

一、春日井郡久保一色村百姓吉藏、僞を申懸ヶ、落
首を上ヶ候付獄門、

六月十日

一、春日井郡久保一色村百姓左太郎、僞を申懸ヶ、
落首を上ヶ候付獄門、

六月十一日

春日井郡下飯田村九郎助、令盗候付獄門、
端午之　御內書被進之、
一、木曾宮之越宿（信濃國筑摩郡）出火、家數三拾軒余燒失、
右燒失ニ付、追而金三拾兩拜借被　仰付、

六月十二日

六月十三日

*傳馬橋において三日晒

朝鮮人來朝につき領分中道中法度仰出づ

*朝鮮通信使名古屋止宿

*宗義成らへ米などを遣す

公儀へ白砂差上ぐ

淺田八大夫溺死

*朝鮮人名古屋發途

記事無之、

六月十四日

朝鮮人來聘之節、名古屋・鳴海おいて御馳走、
懸リ御役人御法度并送迎之節、御領分道中御法
度被　仰出之、

自六月十五日
至六月十八日

記事無之、

六月十九日

宰相様江御巣鷹被進之、

一、右為御礼　御登城有之、

六月廿日

公義江白砂百俵御差上有之、

一、御足輕頭庄左衛門(仲正)惣領長岡半內・淺田八郎(吉政)左衛
門兄同姓八大夫同道、勝川(尾張國春日井郡)江罷越令浴水候處、
八大夫溺死いたし候付、半內自滅、

一、左之通御仕置有之、

令盗候付獄門、　乇之助

堀川舩ニ而令盗候付、傳馬橋(尾張國愛知郡)おいて三日晒獄門、　(尾張國)知多郡大里村　七十郎

六月廿一日
六月廿二日

記事無之、

六月廿三日

朝鮮□(之カ)信使江戸江下向、今晩大光院(尾張國愛知郡)止宿、中官
阿弥陀寺(尾張國愛知郡)・下官極樂寺(尾張國愛知郡)・西光院(尾張國愛知郡)止宿ニ付、御馳
走有之、

一、宗對馬守江白米五俵・黒米五俵・大豆五俵・御
樽一荷・御肴二種・糠五俵・草三駄・薪十駄被
遣之、板倉周防守(重宗)家來江も米・大豆被遣之、

六月廿四日

増上寺　台徳院様御仏殿江　御名代成瀬隼人
正相勤之、

一、朝鮮人名古屋發途、鳴海昼休ニ付、御馳走有之、

宗對馬守江も御馳走有之、
右之節御家中之輩ゟ馬并鞍皆具出之、吉田迄
送之、

自六月廿五日
至六月廿七日

記事無之、

六月廿八日

上使阿部豊後守(忠秋)被進之、

*盗賊の同類獄門

東新町覺右衛門妻籠宿にて磔

一、東新町(尾張國愛知郡)覚右衛門、妻籠宿(信濃國筑摩郡)ニ而令盗候付、於同所
磔、

六月廿九日
六月晦日

記事無之、

公儀へ材木差上ぐ

一、此月、　公義江御材木御差上有之、

起川などに船橋出來

一、此月、朝鮮人來朝ニ付、起川(尾張國中島郡)・墨俣川舟橋出來、

七月朔日

生御靈の祝儀

御生見玉之爲御祝儀　姫君様江　奥様被爲
入候付、晒五拾七疋被進之、

七月二日

記事無之、

七月三日

鈴木治部左衛門(重成)藏屋敷ニ罷在候加右衛門、盗賊之
同類ニ付獄門、

七月四日

左之通御仕置有之、

名古屋
権兵衛
同
市兵衛
所々ニ而令盗候付、獄門、

権
久八
令盗賊獄門、

五郎
六
(尾張國愛知郡)
巾下裏町
長助
盗賊之同類ニ付、獄門、

庄大夫
盗賊之宿いたし同類ニ付、獄門、

七夕の祝儀として家光らへ黄金を差上ぐ

七月五日

記事無之、

七月六日

爲七夕御祝儀　公方様・若君様江黄金壹枚
充御差上之、

一、宰相様より御生見玉之爲御祝儀、御饗應有之、
此節　姫君様女中江「一」御帷子被下之、

一、左之通御仕置有之、

令盗候付獄門、　勢州津（安濃郡）吉兵衛
知多郡大高村　八郎左衛門
善吉

盗賊之宿いたし候付成敗、　寺尾左馬介（直政）（助）下屋敷ニ罷在候　㐂大夫

盗賊之宿いたし吟味之節、押隠候付獄門、　同人女房

七月七日

爲七夕御祝儀　御登城、　宰相様ニも御登城、
公方様江　御對顔有之、

*相應寺取建つ
*高岳院眼譽を住職に仰付く

一、名古屋村九十郎、令盗候付成敗、

七月八日

奥様より御生見玉之爲御祝儀、御饗應有之、

自七月九日
至七月十三日

一、盗賊作助獄門、

記事無之、

七月十四日

上使阿部對馬守を以、明後十六日朝鮮人御礼有
之候間　御登城被成候様被　仰進之、

七月十五日

記事無之、

七月十六日

天氣悪敷、其上　水戸様御所労ニ付、朝鮮人
御禮無之、

一、相應院様御冥資之爲メ、名古屋おいて一寺御取
建、（尾張國愛知郡）宝亀山公安院相應寺ト號し、高岳院眼誉（眼譽眞阿）住

相應院由緒の輩寺家寄進

職被　仰付之、寺領三百石并諸役　御免之御黒印被下置之、

一、相應院様御由緒有之輩より、寺家一宇充寄進之儀被　仰出、竹腰山城守東月院・成瀬隼人正玉相院・志水(忠政)甲斐室林院・市辺(正好)出羽守究意院・山下市正春正院建立之、

七月十七日

御服中ニ付、紅葉山　御宮江　御社參無之、

一、左之通御褒美被下置、

(貼紙白紙、以下同ジ)
「御單物壹」
「御帷子貳」
「御羽織壹」
堀田(武明)三郎兵衛

「御單物壹」
「御帷子貳」
「御單物壹」
高木久大夫

「御帷子壹」
「御羽織壹」
佐分(忠次)源左衛門

江戸四替無懈怠相勤候付、

「御單物壹」充
「御帷子貳」
熊谷與兵衛
稲生半右衛門
石黒(時勝)作兵衛
本多(因信)太兵衛

「御單物壹」充
「御帷子壹」
長岡傳右衛門
佐藤(勝忠)五郎左衛門

江戸四替相詰、三替無懈怠相勤候付、

「御單物壹」
「御帷子貳」
駒井庄左衛門

「御單物壹」
「御帷子壹」
石黒(勘右衛門良通カ)勘左衛門

江戸三替無懈怠相勤候付、

七月十八日

朝鮮通信使登城

朝鮮之信使登　城　御目見被　仰付、御能有
之候付　御登城、　宰相様ニも　御登城有之、
一、上使阿部對馬守を以、今日朝鮮人　御礼相濟、

光友二の丸へ登城し家綱と對顔*

御滿悦被　思召旨被　仰進之、

七月十九日
七月廿日

記事無之、

義直服中ゆえ二の丸への登城なし*

濃州笠松村三五郎子供の錢盗むにつき獄門

七月廿一日

濃州笠松村(葉栗郡)三五郎於津嶋(尾張國海東郡)、伊勢ゟ來候子供之錢
を盗取候付獄門、

七月廿二日

記事無之、

家綱二の丸へ移徙の祝儀廣蓋

七月廿三日

若君様二丸江　御移徙爲御祝儀、廣蓋十枚御差
上之、　奥様ゟも御屛風御差上有之、

七月廿四日

增上寺　台德院様御仏殿江　御名代渡辺半(治
藏(綱)相勤之、

七月廿五日

若君様二丸江　御移徙ニ付、爲御祝儀　御登
城、　宰相様ニも　御登城有之、夫より　宰
相様ニハ二丸江　御登城、大廣間おゐて　若
君様江　御對顔、御手自御熨斗御頂戴、過而
公方様江　御對顔、相濟而御退出、　大納言
様ニハ御服中ニ付、二丸江　御登城無之、
一、御移徙之爲御祝儀、おらく御方江銀三拾枚被遣、
其外御乳人等江も銀子被遣之、
一、左之通御仕置有之、

令盗候付獄門、　所左衞門

於同村盗ニ入、坊主を切殺候付、於所磔、　濃州御嶽村(可兒郡)　九助

自七月廿六日
至七月廿八日

記事無之、

熱田ら傳馬所へ仰付らる拜借米代錢にて上納の處相場違の分下さる

七月廿九日

熱田・鳴海傳馬所江去午二月より當月迄　公義ゟ爲御赦(救カ)毎月拜借米被　仰付、金壹兩ニ四貫文替之積を以、代錢ニ而上納いたし候處、相場違之分、右兩宿江被下之、

*家綱誕生日の祝儀

七月晦日

權大納言局(橋本季宗女)參上、御振舞有之、

家光へ屛風差上ぐ

一、此月、　公方樣江御屛風十双御差上有之、

八朔の祝儀として義直ら登城

八月朔日

爲八朔御祝儀　御登城、　宰相樣ニも御登城、　公方樣江　御對顏、御太刀・馬代御差上、早而　宰相樣二丸江　御登城　若君樣江御太刀・馬代御差上、御祝儀被　仰上御退出、大納言樣ニハ御服中ニ付　若君樣江之御太刀・馬代　御本丸ニ而御差上有之、

朝鮮人歸國

一、朝鮮人歸國ニ付、道中馳走之儀、諸色相渡、料理ハ朝鮮人心次第いたし、中官・下官之分ハ輕振舞可申付旨　公義ゟ被　仰出之、

八月二日

御小性鈴木主殿(重之)江、御加增知千石之　御黑印被下置之、

八月三日

若君樣御誕生日御祝儀として　御登城、宰相樣ニも御登城、御老中江　御謁御退出、

八月四日

朝鮮之三使江白銀貳百枚、御使鮎川權右衛門(長冬)を以被遣、三使ゟ之使兩人江同廿枚ツヽ、被遣之、

*宗義成黃鷹進上

一、宗對馬守ゟ尾州迄黃鷹進上ニ付、此日御使を以、大判壹枚被遣之、

八月五日

盜賊之同類こほ獄門、

八月六日

左之通御仕置有之、

盗賊の同類獄門

盗賊之同類ニ付獄門、　(尾張國愛知郡)練屋町八左衛門悴　大　藏

同郡嶋宮村之者を打殺候付成敗、　(尾張國)丹羽郡瀬部村百姓　庄九郎

自八月七日
至八月九日

記事無之、

八月十日

名古屋茂介、盗賊之同類ニ付獄門、

家綱灸治

八月十一日

若君様御灸事〔治〕ニ付、為御伺　御登城、　宰相様ニも　御登城有之、

八月十二日

記事無之、

八月十三日

記事無之、

御庭にて飼立ての白雉子公儀へ差上ぐ

八月十四日

於御庭御飼立之白雉子・鴨　公義江御差上有之、

八月十五日

記事無之、

為當日御祝儀　御登城有之、

一、左之通御褒美被下置、

「」御單物壹
「」御帷子貳　志村長左衛門(成政)

江戸四替無懈怠相勤候付、

「」御單物壹ツ、　小尾左次右衛門
「」御帷子壹　林　武兵衛(信加)

江戸四替之内三替、無懈怠相勤候付、

*朝鮮人歸國につき鳴海などで馳走あり

八月十六日

朝鮮人歸國ニ付、鳴海・名古屋おいて御馳走有之、下向之節之通、大光院・阿弥陀寺・極樂寺・西光院止宿、宗對馬守江も御馳走有之、

此節於名古屋對馬守江白米五俵・黑米五俵・大豆五俵・御樽壹荷・御肴二種・糠五俵・草

三駄・薪拾駄被遣之、板倉周防守家來江も米・
大豆被遣之、
一、岡寺權右衛門(正次)・朝岡源次左衛門(重綱)・水野善大夫(正次)朝
鮮人歸國ニ付、乘馬鞍皆具ニ差添、爲迎三州吉田
宿迄罷越、濃州大垣迄道中送相勤之、

*御三家へ明日諸禮相濟むのち登城なるやう申來る

自八月十七日
至八月十九日
記事無之、

八月廿日
英勝院(家康側室、太田氏)御方御一周忌ニ付、鎌倉英勝寺(相模國鎌倉郡)江　御使
渥美源兵衛(勝利)被遣、御香典黄金壹枚御備之、

英勝院一周忌

自八月廿一日
至八月廿四日
記事無之、

八月廿五日
小山市兵衛(清政)御庭之御普請相勤候付、「一」御單物壹・
「一」御帷子壹被下之、

八月廿六日
目夏(マヽ)弥三右衛門中間九助、令盗候付獄門、

八月廿七日
明廿八日　御三家様方御用之儀有之候間、諸
御礼相濟候以後　御登城被成候様松平伊豆守
より申上之、
一、左之通御仕置有之、
乱心人を殺候付成敗、　濃州(大野郡)下之方村　二郎介
令盗候付獄門、　(尾張國)知多郡名和村　二郎兵衛

八月廿八日
御登城　紀州様・水戸様ニも　御登城、於
御座之間　公方様江　御對顔、御密話有
之、相濟而御退出、

*御三家家光と密話あり

八月廿九日
記事無之、

八月晦日
昨夕中根大隅守(正成)屋敷燒失ニ付　宰相様江

*中根正成屋敷燒失

上使牧野佐渡守(親成)被進之、此節　大納言様江も
上意有之、　宰相様ゟ御傳被成候様被　仰
進之、

一、右御礼として　御登城、　宰相様ニも　御登城有之、

一、此月、酒井兵左衛門(忠豊)、亡父(忠近)遺跡知行無相違被下置、御馬廻組被　仰付、

朝鮮人歸國につき公儀目付へ振舞あり

一、此月、朝鮮人歸國ニ付　公義御目付坂井八郎(成令)兵衛・御手洗四郎兵衛(四兵衛定重カ)登り、熱田泊ニ付、御使を以御菓子・御肴米被遣之、名古屋おいても御振舞有之、

朝鮮人歸國につき起川などに船橋出來

一、此月、朝鮮人歸國ニ付、起川・墨俣川ニ舩橋出來、

九月朔日

記事無之、

九月二日

國母様御局并女中御暇被　仰出、上京ニ付、

権大納言局江銀五拾枚、　奥様ゟも銀三拾枚被遣之、右女中江も銀子被遣之、

九月三日

上御屋敷御留守居上田五兵衛、常々出精相勤候付、金拾兩被下之、

九月四日
九月五日

記事無之、

九月六日

＊重陽の祝儀として家光らへ差上ぐる物あり

爲重陽御祝儀　公方様江御小袖六、　若君様江同四御差上有之、

一、爲重陽御祝儀　天樹院様・高田様・大姫君様江御小袖三充、御使を以被進之、

一、爲重陽御祝儀　姫君様江御小袖四被進之、

九月七日
九月八日

記事無之、

九月九日

爲重陽御祝儀　御登城、　宰相様ニも御登城、
於御白書院　公方様江　御對顔、相濟而御退
出、　宰相様ニハ二丸江　御登城　若君様江
　御對顔有之、
一、姫君様御局初而新御屋敷江參上ニ付、縮緬十巻
被遣之、

　九月十日
　九月十一日

記事無之、

　九月十二日

今度筑前ニ而被召捕候伴天連御僉義之上、轉・
白狀之様子　御直ニ被爲　聞度旨牧野佐渡守
江爲御達有之、達　上聞候處、御屋敷江井上筑（政重）
後守召連參上有之様被　仰出之、
一、朽木民部少輔息女初而新御屋敷江參上ニ付、緋
縮緬五巻被遣之、

　九月十三日

井戸屋理右衛門・はす屋吉兵衛　御目見罷下
候付、銀三枚充被下之、

　九月十四日
　九月十五日

記事無之、

　九月十六日

春日局卒去ニ付、爲御伺御機嫌　御登城有之、
一、相應寺御取建ニ付、此月、御普請出來、　相
應院様御一周忌御法事、去ル十一日ゟ今日迄千
部御執行有之、　御自筆之御影壹幅御寄附被
遊、御石牌・御位牌本堂・山門之御額も　御
自筆ニ被遊、　相應院様御琴壹面御寄附有之、
一、右御法事ニ付　宰相様ゟ　御名代を以、黄金
壹枚御備有之、
一、相應院様御廟前江　御由緒之輩ゟ石燈籠・手
水鉢獻備いたし、并竹腰山城守・成瀬隼人正・
渡辺忠右衛門（重綱）・寺尾左馬介（助）・志水甲斐・間宮權

千代姫御局初て新屋敷へ參上
*春日局卒去
*相應寺普請出來
*相應院一周忌法事
*義直自筆の影寄附
筑前にて捕へる伴天連詮議のうえ轉ず
朽木植綱息女初て新屋敷へ參上
*相應院廟前へ由緒の輩石燈籠など獻備

*春日局卒去につき家光精進

傳通院にても相應院法事義直ら牌前へ參詣

*菊川鍛冶作十郎御目見に罷下る

大夫・長野五郎右衞門(政成)・渡辺半藏・阿部河内(正致)・稲葉主計(知通)・市辺出羽守・山下大和守(氏勝)・遠山彦左衞門(景吉)・千村平右衞門(重長)・山村甚兵衞(良豊)・藤田民部(忠次)・生駒因幡守(利豊)・澤井惣左衞門(元慶)・中村又藏(勝親)・石川伊(河)(正光)賀・瀧川權十郎(之成)・横井伊折介(時安)・志水監物・山下市正・玉置小平太(直次)・志水次(治)右衞門(忠良)・稲葉兵部(正武)・竹中吉三郎・山下權之助(氏忠)よりも石燈籠獻備有之、

一、傳通院おゐても去十日ゟ　相應院様御法事有之、今日右　御牌前江　御參詣、　宰相様ニも御參詣、法問　御聽聞、相濟而　御廟江も

　御參詣有之、

此節傳通院(門悦)江大判壹枚「一」・御小袖十被遣之、其外僧中江も銀五拾枚被下之、

九月十七日

九月十八日

記事無之、

九月十九日

春日局卒去　公方様御精進被遊候付、爲御伺

御機嫌　御登城有之、

一、御精進ニ付、度々　御登城御滿足被　思召候、明日ゟハ　御登城御無用被成候様、以　上使被　仰進之、

九月廿日

記事無之、

九月廿一日

公方様今日ゟ御精進被爲　解候段　上使を以被　仰進之、

自九月廿二日

至九月廿四日

記事無之、

九月廿五日

菊川(遠江國榛原郡)鍛冶作十郎　御目見罷下、矢根差上候付、銀貳枚被下之、

九月廿六日

九月廿七日

*相應寺入院の御禮に罷下る
*菅谷昌良天海の遺骸に差添ひ日光へ相越す
春日局卒去につき天澤寺へ香典備ふ
*天海遺骸日光へ發途
天海病氣
明正天皇讓位

記事無之、

九月廿八日

上使を以、御鷹之鶴被進之、

九月廿九日

昨日　上使を以、御鷹之鶴被進候爲御礼
御登城有之、

一、春日局卒去ニ付、天澤寺(武藏國豊島郡)江御使を以、御香典白
銀廿枚御備之、

九月晦日

記事無之、

一、此月、南光坊(天海)病氣ニ付　御尋として被爲　成、

一、此月、當冬　御讓位(明正天皇)、御受禪(後光明天皇)ニ付、從　公
義御使酒井讃岐守・松平伊豆守上京ニ付、尾州
ゟ竹腰山城守京都江爲御差登有之、

十月朔日

十月二日

記事無之、

十月三日

相應寺(呑屋、本蓮社眼譽眞阿)入院之爲御禮罷下候付、「一」御小袖貳被下之、

十月四日

菅谷次郎兵衛(昌良)、南光坊病中上野(武藏國豊島郡)ニ御附置被遊、
猶又遺骸ニ差添、日光(下野國都賀郡)江相越、仏事中相詰候付、
銀拾枚被下之、

十月五日

記事無之、

十月六日

南光坊遺骸日光江發途ニ付、菅谷次郎兵衛御差
添被遣之、

十月七日

盜賊勘右衛門獄門、

十月八日

記事無之、

十月九日

南光坊迁化ニ付、日光江御使秋元源左衛門(朝好)被遣

之、御香典銀五拾枚、毘沙門堂御門跡（公海）江被遣之、
右ニ付、源左衛門江銀貳枚被下之、

自十月十日
至十月十四日

記事無之、

十月十五日

爲當日御祝儀　御登城有之、

十月十六日
十月十七日

記事無之、

十月十八日

左之通、御仕置有之、

隣家江投火いたし候付、町中引廻礫、　七軒町休庵借屋住　女

右節一所ニ投火いたし候付獄門、　右女孫　かめ

十月十九日
十月廿日

記事無之、

*後光明天皇卽位

隣家に投火

*卽位につき禁裏へ太刀などを進献

十月廿一日

今日　御卽位（後光明天皇）ニ付、御差登之御使竹腰山城守
紫宸殿（山城國）御白洲ニ相詰、

自十月廿二日
至十月廿五日

記事無之、

一、本阿弥三郎（光温）兵衛、五ヶ年江戸表ニ相詰罷登候付、
大判壹枚・御小袖二（「一」）被下之、

十月廿六日

去廿一日　御卽位相濟候付、爲御祝儀　御
登城、　宰相様ニも　御登城有之、

十月廿七日

御卽位ニ付、今日竹腰山城守を以　禁裏（後光明天皇）江御
太刀・馬代銀三拾枚、　仙洞・　新院（明正上皇）江御太
刀・馬代銀貳拾枚充、　女院（東福門院、徳川和子）江銀貳拾枚御進獻
有之、

十月廿八日

*家光少々不例

爲當日御祝儀　御登城有之、

十月廿九日

記事無之、

十一月朔日

當日御祝儀として　御登城、　公方様江　御
對顔有之、

十一月二日

記事無之、

十一月三日

太田資宗内室卒去

*千代姫咳氣につき筑波山智足院へ祈禱仰付く

大〔太〕田備中守（資宗）内室（板倉茂宗女）死去ニ付、御使を以御香典白銀
十枚被遣之、

十一月四日

曾我又左衛門（近祐）參上、初而　御逢有之、「一」御小袖
貳被遣之、

十一月五日

*家光不例快然

記事無之、

十一月六日

公方様少ゝ御不例ニ付、爲御伺　御登城、
宰相様ニも　御登城有之、

十一月七日

御鎗奉行大澤五郎大夫江、御加増知百石之　御
黒印被下置之、

一、竹腰山城守（正辰）三男江、御名被下候爲御礼使者差下、
御樽肴指上之、
右使者江小袖壹・羽織壹被下之、

十一月八日

姫君様御咳氣ニ付、築〔筑〕波山（常陸國筑波郡）智足院江　御祈禱被
仰付、銀拾枚被遣之、

自十一月九日
至十一月十二日

記事無之、

十一月十三日

公方様御不例御快然ニ付、爲御悦御肴壹種御差
上之、

*上乗院珍祐遷化

前田光高室平產

*義直前澤へ御成

宮重大根

前田光高室平產七夜につき進物あり

十一月十四日
十一月十五日

記事無之、

十一月十六日

大姫君様御平產ニ付、為御悦　御登城、
公方様江　御對顔、御酒被進、相濟而御退出、

自十一月十七日
至十一月十九日

記事無之、

十一月廿日

姫君様御侍高田九兵衛（宗則）　相應院様御葬送之節
并御一周忌之節、為御使罷登候付、「一」御小袖貳被
下之、

十一月廿一日

女院江宮重大根壹箱、年寄中奉状を以御差上之、

十一月廿二日

大姫君様御平產御七夜ニ付、御使を以銀三拾枚
被進、出生之方（のちの前田綱紀）江も御產衣六被遣之、

一、上乗院（珍祐）迁化ニ付、御使を以御香典白銀廿枚被遣
之、

十一月廿三日

記事無之、

十一月廿四日

上使牧野佐渡守を以、御鷹場江之御暇被　仰出、
大鷹三居被進之、

十一月廿五日

記事無之、

十一月廿六日

御鷹場前澤（武藏國多摩郡）江被為　成、
一、被進之御鷹ニ差添來候御鷹匠江銀五枚、同心御鷹
師江同三枚充被遣之、

十一月廿七日

南澤（武藏國多摩郡）多門寺おゐて、晝御膳被　召上候付、銀
壹枚被下之、
一、紀州様ゟ前澤江御使を以、粕漬鮑・忍冬酒被進

*井伊直孝らへ鷹の雁を遣す

*北野神主御目見に罷出づ

*義直林羅山らと逢ふ

納の朔日緩々鷹野なるやう仰進めらる

*義直小山大圓寺にて書御膳

之、
右御使江「一」御小袖貳・「一」御羽織一被下之、
十一月廿八日
被進之御鷹ニ為御捉被遊候白鳫二、　公方様江
御差上、　若君様江も白鳫一・雁金一、御鷹場
より御使石川杢左衛門(宗直)を以御差上有之、
一、宰相様ゟ御鷹場江御使小野澤権内(吉記)を以、鯉貳被
進之、
右ニ付、権内江「一」御小袖二被下之、
十一月廿九日
御鷹場江　上使新庄美作守(直房)被進之、
一、右為御禮、御使阿部河内御差出有之、
一、明後日納之朔日ニも候間　御帰府可被遊哉と、
御老中江以御使為御伺之處、奉書を以、緩ゝ御
鷹野被成候様被　仰進之、
一、新庄美作守御鷹場江　上使として相越候付、
御使を以、大判壹枚・「一」御小袖十被遣之、

十一月晦日
井伊掃部頭・土井大炊頭・酒井讃岐守御老中初
江、御鷹場ゟ御使を以、御鷹之鳫被遣之、
一、御鷹場江　姫君様ゟ御使を以、御茶・蜜柑・鯉
被進之、
右御使江「一」御小袖二被下之、
一、前澤江北野神主　御目見罷出候付、「一」御小袖壹被
下之、
一、此月、柳生茂左衛門(利方)江御加増拾石被下之、
一、此月、成瀬隼人正ゟ　宰相様江御腰物差上之、
一、此月、林道春・同春齋(春勝)京都ゟ罷下候付參上、
御逢有之、
十二月朔日
上意之趣有之、　宰相様ゟ御鷹場江、御使天野
太郎左衛門(忠正)を以被　仰上之、
右ニ付、太郎左衛門江「一」御小袖二被下之、
一、小山大圓寺(武蔵國多摩郡)おゐて、書御膳被　召上候付、銀

壹枚被下之、

鳥見鹿沼金右衛門ら御目見に罷出づ

一、御鳥見鹿沼金右衛門・鈴木三郎左衛門　　御目見罷出候付、銀五枚ツ、被遣之、

十二月二日

*前澤宿光明院

御鷹場江　上使小栗(政俊)五左衛門を以、鴨執之大鷹ニ居被進之、

一、右御禮として、御使成瀬吉左衛門(正則)御差出有之、

一、公方様・若君様江御鷹之鳫ニ充、御使一色壹(孝岐治)を以御差上之、

*義直鷹場より歸府

一、前沢江　水戸様ゟ御使を以、粕漬鮑被進之、

右御使江「｜」御小袖ニ被下之、

十二月三日

小栗五左衛門前沢江爲　上使相越候付、御使を以大判壹枚・「｜」御小袖五被遣之、御鷹匠江も銀五枚被遣之、

野老澤東光寺御目見に罷出づ

一、野老澤東光寺(武藏國入間郡)　御目見罷出候付、銀三枚被下之、

一、鷹匠町(尾張國愛知郡)米中買市兵衛金子請取、僞を申、米不相渡候付獄門、

十二月四日

一昨日被進之御鷹爲御捉被遊候鴨貳ツ、　公方様・若君様江御差上之、

十二月五日

前澤　御宿光明院江銀拾枚被下之、

一、小榑村(武藏國新座郡)妙福寺おゐて、晝御膳被　召上候付、銀壹枚被下之、

十二月六日

御鷹場より　御帰府、

一、左之通被　仰出、

隱居被　仰付、悴半藏江被下來候知行貳千石爲隱居料被下置、　渡辺忠右衛門

父家督・知行無相違被下置、　忠右衛門悴　渡辺半藏

十二月七日

御鷹場ゟ　御帰府ニ付　上使池田帯刀(長賢)被進之、

一、右爲御礼　御登城有之、　御帰府ニ付　公方様・　若君様江鳫三・鴨三充、御使渡辺半藏を以御差上之、

*即位につき參向の公家衆へ銀遣す

一、井伊掃部頭・土井大炊頭・酒井讃岐守御老中初江御鷹之鳫被遣之、

十二月八日

十二月九日

記事無之、

十二月十日

*徳川頼重家中門奈金右衛門初て御目見仕る

左之通御褒美被下置、

五十人組小頭　櫻口㐂左衛門（高行）

同　小山市兵衛

同　村田長兵衛（忠英）

「一」御小袖一充

前澤御鷹野之節、出精相勤候付、

茶屋屋敷にある社引料として千駄谷庄屋へ金下す

一、御茶屋屋敷ニ有之候社引料として、千駄谷庄屋江金五両被下之、

十二月十一日

記事無之、

十二月十二日

御即位ニ付、參向之公家衆菊亭大納言殿（經季カ）・飛鳥井大納言殿（雅宣）江銀廿枚ツヽ、阿野大納言殿（實顕）・清水谷中納言殿（實任）・西三条前宰相中將殿（三條西實教）江同十枚ツヽ、御使を以被遣之、冠師幷菊亭殿初家來江も、銀子被下之、

十二月十三日

松平右京大夫様御家中門奈金右衛門初而　御目見仕候付、「一」御小袖二被下之、

十二月十四日

十二月十五日

記事無之、

十二月十六日

御目付萩原八大夫（茂江）江戸三代ﾘ無懈怠相詰候付、爲御褒美、「一」御小袖二被下之、

十二月十七日

*津嶋村新田庄屋代官らと馴合い私欲せしむるにつき仕置き

海上見渡す場所へ番の者置くやう奉書來る

*見捨田

知多郡師崎などに吉利支丹改の番所出來

御勘定奉行上田六兵衛(政成)出精相勤候付、爲御褒美
「一」御小袖一・「一」御羽織一被下之、
一、御城附青山弥次兵衛(春勝)尾州江罷登候付、「一」御小袖二
被下之、

十二月十八日

松平右衛門佐(黒田忠之)領分大嶋(筑前國宗像郡)海邊守番所おゐて、伴天
連捕候付、御領分ニも海上見渡候所、番之者置
候様奉書來候付、熱田ゟ佐屋迄之內ニ一ヶ所、
知多郡(尾張國)之內二ヶ所程番所出來、御水主之者貳人
ツ、差置、奉書之趣爲相守、若御領分之內不審
成者有之由注進候ハ、、御鉄炮頭・御目付・其
所之御代官、或給人早速差遣改させ可申由被
仰出、怪敷舩等見候ハ、、奉行所江可屆旨、浦
ゝ江五十人御目付幷御國奉行・御舩奉行配下之
者相□相觸させ、今日知多郡師崎・常滑幷海東(尾張國)
郡福田三ヶ所海邊ニ切支丹改御番所出來、

十二月十九日

海東郡津嶋村新田庄屋五人、御代官・手代ト馴
合、年ゝ小百姓共江懸り物多申付、私欲せしめ、
去年新田檢見之節、高百八石余見捨之場所有之
候處、此年貢も小百姓江申付、私ニ取入候段、
庄屋五人之內猪右衛門ト申者訴出候付、吟味之
上左之通御仕置有之、

庄屋共ト馴合、金子を取、見捨田いたし候付成敗、

御代官
山口八郎右衛門手代
山田傳右衛門

同
同
江場六右衛門

水奉行
取田(寄良)才兵衛手代
土方茂兵衛

同
同
丹羽次左衛門

大代官
鈴木九左衛門手代
岩田勘次郎

同
同
杉山與左衛門

親之仍科成敗、

勘次郎養子
岩田覚大夫

*歳暮の祝儀として家光らへ進物あり

鈴木九左衛門手代
中嶋善左衛門
同
水野庄兵衛
取田才兵衛手代
本多文左衛門
水奉行手代
玉田庄右衛門

右ニ付御領分中追放、

津嶋村庄屋
源兵衛
左　助
二郎右衛門
庄　作

所おゐて磔、

同村百姓
庄右衛門
巳方庄屋
門三郎
權右衛門

所おゐて獄門、

手代江金子を遣し、見捨田を貰、御年貢物百姓江割懸候付、追而津嶋村おゐて磔、

(尾張國愛知郡)大和丁
長左衛門養子
新　藏

實父丹羽次左衛門仍科、追而成敗、

一、盗賊女まさ成敗、

自十二月廿日
至十二月廿二日

*歳暮の祝儀として義直女より家光へ進物あり

記事無之、

十二月廿三日

為歳暮御祝儀　公方様江御小袖六、　若君様江同四、若林(尚信)四郎兵衛を以御差上之、　天樹院様・高田様・大姫君様江も同三充被進之、

一、為歳暮御祝儀　姫君様江御使を以、御小袖四被進之、

一、為歳暮御祝儀、松平(浅野光晟)安藝守并安藝守御内室(前田利常女、徳川氏)江も、御小袖三充御贈有之、

自十二月廿四日
至十二月廿六日

記事無之、

十二月廿七日

上使松平伊豆守被進之、

十二月廿八日
十二月廿九日

記事無之、

一、此月、為歳暮御祝儀　公方様江　御姫様ゟ

御小袖二御差上有之、

成瀬正虎より光友へ腰物差上ぐ

一、此月、　宰相様江成瀬隼人正より、御腰物差上之、

一、此年、左之通被　仰出、

御本丸御番頭被仰付、　御深井丸番頭　幡野弥五兵衛（忠成）

御本丸御城附被仰付、　御目付　若林四郎兵衛

御供番被仰付、　御小性　加藤甚五左衛門（長常）

御小性被仰付、御加増廿石被下置、　御通番　野呂杢右衛門（廣勝）

御供番被仰付、　御馬廻組　鳥居惣兵衛

御通番　山田與八郎

御進物番被仰付、　同　鳥居四兵衛（起春）

同　冨永孫兵衛（直時）

奥御番被　仰付、　御小性　平岩庄九郎（安武）

御部屋奥御番被仰付、　御部屋御小性　河村求馬

御部屋御小性立被仰付、　同　内藤与右衛門（正成）

長囲爐裏御番被仰付、以前之通御切米六拾石被下置、　去年歸参被　仰付候　毛利傳左衛門（廣政）

御小性並被　召出、　御番頭　源六（廣豊）物領　御目見　毛利治部左衛門（廣尚）

御弓役被召出、御切米三十石・御扶持五人分被下置、　渡辺半藏（政孝）同心　十左衛門次男　同　津金助右衛門

悴與八郎（昌繼）病死ニ付、知行貳百石被返下、　御鷹匠ニ而隱居　倉林四兵衛（昌知）

五十人御目付被仰付、　五十人組　渡辺與五右衛門

江戸御藏奉行被　仰付、　御歩行　大野理右衛門

御加増被下置、　柳生七郎兵衛（七兵衛嚴包）

大代官兼役被仰付、　水奉行　取田才兵衛

上杉弾正大弼（定勝）家中
長谷川忠右衛門悴
御目見
粕谷主膳（貞信）

御小性被　召出、

榊原式部大輔（忠次）江相勤候
寺嶋新九郎三男
寺嶋五右衛門（文右衛門安明）

被　召出、間宮権大夫
同心被　仰付、知行百五拾石被下置、

寄合
志水治右衛門

病氣仍願隠居被
仰付、

御小性
米倉友之助（志水懐信）

志水治右衛門知行指上
度旨奉願候処、實子粟之助（忠榮）
幼少ニ付、治右衛門仍願、友之助
儀聟養子被　仰付、家督・知行之内七百石被下置、

治右衛門惣領
志水粟之助

父家督・知行之内、分知
三百石被下、寄合被　仰付、

（重次）
助左衛門惣領
千村孫市（重伯）

父同姓助左衛門家督・
知行無相違被下置、
寄合被　仰付、

寄合ニ而病死
右馬允（守信）悴
水野金兵衛（守政）

亡父遺跡知行千石
被下、寄合被　仰付、

成瀬隼人正同心
元右衛門養子
奥御番
守屋伊兵衛（氏盛）

亡父同姓元右衛門跡式、
不被　仰付、別ニ知行
貳百石被下置、御役儀是迄
之通可相勤旨、

*濃州上有知などの今年より堤銀差出づ

*百姓耕作難儀につき藏入村々へ借米あり

*給知村々は給人より撫育いたすべし

*水野林案内の者初て召抱る

御馬廻組ニ而病死
庄右衛門惣領
御目見
馬場庄助

亡父同姓庄右衛門遺跡
知行無相違被下置、
御馬廻組被　仰付、

御馬廻組ニ而病死
（正吉）
六右衛門惣領
御本丸番
西郷吉大夫（正重）

亡父同姓六右衛門
遺跡知行無相違
被下置、御馬廻組被　仰付、

御進物番
松田庄大夫

御役儀御免、御馬廻組
被　仰付、

一、此年、濃州上有知（武儀郡）并岐阜町高之分、諸役御免ニ候處、今年ゟ堤銀差出候筈相成、

一、此年、在ゝ百姓共困窮およひ、耕作難成ニ付、御藏入村ゝ江高百石ニ付米三石充、濃州村ゝ江ハ高百石ニ付五石ツヽ、御借米有之、給知村ゝ之分ハ、給人ゟ撫育いたし候様、御國奉行より相觸之、

一、此年、水野（尾張國春日井郡）御林御案内之者、初而被召抱、

正保元年
義直四十五歳
家光四十二歳
光友二十歳
家綱四歳
綱重一歳

*義直二の丸へ登城
義直年頭の御禮として登城
*光友二の丸へ登城
光友年頭の御禮として登城
謡初

（表紙題簽）

源敬様御代御記録　三十

（内題）

「源敬様御代
印御記録　正保元年 従正月至十二月
八月　御帰國」

正保元年
正月朔日
年頭御禮として　御登城、於御白書院　公(徳川家光)方様江　御對顔、御太刀・馬代御差上、御盃事有之、㒵服御頂戴有之、

正月二日
年頭御禮として　宰相様(徳川光友)御登城、於御白書院
公方様江　御對顔、御太刀・馬代御差上、
御盃事有之、㒵服御頂戴有之、
一、今晩御謡初ニ付、御盃臺御差上之、
一、右ニ付、御登城、　公方様江　御對顔、御盃事有之、御規式相済而　御退出、
一、年頭御祝儀として、竹腰山城守(正信)ゟ使者差下、御樽肴差上候付　御書被下置、
此節右使者　御前江被　召出、小袖被下之、

正月三日
一、松平伊豫守(忠昌)下リ、萩原(尾張國中島郡)泊リニ付、御使を以御樽肴・御菓子被遣之、

正月四日
二丸江　御登城、　若君様(徳川家綱)江年頭御禮被　仰上、
宰相様二丸江　御登城　若君様江御太刀・馬代御差上、年頭御禮被　仰上、

正月五日
一、本多下總守(俊次)ゟ鷹之鶴差上候付　御書被遣之、
記事無之、

正月六日
一、板倉周防守(重宗)并同姓次郎右衛門(重形)下リ、熱田(尾張國愛知郡)到着ニ

＊公儀において諸家系圖出來尾州儒者へ褒美あり

若菜の祝儀として義直ら登城

家光當年初て二の丸へ御成

千代姫年禮として江戸城へ入る

付、竹腰山城守・間宮權大夫（正照）罷出、西之　御殿ニ而御振舞有之、野々山丹後守（兼綱）下リニ付、是又於同所御振舞有之、

正月七日

爲若菜御祝儀　御登城、　宰相様ニも御登城被遊、御老中江御謁　御退出、

一、公方様當年初而二丸江被爲　成候付、爲御祝儀一種一荷、奥方より御差上有之、

一、爲若菜御祝儀、おこわ・おひこ・おしゅ・りん方江御樽肴被遣之、

正月八日

松平岩松（のちの淺野綱晟）參上有之、御刀被遣之、

正月九日

公方様より御鷹之鶴被進之、

一、爲御年禮　姫君様（光友室、徳川氏）御城江被爲　入、

一、右ニ付、杉御重一組御差上之、

正月十日

爲年頭御祝儀、御老中御招請御囃子被　仰付、昨日被進候鶴御披有之、

一、公義おゐて兼而被　仰付候諸家系圖、今度出來ニ付、安齋（武野知信）・道仙・正的江御褒美として、白銀三拾枚ツヽ、被下置旨　上意之趣、於　御城太田備中守（資宗）申渡有之、

正月十一日

正月十二日

記事無之、

正月十三日

公方様江　若君様ゟ御膳御差上ニ付、爲御祝儀　公方様・若君様江御樽肴御差上之、

一、右之御儀ニ付　御登城、宰相様ニも　御登城被遊、御饗應有之、御囃子之內　若君様御表江　出御、御對顔相濟而　御退出、

正月十四日

明十五日　公方様增上寺（武藏國豐島郡）江　御參詣ニ付、諸

台徳院十三回忌につき家光増上寺佛殿へ參詣

出仕相止候間、辰下刻　御豫參被成候様、松平
伊豆守(信綱)より御城附江申聞有之、

正月十五日

台徳院(徳川秀忠)様十三回御忌被爲當、今日万部御經開白、
公方様增上寺　御佛殿江　御參詣ニ付
御豫參、

一、還御以後、右　御佛殿江　宰相様御參詣有之、

家光紅葉山東照宮參詣

正月十六日

明十六〔七〕日　公方様紅葉山(紅葉山東照宮)　御宮江　御參詣
ニ付、御狩衣ニ而　御豫參被成候様、松平伊豆
守ゟ御城附江申聞有之、

朝鮮國より進上の鷹熱田泊り

一、朝鮮國ゟ進上之御鷹熱田泊ニ付、如例御鷹匠被
遣、御鷹之餌、其外御馳走有之、

正月十七日

公方様紅葉山　御宮江　御參詣ニ付　御豫參、

正月十八日

記事無之、

正月十九日

台徳院様御法事御中日　公方様增上寺　御
佛殿江　御參詣ニ付　御豫參、

一、還御以後、右　御佛殿江　宰相様御參詣有
之、

一、女院(東福門院、徳川和子)江海鼠腸壹桶、年寄中奉狀を以差上之、

*寄合横井時明病死

*跡目なきにつき知行など召上ぐ

一、寄合横井十右衛門(時明)病死之處、跡目無之に付、知
行・家屋敷被　召上、

一、日置村(尾張國海東郡)文四郎召仕市左衛門、謀言を以、鳥目盜
取候付成敗、

正月廿日
正月廿一日

記事無之、

正月廿二日

押奉行遠山傳十郎(直員)、御目付被　仰付、

正月廿三日

記事無之、

正月廿四日

台徳院法事結願

台徳院様御法事結願ニ付　公方様増上寺御佛殿江　御參詣有之、御豫參、

一、還御以後、右　御佛殿江　宰相様　御參詣有之、

一、右御法事ニ付　御佛殿江御香奠白銀貳百枚、
宰相様ゟ御香奠黄金壹枚、御使成瀬隼人正(正虎)を以御奉納有之、

*江戸愛宕金剛院隠居を天王坊住職に仰付く

此節天光院(武藏國豊島郡)江金壹枚被遣、　宰相様ゟ方丈江
小袖三、天光院江銀貳枚被遣之、

名古屋城三の丸霊屋にても台徳院法事あり

一、名古屋(名古屋城)三之丸(尾張國愛知郡)　御灵屋おゐても、昨今　台徳院様御法事有之、右　御灵前江　御名代竹腰山城守相勤之、

右御法事ニ付、爲御布施相應寺(呑屋、本蓮社眼譽眞阿)江銀拾枚・小袖二、性高院(文說、天連社曉譽)・高岳院(呑茂、心蓮社念譽久近)江銀拾枚ツヽ、被下、其外七回御忌之節之通、御布施被下之、

右法事につき取田寄良ら逼塞御免

一、右ニ付、御供番鳥居善大夫、御納戸取田才兵衞(寄良)・永田清左衛門(榮富)・伊奈七右衛門・中根藤左衛門逼塞御免、且不屆者壹人被宥死罪追放、

正月廿五日

御法事濟ニ付、爲御悅　御登城、宰相様ニも　御登城　公方様江　御對顔之處、御法事首尾好相濟、御滿足被　思召旨　上意有之、

一、公方様御厄前年ニ付　宰相様ゟ御祈禱被　仰付、御祓・御供・御熨斗御差上有之、

正月廿六日

天王坊(尾張國愛知郡)無住ニ付、彌勒院より住持被　仰付被下候様申上候付、江戸愛宕金剛院(武藏國豊島郡)隠居、天王坊住職被　仰付、

正月廿七日

上使本多美作守(忠相)を以、明廿八日御能被　仰付候間　御登城、宰相様ニも　御登城、御見物被成候様被　仰進之、

一、右爲御禮　御登城有之、

正月廿八日

宰相様　御登城　公方様江　御對顔、御能
御見物・御饗應、相濟而　御退出、

大榮螺

一、公方様江大榮螺五拾御差上有之、

正月廿九日
正月晦日

記事無之、

台徳院法事に勅使衆ら入來

一、此月、　台徳院様御法事ニ付而參向之　勅
使衆・　院使衆入來有之、

一、此月、松平伊豫守・保科肥後守(正光)參府に付、參上
有之、

一、此月、松平阿波守(蜂須賀忠英)國許(阿波國)ゟ鷂五居、以使者進上有
之、

一、此月、左之通被　仰出、

大代官被　仰付、　（大代官ニ而改易、其後歸參被　仰付候）松原弥一右衛門
（尾州郡奉行）勝野太郎左衛門(良政)

大代官被　仰付、御加增百石被下置、　尾州郡奉行　佐々長兵衛(宗重)

御馬廻組被　仰付、　普請組寄合　高梨新兵衛(廣高)

尾州郡奉行被　仰付、　三ヶ村御代官　山本只右衛門
濃州郡奉行　村瀬藤左衛門(勝方)

濃州郡奉行被　仰付、　御歩行　三宅兵右衛門

御代官被　仰付、　御徒目付　牛込加右衛門(元勝)
本多久兵衛(勝正)

五十人御目付被　仰付、御加增拾石・御加扶持壹人分被下置、　五十人組　松井金右衛門

老年病氣ニ付、御役儀御免、御馬廻組被　仰付、　大代官　鈴木九左衛門(十正)

*鈴木權三郎切支丹につき入牢させ吟味仕るべし

一、此月、御臺所人鈴木嘉兵衛与申者、切支丹宗門
之由從　公義申來候付、御吟味之處、嘉兵衛
与申者者無之、鈴木又右衛門与申者有之、去冬
相果候付、悴權三郎御吟味之処、切支丹之体ニ
相聞候付、右權三郎并母・姉妹入牢、猶又吟味

可仕旨被　仰出、

二月朔日

御鷹場江之御暇被　仰出候付、為御禮　御登城、
御老中江　御謁御退出、

一、公方様・　若君様江鳫二羽ツ、御差上之、

濃州栗笠村切支丹足軽頭ら附添ひ江戸へ差下す

一、濃州栗笠村(多藝郡)ニ罷在候友見与申醫師、切支丹宗門之由　公義ゟ申來候付召捕、御足輕頭并御足輕附添、早速江戸江可差下旨被　仰出、

二月二日

義直前澤へ御成

御鷹場前沢(武蔵國多摩郡)江被為　成、

二月三日

記事無之、

二月四日

公方様・　若君様江御鷹之鳥御差上之、

二月五日

二月六日

記事無之、

二月七日

旧冬被進之御鷹ニ為御捉被遊候鳫一・鴨一ツ、
公方様・　若君様江御鷹場ゟ御使間嶋権左衛門(重正)を以御差上之、

一、宰相様江　上使池田帯刀(長賢)を以　大納言様(徳川義直)御鷹野被遊、御養生可相成与御満足　思召旨、御懇之　上意ニ而御菓子被進之、

二月八日

記事無之、

二月九日

*濃州長良鵜擅江戸へ呼下すやう尾州へ申遣す

濃州長良鵜擅呼下、江戸ニ而鵜為御擅　御覧可被遊旨　上意候間、鵜擅之内、上手五人程呼下候様御老中申聞有之候付、鵜擅之内親子有之者ハ、親ニ而も子ニ而も壹人差下可然旨被　仰出、來ル三月中旬發足候様用意可申付旨等、年寄中より尾州江申遣之、

二月十日

記事無之、

二月十一日

來十七日前《沢》御鷹場より、被成　御歸府候様、

阿部豐後守(忠秋)御城附江申聞有之、

一、上使爲御禮、阿部豐後守江御鷹場より　御飛

札被遣之、

二月十二日

記事無之、

二月十三日

稲葉正則有馬湯治のため熱田泊り

稲葉美濃守(正則)有馬(攝津國有馬郡)爲湯治登、今晩熱田泊ニ付、米・

大豆被遣之、御船御馳走有之、

二月十四日

記事無之、

二月十五日

義直鷹場より歸府

御鷹場より　御歸府、

一、御名代として　宰相様御登城　公方様江

御對顏之處　大納言様緩ゝ御鷹野被遊、春先

ニも候間、一入可爲御養生与御滿足　思召旨

御懇之　上意有之、相濟而御退出、

一、女院江枝柹一箱、年寄中奉狀を以御差上之、

二月十六日

記事無之、

二月十七日

御鷹場より　御歸府ニ付　御登城、御老中江

御謁御退出、

二月十八日

御鷹場より　御歸府ニ付　公方様・若君様江

御鷹之鳥、御使渡邊半藏(治綱)を以御差上之、

一、若君様江御重一組御差上之、

一、信州松本(筑摩郡)之內山邊村八兵衛、名古屋おゐて令盜

候付、於信州獄門、

二月十九日

歳暮之　御內書、阿部對馬守(重次)ゟ相渡之、

二月廿日

干鱈*

松平大和守(直基)下リ、今晩墨俣(美濃國安八郡)泊ニ付　御使を以
御樽肴・米・大豆被遣之、

自二月廿一日
至二月廿四日

記事無之、

二月廿五日

左之通御仕置有之、

令盗候付獄門、　惣十郎
　　　　　　　　㐂左衛門

二月廿六日

記事無之、

二月廿七日

公方様近〻千駄ヶ谷(武藏國豊島郡)御茶屋屋敷江可被爲　成旨
被　仰出之、

一、右爲御禮　御登城、御老中江　御謁御退出、

一、盗賊左之助獄門、

二月廿八日

公方様來月朔日・二日之内千駄ヶ谷御茶屋屋敷
江可被爲　成旨　御内意有之、

一、若君様江干鱈拾枚御差上有之、

一、駿河町(尾張國愛知郡)庄藏、盗賊之同類ニ付獄門、

二月廿九日

記事無之、

一、此月、　女院江海鼠腸御差上有之、

一、此月、左之通被　仰出、

御通番
大澤五郎三郎(繁豊)
御小性被　仰付、御加增貳拾石被下置、

大道奉行
鈴木五郎左衛門
御馬廻組江入置候様ニ与被　仰出、

御弓役相勤、去夘年改易、其後歸參被　仰付候
小畑傳八(季貞)
御弓役之内江入、御役仕候様ニ与被　仰出、

去年被召出、知行被下候
片桐九兵衛(由重)
寄合組江入、御役仕候様被　仰出、

去年被　召返、知行被下候
小畑十大夫(久廣)
御馬廻組江入御役仕候様被　仰出、

先年被　召返、去年知行被下候　野村八郎右衛門（昌佐）

（三親）清兵衛惣領　山村一学（三二）
父同姓清兵衛遺跡知行無相違被下置、

三月朔日

家光鷹野先より千駄ヶ谷茶屋屋敷へ御成

公方様御鷹野先より千駄ヶ谷御茶屋ゝ敷江　御成ニ付、御相伴として　水戸様（徳川頼房）御越、毛利甲斐守（秀元）ニも參上有之、午之上刻御茶屋江被爲　成、御上下ニ被爲　召替、御數寄屋江被爲　入、御酒出候上　御中立、其後再御數寄屋江　入御、御花被遊、御茶被　召上、此節御茶　御頂戴、　水戸様ニも　御頂戴有之、甲斐守江も被下之、御炭をも被遊、早而御書院江　出御、初而　御成ニ付御引渡出、御盃事有之、此節御脇差來國光、代金五十枚、御小袖三十・黄鷹一居・鶴捉大鷹一居・鴻捉鶻一居　御頂戴、　宰相様江も御刀高木貞宗、代金三十枚、・鳫捉黄鷹二居被進之、節句も過

候ハ、　宰相様御鷹野ニ　御越被成候様御懇之　上意有之、此節御刀左文字、代金五十枚、・越前綿貳百把・御太刀・馬代黄金壹枚御差上、　宰相様ゟも御刀志津、代金三十枚、・猩ゝ緋十間御進上有之、相濟而　御茶屋江被爲　入、御吸物出、御酒被　召上、甲斐守并井伊掃部頭（直孝）・松平出羽守（直政）・保科肥後守・松平右衛（門脱）大夫（正綱）・酒井讃岐守（忠勝）・板倉周防守・阿部豊後守・柳生但馬守（宗矩）壹人ツ、御酒被下置、其後　御盃　御頂戴、　水戸様・　宰相様江も被進、相濟而申下刻　還御、
成瀬隼人正・寺尾左馬助（直政）初　公方様江御目見、拜領物有之、
一、右御禮之儀、　還御直ニ御鷹野ニ被爲　成候間、明日　御登城被成候様被　仰出、其段讃岐守・御老中申上候付　御登　城無之、
一、還御以後　水戸様御跡ニ御殘、掃部頭・讃岐守并安藤右京進（重長）・宮城越前守（和甫）相殘、御饗應・御

囃子有之、

一、今日　御成ニ付　若君様江杉御重一組御差上之、

三月二日

昨日御茶屋ヽ敷江被爲　成候爲御礼　御登城、宰相様ニも　御登城、　大納言様ニ者、御退出ゟ御老中江　御越有之、

一、右ニ付　若君様江三種二荷・蓬莱臺押共宰相様ゟ三種二荷、御使渡辺半藏を以御差上之、

一、公方様ゟ　奥様（義直側室、津田氏）江巻物三拾、　姫君様江同十被進之、

一、鉄炮塚町（尾張國愛知郡）長万、盗賊之同類ニ付獄門、

三月三日

爲上巳御祝儀　御登城、　宰相様ニも　御登城、公方様・　若君様江　御對顔之處、一昨日御下屋敷江被爲　成、御㐂（氣）色被　思召候、　宰相様江ハ今程長日之比ニ候間、緩ヽ被成御鷹野候様御慰之　上意ニ而御鷹場江御暇被進之、

一、爲上巳御祝儀　公方様・　若君様江鳫一折ツヽ御差上、　天樹院様（本多忠刻室、德川氏）江も御樽肴被進之、

一、寄合與次右衛門（盛正）二男　御目見水野三之丞（次長）、長囲爐裏御番被　召出、御切米三拾石・御扶持五人分被下置、

一、宰相様前沢江被爲　成、

三月四日

記事無之、

三月五日

宰相様御鷹場ゟ　公方様・　若君様江御鷹之鳫二ツ、　御使小野沢權內（吉記）を以御指上之、

三月六日

上使松平伊豆守被進之、

一、宰相様御鷹場江　上使安藤伊賀守（重元）被進之、

一、横井作左衛門（時久）知行千四百石之內、千石御普請役相勤、四百石分御免被遊候得とも、（之內百石）四百石之物

*光友前澤へ御成

上巳の祝儀として義直ら登城

*横井時久知行千四百石の內四百石の物成相納めるにつき千百石の御役勤めたく願ふ

光友鷹場より帰府

＊家光鹿狩りとして御成

成、去年ゟ相納候付、當年ゟ千百石之御役相勤
度旨、願之通被　仰出、
三月七日
三月八日
記事無之、
三月九日
若君様御灸治ニ付、爲御伺　御登城有之、
三月十日
記事無之、
三月十一日
宰相様ゟ　公方様・若君様江御鷹之鳫一ツ、
御使加藤三右（左カ）衛門（正長）を以御差上之、
三月十二日
三月十三日
記事無之、
三月十四日
宰相様御鷹場より　御帰府、
三月十五日

當日御祝儀として　御登城、　公方様江　御對
顔有之、
三月十六日
宰相様御登城、御老中江　御謁、御鷹場ゟ
御帰府之御禮被　仰上之、
三月十七日
記事無之、
三月十八日
御精進揚ニ付　公方様江鯛一折、　若君様江
榮螺五十御差上之、
三月十九日
女院江干細魚一箱、年寄中奉狀を以御差上之、
三月廿日
三月廿一日
記事無之、
三月廿二日
公方様爲御鹿狩、石神（石神井カ）（武藏國豊島郡）江被爲　成候付、爲御

松平忠明卒去
*長良より罷下る鵜擡の内船三艘分鵜數三拾六羽呼下すやう尾州へ申遣す

*嶋海老

伺御機嫌、同所江御使阿部河内(正致)被遣、御差上物有之、

一、還御御機嫌爲御伺、渡辺半藏御差出、　宰相様ゟも御使者御差出有之、

自三月廿三日
至三月廿五日

記事無之、

三月廿六日

松平下總守(忠明)卒去ニ付　公方様御機嫌御伺として、御使者御指出可被遊哉与、御老中江御伺せ候処、御尤ニ候得とも、御差圖難仕候間、思召次第御機嫌御伺可被遊旨申聞候付、竹腰山城守御差出之、　宰相様ゟも御使者御差出有之、

三月廿七日

上使阿部豐後守を以、松平下總守卒去御不便被思召候旨被　仰進之、

一、右爲御禮、御使者御差出之、

三月廿八日

御登城無之ニ付、爲御伺御機嫌、御使者御指出、猶又御老中江爲御伺、仍差圖爲御伺御機嫌、竹腰山城守御差出有之、

一、公方様・若君様江、嶋海老貳拾ッ、御差上有之、

三月廿九日

記事無之、

三月晦日

長良(美濃國武儀郡)小瀬ゟ罷下候鵜擡之内船五艘分、壹艘ニ十貳羽ッ、呼下候様、先達而御老中ゟ申聞有之候処、船三艘分、鵜数三拾六羽呼下候様、猶又一昨日申聞有之、宿次手形・鵜之餌之手形・鵜仕船漕道中扶持方之手形をも差越候付、年寄中ゟ尾州江申遣之、

一、此月、青木甲斐守(重兼)息主殿(可一)下リ、病氣に而熱田逗留ニ付、米・大豆・御樽肴被遣之、

一、此月、左之通被　仰出、

*濃州長良小瀬の鵜匠ら尾州發足

*松平忠明遺骸姫路へ葬送

義直竹腰正信宅へ御成

御進物番被　仰付　御通番
天野孫作（信幸）

御馬廻組被
仰付、知行貳百石
被下置、　御合力米被下罷在候
天野源之丞

一、此月、御城代高木修理（吉任）組徳光弥兵衛（義久）病死ニ付、
惣領五十人組同姓小十郎（義清）、父跡同心江入候様被
仰出、

一、此月、阿部河内同心渡邊弥大夫相果候付、惣領
御弓役同姓弥五左衛門、河内同心被　仰付、

四月朔日

當日御祝儀として　御登城　公方様江　御
對顔有之、

一、公方様江鱒二本、　若君様江鮑十御差上之、

自四月二日
至同　七日

記事無之、

四月八日

竹腰山城守宅江被爲　成、

四月九日

濃州長良小瀬之鵜匠并舟漕之者、舩一艘ニ四人
乗之積ニ而三艘分、惣人数十貳人、今日尾州發
足、鵜匠共爲裁許、御歩行組壹人差添罷下、

四月十日

記事無之、

四月十一日

松平下總守遺骸葬送ニ付、播州姫路（飾東郡）江御使奥平
彈兵衛（貞利）を以、御香奠白銀三拾枚被遣之、

四月十二日

若君様江粽五十御差上有之、

四月十三日
四月十四日

記事無之、

四月十五日

爲當日御祝儀　御登城有之、

四月十六日

家光紅葉山東照宮参詣

*領分通行の大名らへ樽肴などを遣し米大豆は遣さず

名古屋東照宮祭禮

*義直寺尾直政所へ御成

義直ら公家衆馳走の能見物

家光精進落し

記事無之、

四月十七日

公方様紅葉山　御宮江　御参詣ニ付　御豫参、

一、日光(下野國都賀郡)御仕置之儀ニ付　御三家様江為　上使
酒井讃岐守・松平伊豆守被進候付、紅葉山ゟ直
ニ　紀州様(徳川頼宣)御屋敷江被為　成　上意被為
請、

一、上使本多美作守を以、明日公家衆御馳走之御能
被　仰付候間　御二方様(義直・光友)　御登城被成、御見
物候様被　仰進之、

一、右御禮として、　御登城有之、

一、三之丸(名古屋東照宮)　御宮　御祭禮有之、　御名代渡邊
半藏相勤之、

四月十八日

公家衆御馳走之御能為　御見物、　御二方様
御登城有之、

一、公方様御精進落ニ付、鯛一折御差上、　若君
様江も丸餅百五拾御差上有之、

四月十九日

伊勢上人(慶光院周清)登ニ付、名古屋江立寄、　御姫様(義直女、京姫)江参
上有之、熱田泊ニ付米被進、渡海之節、御船御
馳走有之、

自四月廿日
至四月廿五日

記事無之、

四月廿六日

御領分通行之大名并　上使等江御樽肴・御菓
子等被遣、米・大豆ハ不被遣、御船御馳走之儀
者、例之通御馳走有之筈被　仰出、

四月廿七日

寺尾左馬助所江被為　成、

四月廿八日

公方様江榮螺五拾　若君様江鯛一折御差上有之、

四月廿九日

干大根

御勝手不如意につき家中知行物成軽く差上げるやう仰出づ

高百石につき金壹兩づつ差上ぐ

家中知行十箇年以前今年までの概高書付差出すやう御觸あり

*熱田社へ神馬奉納

義直女加州山中の汲湯取寄す

*端午の祝儀として義直ら登城

記事無之、
一、此月　女院江干大根御差上有之、
一、此月、田代万久悴（廣綱）　御目見同姓武兵衛（尹綱）、亡父同姓万久遺跡知行無相違被下置、御馬廻組被
仰付、
一、此月、松平土佐守（山内忠義）登、鵜沼（美濃國各務郡）おゐて、御樽肴・米・大豆被遣候處、米・大豆ハ返進有之、
一、此月、御勝手御不如意ニ付、當年ゟ御家中知行物成之內、少ツ、差上度旨年寄中申上候處、當年ハ輕差上候様に与被　仰出候付、當年御勝手ニ入候程之積を以、御家中之輩、高百石ニ付金壹兩ツ、差上、且御家中知行拾ヶ年已前ゟ七年迄概高書付、御國奉行江差出候様御觸有之、
一、此月、　御姫様加州山中（江沼郡）之汲湯御取寄、去ル十五日ゟ御入湯之處、弥御機嫌能被成御座候段、尾州より言上有之、
一、此月、内津村（尾張國春日井郡）之者共江御林之山永代被下、御國奉行ゟ水野久之丞江申渡之、

　五月朔日
當日爲御祝儀　御登城　公方様江　御對顔有之、
一、公方様江　鱒一折　若君様江榮螺五拾御差上之、
　五月二日
爲端午御祝儀　公方様江御帷子五・御單物四・御給壹御差上之、
　五月三日
記事無之、
　五月四日
熱田社（尾張國愛知郡）ニ神馬無之旨、千秋加賀守（武季）・馬場左京（仲行）・田嶋丹波（仲盛）申上候付、御馬壹疋御奉納可被遊旨被
仰出之、
　五月五日
端午御祝儀として　御登城、宰相様ニも　御

登城　公方様江　御對顔、相濟而二丸江　御登城　若君様江　御對顔、過而　御退出、

一、右爲御祝儀　公方様江鯛一折　若君様江蚫十御差上之、

自五月六日
至五月八日

記事無之、

五月九日

愛知郡（尾張國）藤森村市郎兵衛、令盗候付獄門、

九條幸家へ船馳走あり

五月十日

九條殿（幸家）熱田御通行ニ付、御舩御馳走有之、

五月十一日

記事無之、

五月十二日

盗賊長藏獄門、

五月十三日

女院江鮎鮓御差上有之、

自五月十四日
至五月十七日

記事無之、

五月十八日

御精進揚ニ付　公方様江鱸一折　若君様江榮螺五十御差上之、

自五月十九日
至五月廿一日

記事無之、

五月廿二日

金森出雲守（重頼）より巣鶴・巣兄鶴差上之、

右ニ付、御書被遣之、

五月廿三日

記事無之、

*徳川綱重誕生

五月廿四日

懐妊之女中おなつ御方（家光側室、綱重母、藤枝重昌女、順性院殿）、御城より　天樹院様御座所江下り居被申候處、今朝平産、　御男子（のちの徳川綱重）様御誕生ニ付、爲御祝儀御使竹腰山城守御差出、

家光厄年前の子につき天樹院子分になす長松と名附く

光友増上寺台徳院佛殿へ參詣

*濃州片知村壽慶乱心につき斬罪

來月上旬琉球人下著につき御觸道中に來る振舞無用の由

*義直初て綱重と對顔

天樹院様江御使間宮権大夫被遣之、
公方様御厄前之　御子ニ付　天樹院様御子
分ニ被爲　成、御名　長松様与被爲　附、
一、右爲御祝儀　御登城之儀御老中江爲御伺、仍
差圖　天樹院様江被爲　成、宰相様ニも被成
御越、夫より　御二方様　御登城有之、
一、宰相様ニ者　御退出ゟ増上寺　台徳院様御佛
殿江　御參詣、

自五月廿五日
至五月廿七日

記事無之、

五月廿八日

來月上旬琉球人江戸表江下着ニ付、泊所并人馬
之御觸道中江來、熱田泊ニ候得とも、振舞者無用
之由ニ付、人馬撞立方之儀、御國奉行江年寄中
中渡之、

五月廿九日

記事無之、
一、此月、左之通被　仰出、

亡父同姓次大夫遺跡知行貳百五拾石被下置、御馬廻組被　仰付、　次大夫惣領 長囲爐裏御番　小川八郎左衛門

病氣仍願寄合被仰付、　二丸西御門御足輕頭　冨永清大夫

病氣仍願御役儀御免、御馬廻組被　仰付、　御鷹匠　鈴木茂兵衛

一、此月、遠山彦(景吉)左衛門同心伊達甚右衛門、乱心い
たし候付斷絶、
一、此月、濃州片知村(武儀郡)壽慶乱心いたし、妻并妹・下
女ヲ鹿鎗ニ而突殺、外女ニも手負せ候付斬罪、

六月朔日

爲當日御祝儀　御登城　公方様江　御對顔有
之、
一、公方様・若君様江蚫十ツ、御差上之、
一、天樹院様江被爲　成、長松様江初而　御對顔
有之、

綱重七夜の祝儀
*島津光久琉球使とともに熱田止宿
浅野光晟岐阜泊り
光晟鷂飼一覧あり
*琉球人の旗笠寺村へ打寄す
*相應院石塔後ろ北の方へ添地仰出づ
端午の御内書相渡る

一、御七夜之爲御祝儀　長松様江御刀一腰（備前國宗）、御産衣十重、御使竹腰山城守を以被進、　天樹院様江も越前綿百把・御樽肴被進之、　御実母（家光側室、藤枝氏）并御乳人等江も被遣物有之、　宰相様ゟも長松様・　天樹院様江二種壹荷ツヽ被進之、
一、松平安藝守（浅野光晟）木曾路登リ、今日岐阜（美濃國厚見郡）泊ニ付、御使阿部善兵衛（正周）を以、御樽肴・御菓子被遣之、此節安藝守鷂飼一覧有之、
　右通行ニ付、御領分おゐても御代官を以、御樽肴・御菓子被遣之、
一、安藝守岐阜ゟ成瀬隼人正迠使者を以、御使・被遣物等之御禮申上之、

六月二日

記事無之、

六月三日

端午之　御内書、阿部豊後守より　御城附江相渡之、

一、松平薩摩守（島津光久）琉球使召連、今晩熱田止宿ニ付、琉球使両人江（金武朝貞・國頭正則）御使を以、御樽肴・御菓子被遣、薩摩守江も御使を以、同様被遣之、且同所江渡邊半藏罷出、薩摩守江對面、所用承リ候処、御使を以被遣物之御禮申上之、
此節琉球人之旗壹流笠寺村（尾張國愛知郡）海邊江打寄候付、取之者御代官江差出候付、飛脚を以薩摩守迄相達之、

自六月四日
至六月六日

記事無之、

六月七日

相應院様（家康側室、志水氏）御石塔之後ロ塁地無之候付、北之方江貳拾間添地被　仰出、西之方添地并門前屋敷之儀　御上國之上、鉄炮薬合所等御替　御見計可被　仰付旨被　仰出、

六月八日
六月九日

*義直ら上野東照宮參詣

義直女奉公の女切支丹宗門の由公儀より申來る

*千村重長ら證人替え

記事無之、

六月十日

御姫様ニ御奉公罷在候クニト申女、切支丹宗門之由　公義ゟ申來候付、町奉行江申渡、入牢致させ置、親之在所をも相尋、早ゝ申上候様ニ与被　仰出之、

六月十一日

宰相様江　上使稲垣若狹守（重大）を以、御巣鷹貳被進之、

一、松平下總守爲遺物、刀一腰差上之、

六月十二日
六月十三日

記事無之、

六月十四日

女院江粕漬鮑一桶御差上有之、

六月十五日
六月十六日

記事無之、

六月十七日

上野（上野東照宮）（武藏國豐島郡）御宮江　御參詣、　宰相様ニも　御參詣有之、

六月十八日

御精進揚ニ付　公方様・若君様江御肴一種ツゝ御差上之、

六月十九日

千村平右衞門（重長）證人悴同姓吉之助（基寛）替として、右弟勘平（重輔）、山村甚兵衞（良豊）證人娘替として、山村甚之丞御差下被成度旨爲御達有之候處、右之通被仰付候様　上意之旨、牧野内匠頭（信成）・酒井和泉守（忠吉）・杉浦内藏允（正友）ゟ申來、甚之丞江戸表ニ罷在候付、勘平差下候様被　仰出、

自六月廿日
至六月廿三日

記事無之、

六月廿四日

家光紅葉山台徳院靈廟へ參詣
*長治鵜飼一覧あり
琉球中山王尚賢使者參上
淺野長治岐阜泊り

公方様紅葉山　台徳院様御佛殿〔靈廟〕江　御參詣ニ
付　御豫參、
　六月廿五日
伊倉町(尾張國愛知郡)善左衛門借家ニ罷在候庄之助江、善左衛
門妻与不儀いたし候由、難題等申懸候付成敗、
　六月廿六日
琉球中山王(尚賢)ゟ　公義江使者差出、右使者今日
參上ニ付　御目見被　仰付、
　中山王より進上物有之、
　六月廿七日
記事無之、
　六月廿八日
爲當日御祝儀　公方様・　若君様江干鮪御差
上之、
　六月廿九日
淺野因幡守(長治)木曾路登、今日岐阜泊ニ付、御使岩
田與左衛門(正勝)を以　御書并御樽肴・御菓子被遣、
此節因幡守鵜飼一覧有之、
右通行ニ付、上松(信濃國筑摩郡)・御嶽(美濃國可児郡)おゐて、御飛脚を以
御肴被遣之、
　六月晦日
記事無之、
一、此月、　公方様江御巣鷹御差上有之、
一、此月、遠山彥左衛門組坂清右衛門(伴宗忠)惣領御通番同
姓兵右衛門(清左衛門宗次カ)、亡父遺跡知行被下置、同心ニ入候
様被　仰出、
一、此月、遠山彥左衛門同心雨宮次郎左衛門、年寄
候付、仍願隱居、惣領御進物番小池清兵衛江家
督・知行被下置、父跡同心ニ入候様被　仰出、
　七月朔日
爲當日御祝儀　公方様江蚫十　若君様江榮
螺五十御差上之、
　七月二日
　七月三日

*生御靈の祝儀として家光らへ差上ぐる物あり
生麩
眞桑瓜

*琉球中山王へ返禮遣す

*家光增上寺へ參詣

七夕の祝儀として家光らへ進物あり

*暑氣强く家光不例

記事無之、

七月四日

公方様江生麩一箱　若君様江眞桒瓜一籠御差上之、

七月五日

濃州小荒井(羽栗郡)村百姓彦左衛門二男八藏、父彦左衛門同村与吉口論之節、与吉を打殺候付獄門、

七月六日

記事無之、

七月七日

爲七夕御祝儀　公方様・若君様江御樽肴御差上之、

一、阿部備中守(正次)下リ、御嶽泊ニ付、御使を以御樽肴・御菓子被遣候処、御音信斷有之、

自七月八日
至七月十日

記事無之、

七月十一日

爲御生見玉之御祝儀　公方様江大鮑　若君様江御杉重御差上之、

七月十二日
七月十三日

記事無之、

七月十四日

琉球中山王江御返禮として、綿三百把被遣、中山王之使者兩人江白銀三拾枚ツヽ被下之、

七月十五日

公方様増上寺江　御參詣ニ付　還御爲御伺御機嫌、御使御差出之、

一、當日御祝儀として　公方様・若君様江榮螺御差上之、

七月十六日

此間暑氣强　公方様少〻御不例ニ付、明十七日　御宮江　御參詣御延引被　仰出候旨、

松平伊豆守ゟ申上之、

土井利勝去る十日死去

　七月十七日

土井大炊頭（利勝）去ル十日死去ニ付、御使竹腰山城守を以御香奠銀三拾枚、淺草（武藏國豐島郡）誓願寺江被遣候處、返上有之、

伊勢海老

　七月十八日

御精進揚ニ付　公方様江伊勢海老二十御差上之、

　七月十九日

記事無之、

　七月廿日

上使稲垣若狭守を以、御鷹之雲雀被進之、

*歸國につき迎へに御嶽より先へは相越すまじき旨仰出づ

一、板倉周防守下ニ付、於熱田御馳走有之、

　七月廿一日

昨日　上使を以、雲雀被進候爲御禮　御登城有之、

　七月廿二日

　七月廿三日

記事無之、

*領分に吉利支丹宗門ある由老中より奉書來る

　七月廿四日

御領分吉利支丹宗門之者有之候由、御老中ゟ奉書來候付、捕らせ候様被　仰出、

　七月廿五日

　七月廿六日

記事無之、

　七月廿七日

上使松平伊豆守を以　御歸國之御暇被進、且明廿八日於二之丸御茶可被進候間　御登城被成候様被　仰進之、

一、御歸國之節、爲御迎罷出候輩、御嶽より先江者相越間敷旨被　仰出之、

*義直ら二の丸にて家光より茶進らる

　七月廿八日

御歸國之御暇被進　紀州様ニも　御歸國之御暇被進候付、今日於二丸御茶被進、　水戸様江

井伊直孝ら相伴

筑紫より出づる茶一種の御數寄

*領分中知行替仰出づ

も御相伴被　仰出、今朝松平伊豆守宅江被爲
入御待合、　御本丸ゟ御左右有之、百人番所
江　御越、二丸より御左右御待合、二之丸江
　御登城、於御囲御會席出、井伊掃部頭(直孝)・毛
利甲斐守御相伴有之、　公方様御茶可被進候
得共、久ゝ　御手前不被遊候付、永井信濃守(尚政)
江　御名代被　仰付、御茶立候内　公方様
御着座、御茶被　召上、　御順ゝ　御頂戴、築(筑)
紫より出候御茶入御披、是を一種之御數寄与被
　思召候旨　上意有之、早而御書院江
御越、御料理出、此節　公方様　御對面所江
　渡御、御盃　御頂戴、黄鷹二居・鶴三居・
御馬三疋被進、　公方様　入御之上　若君様
出御、御熨斗鮑被進、　御脇差左文字、代金五十枚、御頂
戴、相濟而御退出、夫ゟ　御本丸江　御登城、
御玄關おゐて安藤右京進・水野備後守(元綱)江御謁、
御禮被　仰上御退出、井伊掃部頭・酒井讃岐
守・御老中并堀田加賀守(正盛)・朽木民部少輔(稙綱)江
御越被遊、牧野内匠頭・松平和泉守(乗壽)江ハ、御使
竹腰山城守被遣之、
御供ニ而罷登候寺尾左馬助・山下市正(氏政)、且江
府ニ被指置候竹腰山城守・間宮權大夫　公
方様江　御目見被　仰付、左馬助・市正御料
理頂戴、時服・羽織拜領之、

一、當日御祝儀として　公方様・　若君様江干鯛
一折ツ、御差上之、

一、御帰國之御暇被進候付、御老中御招請、

一、右ニ付、御取持として　水戸様御出有之、

七月廿九日

一、御領分中知行替就被　仰付候、御用人並以上之
輩者、手寄宜方ニ而望次第替可被下旨被　仰
出之、

一、此月、　女院江鮎鮓御差上有之、

一、此月、左之通被　仰出、

*在國中御機嫌伺ひのため間宮正照附置く

*義直江戸發駕

家綱官位の儀勅諚の趣あり

*道中御尋の奉書到着

御部屋御進物番被　召出、御切米並之通被下置、
御鑓奉行（正直）與大夫弟　御目見　加藤儀左衛門

御藏奉行被　仰付、御合力米貳拾石被下置、
高木修理同心（和忠カ）　市川文左衛門

一、此月、伊奈式部（吉賢）病死、悴無之候付、知行被　召上、

八月朔日

當日御祝儀として　宰相様御登城　公方様江　御對顔、御太刀・馬代御差上、于時　若君様御官位之儀、板倉周防守江被　仰含、京都江被遣候處、達　叡聞、　勅諚之趣周防・侍従ゟ申來、御機嫌被　思召候由　上意有之、御退座之處、御祝被成候様被　仰出、御酒　御頂戴、相濟而二丸江　御登城　若君様江八朔御祝儀被　仰上、御太刀・馬代御差上、相濟而　御退出、

一、御在國中爲御伺御機嫌、間宮權大夫江府ニ附置候付、松平伊豆守仍差圖、今日御差出有之、

一、御帰國ニ付、今日　御道中御法度被　仰出之、

八月二日

御帰國ニ付、江戸　御發駕、木曾路　御旅行、今晩鴻巣（武藏國足立郡）　御止宿、

一、姫君様より御伺として、鴻巣迠　御使を以被進物有之、

右　御使江帷子二・單物一被下之、

一、宰相様江　上使牧野佐渡守（親成）を以　大納言様御機嫌能　御發駕被遊候哉与　御尋之　上意有之、

一、右御礼として　御登城、御老中江　御謁御退出、

八月三日

今晩深谷（武藏國榛澤郡）　御止宿、

一、御道中　御尋之奉書到着ニ付、爲御礼御使天野

家光三の丸へ御成

義直出水につき藤の木村止宿

六郎兵衛御差下之、

一、公方様三之丸江被爲　成、　若君様御誕生日御祝儀并今度　御官位之儀ニ付　勅諚有之候御祝儀、御束御能并躍被　仰付候付而　水戸様ゟ御差上物有之候付　宰相様ゟも御差上物被遊度、牧野内匠頭江爲御聞合之處　水戸様ニハ格別之儀ニ付、御受納有之候由差図有之、

一、昨日　宰相様江　上使被進候爲御禮、御老中江御道中ゟ　御飛札被遣之、

八月四日

倉ヶ野(上野國群馬郡)　御止宿之処、神奈川・鳥川出水ニ付、藤(上野國甘樂郡)之木村渡リ江　御廻リ被遊候處、右邊も出水御越立難相成、右村　御止宿、

一、雨天ニ付、宿次奉書を以　御尋有之、

八月五日

今晩倉ヶ野　御止宿、

一、昨日宿次奉書を以　御尋有之候爲御禮、御道中ゟ　御使御差下有之、

一、倉ヶ野驛江　上使池田帯刀を以、頃日風雨强候處、御道中御障も無之哉与、御懇之　上意之上、梨子一箱被進之、

一、左之通御褒美被下置、

御姫様御上國之時御供相勤候付、御帷子壹・御單物壹被下置、　御部屋御傅　小野沢五郎兵衛(吉清)

江戸五替之内三替無煩相勤候付、御帷子一・御單物壹被下置、　御目付　中野理右衛門(滿貞)

江戸四替無煩相勤候付、御帷子二・御單物壹被下置、　御通番　津田權之丞(信之)

八月六日

板鼻(上野國碓氷郡)　御晝休、今晩坂本(上野國碓氷郡)　御止宿、

一、昨日倉ヶ野駅迄　上使被進候爲御禮、御使石川(河、以下同ジ)伊賀(正光)御差下之、

八月七日

追分(信濃國佐久郡)　御晝休、今晩八幡(信濃國佐久郡)　御止宿、

一、御道中江宿次奉書被進候御禮として天野六郎兵

衛、　上使池田帯刀を以　御尋之爲御礼、石
川伊賀去三日　公方様三丸江被爲　成、
若君様御誕生日御祝并今度　御官位御祝儀御
束御能被　仰付候付、堀田三郎兵衛(武明)御道中ゟ
追ゝ御差下、御老中江御使相勤之、

*義直山村良豊宅止宿

八月八日
和田(信濃國小縣郡)　御晝休、今晩下諏訪(信濃國諏訪郡)　御止宿、
一、公方様・若君様爲御伺御機嫌、右駅より御使
久野杢大夫(長雄)御差下之、
一、盗賊虎之助獄門、

八月九日
洗馬(信濃國筑摩郡)　御晝休、今晩熱(贄)川(信濃國筑摩郡)　御止宿、

*義直千村重長宅止宿

八月十日
宰相様江　上使仙石大和守(久隆)を以、梨子一篭被
進之、　大納言様御道中無御恙　御登被成
候段被爲　聞、御機嫌被　思召旨被　仰進之、
一、右御禮として　御登城有之、

一、今晩福嶋(信濃國筑摩郡)おゐて、山村甚兵衛宅　御止宿、
此節甚兵衛江銀三拾枚・帷子三・單物二、悴
同姓三郎九郎(良忠)江袷三被下置、其外家來江も時
服被下之、
一、福島長福寺・興禪寺　御目見ニ罷出候付、時
服被下之、

八月十一日
須原(信濃國筑摩郡)　御晝休、今晩野尻(信濃國筑摩郡)　御止宿、

八月十二日
妻篭(信濃國筑摩郡)　御晝休、今晩大井(美濃國惠那郡)　御止宿、
一、盗賊長兵衛獄門、

八月十三日
御嶽　御晝休、久ゝ利(美濃國可児郡)江　御立寄、今晩千村平
右衛門宅　御止宿、
此節平右衛門江銀三拾枚・帷子三・單物貳、
同人二男長五郎(重堅)・三男勘平江袷貳ツ、被下之、
其外久ゝ利出之輩等江も時服被下置、山村甚

兵衞・千村平右衛門家來江も時服被下之、

義直千村重次宅へ立寄る

一、於久ゝ利千村助左衛門(重次)宅江も　御立寄被遊、
此節助左衛門江帷子二・單物壹被下之、同人妻(山村良豊女カ)
江銀貳枚被下之、

*頼宣歸國につき熱田止宿

一、久ゝ利東禪寺　御目見ニ罷出候付、帷子二被
下之、

八月十四日

義直名古屋著城

午之刻　御着城、御姫様ゟ　御膳御差上、
御供之輩江も被下置、
一、下諏訪ゟ御差下之御使久野杢大夫、昨夜下着ニ
付、今日御老中江御使相勤之、

*義直相應寺相應院牌前へ參詣

一、去十日御道中江之宿次奉書到着、御即答被遣之、
御帰國御禮として、志水甲斐(忠政)御差下之、

八月十五日

一、御道中　御尋之宿次奉書　御着城後到着ニ付、
分ヶ而御使者御差下無之、甲斐を以、御禮被
仰上之、

右ニ付、甲斐江帷子二・單物一・羽織壹被下
之、
一、姫君様ゟ　御着城之爲御祝儀、御使爲御差登
有之、
一、紀州様御歸國、今晩熱田　御止宿ニ付、御馳
走有之、
右御使江銀拾枚被下之、
一、宰相様御登城　公方様江　御對顔、于時
大納言様御事御懇之　上意有之、
右爲御礼、追而御老中江御書被進之、

八月十六日

相應寺(尾張國愛知郡)　相應院様御牌前江　御參詣、黄金壹
枚御備之、
此節相應寺江帷子三・單物二被下之、

八月十七日

宰相様江去十日　上意之趣有之候付、爲御禮
御老中江　御書被遣之、

義直名古屋東照宮參詣

一、三之丸　御宮江　御參詣、黄金壹枚御備之、

　八月十八日

御精進揚ニ付　公方様・若君様江鮑一折・葡萄一籠ツ、御差上之、

　八月十九日

記事無之、

　八月廿日

御留守中出精相勤候輩江、左之通御褒美被下置、

　御城代
　高木修理
　同
　久野七郎右衛門(宗信)

大判壹枚・御帷子三・御單物二ツ、被下置、

　御國奉行
　酒井久左衛門(利尚)
　同
　服部小十郎(正吉)
　御舟奉行
　千賀志摩(貞信)
　同
　渡邊半十郎(景綱)

御帷子二・御單物一・御羽織一ツ、被下置、

　町奉行
　南部安右衛門(宗清)
　同
　長野伊右衛門(吉堅)
　御鐵炮頭
　湯本三左衛門(幸棟)
　御弓頭
　上野小左衛門(資行)
　御普請奉行
　鳥居藤左衛門(吉久)

御帷子二・御單物一・御羽織一ツ、被下置、

　同
　岡田郷左衛門
　御深井丸御留守居
　阿知波六左衛門(正勝)
　御作事奉行
　平野甚右衛門(長行)
　同
　内海五右衛門
　同
　蔦木(蘿)(猪)伊兵衛(定昌)
　同
　星野七右衛門(則政)
　同
　内藤又左衛門(重昌)
　小道奉行
　天野与五右衛門(正吉)
　竹腰山城守同心
　植松九郎兵衛(信秀)

御帷子二・御單物一ツ、被下置、

志水甲斐同心
川崎久右衛門
御城代同心
瀬尾清右衛門
同小頭
淺井又右衛門
御疊奉行
渡邊源右衛門
御城代同心
中根小左衛門（元照ヵ）
同
都筑七左衛門
同
榊原源五右衛門（重宗）
御具足奉行
井上十右衛門
御城代同心
鈴木六郎右衛門（重武）
同
園田十左衛門（忠乘）
同
磯貝長大夫

御帷子二ツ、被下置、

八月廿一日

記事無之、

---

*義直三の丸台徳院靈屋へ參詣

八月廿二日

御差下之御使志水甲斐下着、御老中江　御書持參、御使相勤之、

八月廿三日

御歸國ニ付、三州松應寺（舉譽）（額田郡）　御目見罷出候付、單物二・帷子三被遣、弟子江も帷子・單物被下之、

八月廿四日

三之丸　台徳院様御灵屋江　御參詣、黄金壹枚御備之、

一、奥様江今日　公方様より女使を以、御菓子被進之、

*義直成瀬正虎下屋敷へ御成

*家中の輩會合の節の膳部定む

八月廿五日

成瀬隼人正下屋敷江被爲　成、

一、御家中之輩會合之節、膳部御定被　仰出之、

八月廿六日

盗賊六藏獄門、

綱重灸治あり

八月廿七日
長松様御灸治有之候付、御菓子被進之、
八月廿八日
記事無之、
八月廿九日
公方様・若君様爲御伺御機嫌、間宮権大夫御差出之、

*義直渡邊重綱大曾根下屋敷へ御成

一、樋口三位(信孝)中將殿爲御見舞、名古屋江參上有之、右ニ付、大判壹枚被遣之、
八月晦日

*大聖寺禪尼宮薨去

御帰國之御禮として、御差下之御使志水甲斐登城　公方様・若君様江御樽肴御差上、此節甲斐　公方様　御前江被　召出、御暇被下、御帷子・御羽織拜領之、
甲斐　御前江被　召出、拜領物有之候爲御禮、追而御老中江　御飛札被遣之、

*鳩鴿
義直鹿狩に御成

一、御鹿狩ニ被爲　成、

一、宰相様ゟ鮭壹尺御差上有之、
一、左之通御褒美被下置、

御進物番
雨宮勘助
同
土岐甚右衛門(賴辰)
江戸三替無煩相勤候付、御帷子一・御單物一ッ、被下置、

上御屋敷奉行
金子源五左衛門
江戸四替無煩相勤候付、御帷子二・御單物一被下置、

一、此月、渡邊忠右衛門(重綱)大曾根(尾張國春日井郡)下屋敷江被爲　成、忠右衛門隱居後初而　御目見被　仰付、終日被遊御座、　御自身御鉄炮被遊、成瀬隼人正初江も被　仰付、
一、此月、　東御所(大聖寺禪尼宮、惠仙)薨去ニ付　仙洞(後水尾上皇)・女院其外　御兄弟様方江御使として、高木八左衛門爲御差登之處　薨去之段、未江戸江不被　仰進候付被　仰進候上、御使者御差登被成候様差圖有之、八左衛門御使不相勤、
一、此月、松浦肥前守(鎭信)ゟ鳩鴿進上有之、

*光友登城し家光と對顔

*家光厄前年につき祈念を毘沙門堂門跡へ頼む

*家綱灸治

切支丹の儀につき井上政重より差圖あり

*義直鹿狩として岐阜御笛山へ御成

*義直鵜飼覧る

右ニ付、追而　御書被遣之、

一、此月、左之通被　仰出、

御部屋御傳被仰付、　御部屋御用人　土〔古〕屋主水（景泰）

御部屋御用人被仰付、　御部屋御小性頭　上田甚五兵衛（正勝）

寄合組被　召出、知行千石被下置、　松平筑前守（前田光高）家中　内藏介（吉正）二男　成瀬竹松（正繼）

父同姓甚兵衛家督・知行無相違被下置、御馬廻組被　仰付、　御進物番　甚兵衛悴（定良）　中嶋甚助

一、此月、切支丹之儀ニ付、井上筑後守（政重）より仍差図、九渕新田ニ而捕候長右衛門・塗師店加兵衛・一（尾張國中島郡）之宮村孫九郎、御先手頭江原助右衛門（政勝）差添、江戸表江御差下、下着之上、筑後守江御差出有之、

九月朔日

當日之御祝儀として　公方様江鯉一折　若君様江眞鴨二羽御差上之、

一、宰相様御登城　公方様江　御對顔之處　大納言様御事御懇之　上意有之、

右御禮として、追而御老中初江　御書被遣之、

一、公方様御厄前年ニ付、於日光御祈念之儀、毘沙門堂御門跡（公海）江御頼ニ付、今日上野（武藏國豊島郡）双嚴院・寂敎院江御使を以、銀五拾枚被遣之、

九月二日

若君様御灸治被遊候付、御重一組御差上之、

一、右之御儀ニ付、御機嫌御伺として　宰相様御登城、御老中江　御謁御退出、

一、御泊御鹿狩として、岐阜御笛山江被爲　成、

九月三日

岐阜おゐて、夕山江被爲　成、鹿六ツ被爲　留、夫ゟ鵜飼　御覽被遊、

一、若君様より　公方様江御膳御差上ニ付、爲御歡　宰相様ゟ御肴御差上、　奥様よりも御

*家綱灸治
去る廿八日より江戸風雨
*重陽の祝儀として光友登城
義直岐阜より帰城
角倉嚴昭御目見に罷出づ
*家光厄前年につき御國三社へ祈禱仰付く
*義直水野より帰城
*年貢未進の方へ女房を手形に書入るにつき成敗
義直鹿狩に水野へ御成

同様御差上之、
九月四日
於岐阜今朝鹿二被爲　留、夫より大勢子ニ而
御狩被　仰付、御弓ニ而鹿數多　御射留、
一、去月廿八日・廿九日江戸風雨ニ付　公方様・
若君様御機嫌御伺として、御使園田善大夫御
差下之、
右ニ付　公方様・若君様江御肴ニ而も御
菓子ニ而も一色可差上旨被　仰遣之、
九月五日
岐阜より　御帰城、
一、角倉平次(嚴昭)　御目見罷出候付、大判壹枚・袷二
被下之、
九月六日
重陽御祝儀として　公方様江呉服三重　若
君様江同二重御差上之、
一、御鹿狩として、水野(尾張國春日井郡)江被爲　成、

九月七日
若君様御灸治被遊候付、御機嫌御伺として、御
使新見孫兵衛御差下之、御老中江御書被遣之、
九月八日
記事無之、
九月九日
重陽御祝儀として　公方様江鮭貳尺、　若君
様江御肴一折御差上之、
一、重陽御祝儀として　宰相様御本丸・二丸江
御登城　公方様・若君様江　御對顔有之、
九月十日
公方様御厄前年ニ付、御国三社(熱田社・津島社・眞清田社)おゐて一万度之
御祈禱被　仰付、御祓并熨斗御差上ニ付、今日
御差下有之、
一、水野(勝利)より　御帰城、
一、渥美源兵衛中間兵三郎、年貢未進之方江女房を
手形ニ書入、令不埒候付成敗、

＊井戸屋理右衛門御目見に罷出づ

千代姫咳氣につき公儀醫師參上

紀州醫師ら上意により罷出づ

九月十一日

姫君様去ル八日夜より御咳氣ニ付　公義御醫師
太田次兵衛(宗勝)・玄徳法印(人見賢知)參上、拜診有之、依
上意、長徳院(安倍順貞)ニも參上、且　宰相様ゟも玄活
法印も御招拜診之處、御輕き御事ニ被爲　在候
旨何れも申上之、
一、右ニ付、爲診井伊掃部頭・酒井讃岐守　御守
殿江參上有之、

九月十二日

水戸様・紀伊宰相様(徳川光貞)御見舞として　御廣敷江
御出有之、
一、右之御儀ニ付　紀州様御醫師卜齋(板坂)　水戸様
御醫師清庵(數原宗和)依　上意御廣敷江罷出、拜診有之、
一、御差下之御使園田善大夫昨晩下着、今日御老中
江御使相勤之、
一、女院・新(衍)女院(明正上皇)江年寄中奉狀を以、いの貝一箱
ツ、御差上有之、

一、奈良(大和國添上郡)ゟ井戸屋理右衛門　御目見罷出候付、銀
三枚被下之、

九月十三日

公方様より　宰相様江女使を以　姫君様御
所労之儀　大納言様被爲　聞候ハヽ、無御心
元可被　思召候間、御輕御事候旨被　仰進候
様御懇之　上意有之、
一、姫君様御所労爲診、井伊掃部頭・酒井讃岐守・
松平伊豆守・阿部豊後守參上有之、石川主殿頭(忠總)
ニハ日々、牧野内匠頭ニハ兩度參上有之、
一、御差下之御使園田善大夫、阿部豊後守乃差図
御城江罷出候處、松平伊豆守・豊後守奉書相
渡、御暇被下、時服拜領之、

九月十四日

御差下之御使新見孫兵衛昨日下着、今日御老中
江御使相勤之、
一、孫兵衛阿部豊後守乃差図　御城江罷出候處、

*相應院三回忌法事

御勝手不如意につき當年知行百石につき金壹兩づつ差上ぐ

但し左の輩は格別

*山村良豊知行所より壹箇年に九千本自分材木出づ

奉書相渡、御暇被下、時服拜領之、
一、姫君様御所労為診、井伊掃部頭・酒井讃岐守・
松平伊豆守・堀田加賀守・稲葉美濃守參上有之、
讃岐守ニハ朝夕兩度參上有之、
　九月十五日
園田善大夫去ル十三日出立可罷登之処　姫君
様御機嫌奉伺　大納言様江申上候様松平伊豆
守差図に付滞留、今日發足罷登、
一、姫君様御所労為診、酒井讃岐守兩度參上有之、
一、御勝手御不如意ニ付、御家中之輩當年知行百石
ニ付金壹兩ツヽ、差上候筈候處、左之輩各別（格）ニ付、
金子差上候儀、無用可致旨被　仰出之、
　山村甚兵衛
　千村平右衛門
　稲葉主計（知通）
　石河伊賀
　玉置小平太（直次）

石河杢左衛門（宗直）
石河甚五左衛門（忠昌）
毛利源六（廣豐）
一、稲冨土佐（秀明）御鉄炮御用精出候付、時服・羽織被下
置之、
　九月十六日
相應院様三回御忌被為　當候付、於相應寺（尾張國愛知郡）去十
二日ゟ千部御法事有之、　宰相様御名代小野
沢五郎兵衛　姫君様御名代高田九兵衛（宗則）為御差
登、御香奠黄金壹枚ツヽ、　御姫様御名代藤田
治左衛門相勤、同白銀五枚御備之、
一、宰相様・　姫君様ゟ頓寫被　仰付之、
一、姫君様御所労無御心許被　思食、今日上田長兵
衛御差下之、
一、姫君様御所労為伺、井伊掃部頭・堀田加賀守參
上有之、酒井讃岐守ニも朝夕兩度參上有之、
一、山村甚兵衛知行所ゟ壹ヶ年九千本ツヽ、自分材

木出候処、川並(美濃國加茂郡)江流失之節者、以來甚兵衛黑印有之分者、甚兵衛江相渡、材木取揚候賃銀之儀者、甚兵衛ゟ差出候様被　仰出、

九月十七日

義直名古屋東照宮參詣

初て淨心院珍海へ御成

三之丸　御宮江　御參詣、

一、此節上乘院(珍祐)迁化以後、初而淨心院(珍海)江被為　成候付、大判壹枚・小袖貮被下之、

家光紅葉山東照宮參詣

一、紅葉山　御宮江　公方様　御參詣ニ付、還御以後　宰相様　御參詣、

*間宮正照忌中

一、姫君様御所労為伺、酒井讃岐守朝夕兩度參上有之、此節右御所労之儀　大納言様被為　聞候ハヽ、無御心許被　思召、御鷹野ニも御出被成間敷候得ハ、弥御快被成候間、無御氣遣、御鷹野江も被成御出候様可申上との　御沙汰之由、御家老ゟ申上候様ニ与讃岐守申聞有之、

*千代姫所労快方

池坊次郎八御目見に罷下る

一、池之坊次郎八　御目見ニ罷下候付、銀五枚被下之、

九月十八日

若君様江美濃柿一籠御差上之、

一、姫君様御所労御見舞として、御使鮎川(長冬)權右衛門御差下、江戸表ニ罷在、御機嫌之御様躰節々申上候様被　仰付、

一、右御所労ニ付　水戸様・紀伊宰相様追々為御見舞　御出有之候、御挨拶之御使をも相勤候様被　仰付之、

一、姫君様御所労為伺、酒井讃岐守參上有之、

一、間宮權大夫忌中ニ付　公方様・若君様為伺御機嫌、竹腰山城守致登城候様被　仰付之、

九月十九日

女院江氷餅壹箱、年寄中奉状を以御差上之、

一、姫君様御所労御快方ニ付、猶更御吉左右被為聞度、御使田中市兵衛御差下之、

一、姫君様御所労為伺、井伊掃部頭參上有之、

九月廿日

*綱重紅葉山など宮參
双嚴院日光祈念の札を家光へ差上ぐ

*家光少々風氣

*頼房風氣

本多縫之助登、熱田泊ニ付、御使を以兩種被遣
之、御船御馳走有之、
九月廿一日
双嚴院(豪倪)參上、於日光御祈念之御札、昨日　公
方樣江御差上有之候処、首尾克上リ、御機嫌ニ
被　思召旨　　上意之趣申聞有之、
一、姫君樣被　召上物爲伺　御城ゟおこわ方朝夕
兩度參上有之、
九月廿二日
明日　長松樣御宮參ニ付、白銀廿枚、　天樹
院樣江三種二荷被進、おなつ御方其外御乳人等
江も被遣物有之、　宰相樣ゟも　長松樣・
天樹院樣江一種一荷ツヽ、被進之、
一、姫君樣御所労爲御見舞、御差下之御使鮎川權右
衛門今日下着、直ニ　御守殿江罷出、御口上
申述之、
一、姫君樣御所労爲伺、井伊掃部頭・酒井讚岐守參
上有之、
九月廿三日
長松樣爲　御宮參、紅葉山江　御參詣、過而
山王江(山王社)　被爲　入、御帰之節、酒井和泉守江御
立寄ニ付、爲御歡　長松樣江御小袖三重
天樹院樣江御肴一折被進、　宰相樣ゟも　長松
樣江二種一荷御進覽有之、
右御立寄ニ付、和泉守江御使を以、二種一荷
被遣之、
一、姫君樣御所労爲御見舞、御差下之御使鮎川權右
衛門、今日御老中江御使相勤之、
一、姫君樣追ゝ御快氣之由候得とも、猶更爲御見舞、
御使榊原𠮷兵衛御差下之、
九月廿四日
公方樣少ゝ御風氣被爲在、今日增上寺　御參詣
無之ニ付、爲伺御機嫌、竹腰山城守　御城江罷出、
一、水戸樣御風氣ニ付、爲御見舞御使松井市右衛門(吉藏)

御差下之、

一、姫君様御所労爲伺、今晩井伊掃部頭・酒井讃岐守參上有之、

九月廿五日

姫君様御氣色爲御見舞、御使朝比奈助次郎御差下之、

一、姫君様御所労爲伺、堀田加賀守・牧野内匠頭參上有之、

九月廿六日

姫君様御氣色段々御快被爲在候得共、御在國之御事ニ付、御使成瀬隼人正御差下之、

右ニ付、隼人正江小袖五被下之、

*光友登城するも家光鷹野につき對顔なし

一、右之御儀ニ付、熱田・津島（尾張國海東郡）・一之宮（眞清田社）（尾張國中島郡）ニ而御祈禱被　仰付、今日御札御差下有之、

右ニ付、熱田江銀五枚、津嶋江同三枚、一之宮江同貳枚御備有之、

一、姫君様御所労ニ付、御差下之御使榊原㐂兵衛今

日下着、　御守殿江罷出　御口上申述之、

一、巾下（尾張國愛知郡）紺屋佐次右衛門、江原善助中間与令口論候付成敗、右中間者善助手前おゐて成敗申付之、

九月廿七日

姫君様御所労爲伺、酒井讃岐守參上有之、此節

姫君様御氣色御快被爲　成候間　御氣遣不被遊、御鷹野・御鹿狩ニも被爲　入候様可申上□（旨カ）、年寄中江申聞有之、

九月廿八日

公方様・若君様江雉子一折ツ、御差上之、

一、女院江美濃柿一箱、年寄中奉狀を以御差上有之、

一、宰相様御登城有之、

公方様御鷹野ニ付、御對顔無之、

一、姫君様御所労ニ付、御差下之御使朝比奈助次郎今日下着、　御守殿江罷出　御口上申述之、

九月廿九日

姫君様御氣色爲御見舞、御使成田藤右衛門（長次）御差

下之、

熱田社などの札千代姫へ進らす

一、熱田・津嶋・一之宮おゐて、御祈禱被　仰付候御札　姫君様江被進之、

九月晦日

記事無之、

一、此月、　公方様御厄前年ニ付、熱田・津嶋・一之宮おゐて御祈禱被　仰付之、
右ニ付、熱田江大判三枚、津嶋江銀五枚、一之宮江同三枚御備有之、

一、此月、　長松様御宮參相濟候段、御承知之上、御使下方弥次右衛門(貞見)御差下有之、

一、此月、毘沙門堂御門跡江御祈念御頼ニ付、日光江御使を以、御菓子被遣之、

一、此月、　長松様御宮參ニ付　公方様・若君様江御差上物之儀、阿部豊後守江爲御伺之処、御差上物ニ不及旨差図有之、

一、此月、　長松様御宮參相濟候爲御祝儀、志水監物御差下有之、
右ニ付、監物江小袖二被下之、

一、此月、　相應院様御法事ニ付　姫君様御名代として、高田九兵衛爲御差登ニ付、小袖二被下之、

一、此月、左之通被　仰出、

御小性被　仰付、御加増弐拾石被下置、　御通番　成田半平(宜長)

長囲爐裏御番小頭被　仰付、　長囲爐裏御番　牧野伊左衛門(重武)

十月朔日

＊家光二の丸内宮参詣

宰相様御登　城有之、
公方様二丸(江戸城二の丸内宮)御宮江　御參詣ニ付、御對顔無之、

＊家光昨日腹中氣

一、公方様昨日ゟ御腹中氣ニ而御表　出御無之ニ付、爲伺御機嫌、竹腰山城守　御城江罷出、

一、成瀬隼人正今日下着ニ付、直ニ　御守殿江罷出
姫君様奉伺御機嫌、今晩御老中江御使相勤

之、

十月二日

上使上野貞當鐵炮の鶴進む

御帰國ニ付、名古屋江　上使上野阿波守(貞當)を以、
御鉄炮之鶴被進、今日到着ニ付、御馳走有之、御
刀被遣之、

千代姫本復

一、姫君様御氣色御本復被遊候付、今日より御藥不
被　召上、且相詰候御醫師御差戻有之、

十月三日

姫君様御本復ニ付　宰相様江女使を以　大納
言様御在國一入無御心元可被　思召候處、早
速　御本復御滿足可被遊旨、御懇之　上意有
之、

右ニ付、追而爲御禮　御城女中江　御書被遣
之、

＊千代姫に附置く鮎川長冬に暇下置く

一、女院江氷餅一箱、年寄中奉狀を以御差上有之、
一、昨日　上使被進候爲御禮、今日御使渡邊半藏
御差下之、

右ニ付、半藏江小袖三・羽織壹被下之、

十月四日

御差下之御使成瀬隼人正登　城、於御黒書院
　公方様江　御目見、
一、松平(徳川頼重)右京大夫様御在所(讃岐國)ゟ御使者御差下、黄金壹
枚・綿百把被進之、
右使者江銀拾枚被下之、

十月五日

姫君様御氣色御本復ニ付、爲御歡御使松平頼母(康久)
御差下之、
右ニ付、頼母江小袖二・羽織一被下之、
一、鮎川權右衞門儀　姫君様御所労ニ付、御附被
置候處　御本復ニ付、御暇被下置之、

十月六日

長松様御宮參ニ付、御差下之御使下方弥次右衞
門昨日下着ニ付、今日　長松様・天樹院様
江御樽肴被進候御使相勤、　高田様・大姫君(前田光高)

様（室、徳川氏）・御老中江も　　御書・御使相勤之、
十月七日
成瀬隼人正、松平伊豆守仍差図登　城之處
公方様　御前江被　召出、御懇之　上意之
上、時服・羽織拜領之、

＊上使御禮として家光らへ進物あり

十月八日
記事無之、
十月九日
姫君様御床揚有之、

千代姫床揚あり

一、千村平右衛門證人吉之助爲代、吉之助弟勘平今日在所發足罷リ下候間、參着之上證人奉行江申入、差圖次第吉之助差登候様被　仰出、

千村重長證人基寛代弟重輔在所發足

十月十日
記事無之、
十月十一日
女院江粕漬鮑一折、年寄中奉狀を以御差上有之、
十月十二日

成瀬隼人正　御目見、拜領物之爲御禮、御使増田理左衛門（正秀）御差下之、
十月十三日
記事無之、
十月十四日
御差下之御使渡邊半藏下着、御老中江御使相勤之、
十月十五日
上使爲御禮、御差下之御使渡邊半藏を以　公方様江御樽肴御差上、　若君様江も美濃柿一箱御差上ニ付、半藏　御城江罷出、御白書院おゐて　公方様江　御目見、御懇之　上意之上、御暇被下、時服・羽織拜領之、
右爲御禮、追而御老中江　御書被遣之、

＊千代姫所労快復の祝儀として樽肴差上ぐ

一、姫君様御所労御快復之爲御祝儀、松平頼母を以
公方様・若君様江御樽肴御差上、頼母
御城江罷出候處　公方様江　御目見、御懇

之　上意之上、御暇被下、時服・羽織拜領之、
　右爲御禮、追而御老中江　御書被遣之、

光友風氣につき登城なし

一、宰相様御風氣ニ付、御登城無之、當日御祝儀・
御機嫌御伺旁竹腰山城守御差出之、

*精進揚げにつき家光らへ伊勢海老差上ぐ

一、右ニ付、女使を以　御尋之　上意有之候付
　宰相様御逢有之、
　　十月十六日

松平信綱へ竹腰正信罷越す

松平伊豆守ゟ仍差圖、竹腰山城守罷越候處、今
度　姫君様御所労ニ付、御國許ゟ度々御使者、
御不例之内御家來御付置、成瀬隼人正をも御差
下、御内々ゟも節々被入御念　御書被遣、御
快氣ニ付、松平頼母御差下、重疊被爲入御念候
段　公方様不大形御機嫌被　思召候、御
前江頼母被　召出候節、御直ニ　上意ニ候得

上意の趣奉書に一々述べ難し

共、重而奉書遣候様今日就被　仰出候、奉書被
差越候、　上意之趣奉書ニ一々難述候間、山
城守より具ニ申上候様申聞、奉書相渡之、

　　十月十七日
當秋御暇之節、被進候鶴捉・鳫捉御鷹、松平伊
豆守ゟ相渡、御鷹匠罷出請取之、
　右ニ付、追而　公義御鷹師江銀子被遣之、
　　十月十八日
御精進揚ニ付　公方様・　若君様江伊勢海老一
折ツヽ御差上之、
一、宰相様御風氣ニ付　上使牧野佐渡守を以　御
尋被　仰進之、
一、右御禮として　宰相様より竹腰山城守御差出、
御老中宅江も御使被遣之、
　右爲御禮、追而　大納言様ゟ御老中江
　御書被遣之、
　　十月十九日
女院・新院江美濃柿一箱ツヽ、年寄中奉狀を以
御差上有之、
一、姫君様ゟ御所労中御使御差下之爲御禮、御使爲

*日光天海廟へ頼宣石燈籠の建立あり
*尾張水戸は建立なし
野老澤東光寺の御殿不用につき取毀つ
前澤御殿に上使馳走所建つべし
*尾張家も紀州家同様致したき旨申述ぶ
家光來年厄年につき慶光院周清へ祈禱頼む

御差登有之、
　右御使江銀拾枚被下之、
　　十月廿日
當春御茶屋屋敷江　御成之節、被進候御鷹ニ爲
御捉被遊候鶴　公方様・若君様江御差上ニ付、
兼松彦四郎(正以)差添御差下之、
一、御差下之御使增田理左衛門下着、御老中江御使
相勤之、
一、御鷹場野老沢東光寺ニ有之　御殿之儀、不用
ニ付毀取、東光寺江被下ニ相成、可然家者被下、
其余者前沢　御殿屋敷之内江取入、前沢ニ而
　上使御馳走所ニ建可然旨被　仰出、
　　十月廿一日
記事無之、
　　十月廿二日
公方様來年御厄年ニ付、伊勢上人江御祈禱御頼
有之、銀子被遣之、　宰相様ゟも銀子被遣之、

一、樋口少將殿(信康)爲御見舞、名古屋江入來有之、
　右ニ付、小袖三被遣之、
　　十月廿三日
女院江御鷹之鶴御差上之、
一、日光山大僧正(南光坊天海)廟前江　紀州様ゟ石燈篭御建立
有之候処　御家(尾張徳川家)并　水戸様ゟハ御建立無之候
付、酒井讃岐守ゟ申聞候趣有之、去十五日於
御城　水戸様江松平右衛門大夫ゟ申上候処、
右之儀一切御存不被遊候付　紀州様御同様申
付有之様御頼有之候由　水戸様ニハ　御在府
ニ而さへも御存不被遊候付、尾州江ハ程遠く候
間、中〳〵　御存被遊間敷候間、竹腰山城守
江相談之上、能様取計候様被　仰候旨　水戸
様ゟ山城守江　御沙汰ニ付、右衛門大夫江山
城守罷越　御家よりも　紀・水様御同様出
來候様致度旨申述候付、爲御挨拶　水戸様・
右衛門大夫江　御書被遣之、

十月廿四日

物見寺作事出來

南寺町（尾張國愛知郡）惣見寺先年燒失之節、白銀・御材木被下置候處、此節作事出來ニ付、御覽として、右寺江被爲　成、衆僧詩作仕差上之、

衆僧詩作仕る

住持閩山（永吃閩山）江白衣二領・黃金壹枚被下置之、

三州淨明寺御目見に罷出づ

一、三州淨明寺（額田郡）　御目見罷出候付、小袖二被下之、

十月廿五日

天海廟へ建立の石燈籠へ官名彫付すは然るべからず

日光大僧正廟前江　御家・　水戸様ゟ御建立之石燈籠ニ　御官名彫付候儀不可然候間、

尾張と彫付く

尾張与計彫付　水戸様江も右之趣可申上旨被
仰出、

十月廿六日

宰相様御風氣御快然ニ付　御登城、御不例中
上使被進候御禮被　仰上御退出、

十月廿七日

御差下之御使兼松彥四郎下着、御老中江御使相勤之、

十月廿八日

*禁裏へ鷹の鶴進獻

禁裏江御鷹之鶴御進獻之、

一、當日爲御祝儀　公方様・　若君様江雉子一折ツヽ御差上之、

一、宰相様御登城　公方様江　御對顏、　大納言様御儀御尋之　上意有之、相濟而　御退出、
右爲御禮、追而御老中初江　御書被遣之、

一、重陽之　御內書松平伊豆守ゟ御城附江相渡、時服拜領之、

一、公方様・　若君様江御差下之御使者兼松彥四郎を以、鶴御差上有之、
此節彥四郎江小袖二被下置、

十月廿九日

*千村重長證人ら山村良豐證人とともに登城

千村平右衞門證人同姓吉之助・勘平儀、今日登
城候様御老中ゟ差圖有之、山村甚兵衞證人同姓甚之丞儀も、去年罷下候已後、御序無之候處、吉之助・勘平一所ニ登　城候様ニ与差圖ニ付、

*眞鴨

千賀信親水主ら紀伊國浦へ鯨突に遣す

*蒔繪師ら御目見に罷出づ

*硴

*義直横井時安宅へ御成

義直鷹野へ御成

登　城之処、御老中對面、吉之助儀者御暇被下、御小袖二・御羽織壹拜領之、

右爲御禮、追而御老中江　御書被遣之、

十月晦日

記事無之、

一、此月、千賀志摩御預御水主廿三人・渡邊半十郎御預御水主廿三人、紀伊國浦江當月ゟ鯨突ニ被遣、來春迄彼浦ニ罷在候筈、

一、此月、　姫君様御所労御快全之御祝儀として、

姫君様より竹腰山城守江御召之㒵服并御樽肴被下、　御部屋御傅・御用人・御醫師等江も御祝之品被下之、

一、此月、御馬廻組ニ而病死(昌佐)八郎左衛門(右、以下同ジ)惣領野村清(昌重)藏、亡父同姓八郎左衛門遺跡知行無相違被下置、御馬廻組被　仰付、

十一月朔日

御鷹野ニ被爲　成、

一、當日御祝儀として　公方様・　若君様江眞鴨一折ツ、御差上之、

一、宰相様御登城之處　公方様御養生之爲、御表出御不被遊候付、御老中江　御謁　御退出、

一、蒔繪師勘兵衛・(遠江國榛原郡)菊川鍛冶作十郎悴才兵衛　御目見罷出候付、勘兵衛江銀三枚、才兵衛江同貳枚被下置、

十一月二日

御暇之節、被進候御鷹ニ而昨日御合羽被遊候鶴

公方様江御差上ニ付、戸田藤大夫差添御差下之、

十一月三日

一、女院江硴一籠、年寄中奉狀を以御差上有之、

横井伊織(時安)宅江被爲　成、

此節伊織江大判壹枚・小袖三被下之、

十一月四日

記事無之、

十一月五日

義直鈴木重之宅へ御成

鈴木主殿（重之）宅江被爲　成、

此節主殿江大判壹枚・小袖三被下之、

十一月六日

十一月七日

記事無之、

十一月八日

戸田藤大夫登城し鶴差上ぐ

御鷹之鶴御差上ニ付、御差下之御使戸田藤大夫
昨日下着、御老中江御使相勤候處、昨日者
公方様柳生但馬守下屋敷江被爲　成候間、今
日藤大夫　御城江罷出候様、阿部豊後守差圖
ニ付、今日登　城、鶴御差上、相濟時服拜領之、

改元奉書到著

一、年号改元之儀被　仰進候奉書到着ニ付、爲御禮
御使奥平彈兵衞御差下之、

十一月九日

義直阿部正致宅へ御成

阿部河内宅江家督後初而被爲　成、

此節大判壹枚・小袖十被下之、河内ゟも御刀
差上之、

十一月十日

記事無之、

十一月十一日

*呂宋の壺

宰相様江　公方様ゟ被進候呂宋之御壺、御口
切として　宰相様ゟ　公方様・若君様江
御茶御差上、　姫君様ゟも　公方様江御茶
御差上有之、

十一月十二日

記事無之、

十一月十三日

*義直渡邊治綱宅へ御成

渡邊半藏宅江家督後初而被爲（貼紙）「成　被爲　成、」
此節大判壹枚・小袖十被下之、半藏よりも御
脇差差上之、

十一月十四日

*濃州北山にて捕へる若兄鷹家光へ差上ぐ

濃州（加茂郡）北山おゐて捕候若兄鷹　公方様江御差上

*日永村傳右衛門御目見に罷出づ

御用の書物御城附へ相渡る

天樹院綱重同道にて登城

家綱綱重と初て對顔

*紅葉山東照宮修復出來

*家光紅葉山東照宮參詣

有之、昨日到着ニ付、今日松平伊豆守江御差出
有之、
一、御城おゐて阿部豊後守ゟ御用之　御書物御城
附江相渡之、
一、天樹院様・大姫君様江　御書を以、御鷹之
鶴一羽ツ、被進之、
一、天樹院様・　長松様御同道御登　城、
若君様江　長松様初而　御對顔ニ付　姫君
様ゟ　天樹院様江、御肴一種被進之、

十一月十五日

爲當日御祝儀　宰相様御登城　公方様江
御對顔之処　大納言様御國元おゐて、緩〻御
鷹野有之、御養生ニ相成、御息才〔災〕ニ可被爲　成
旨、御懇之　上意有之、
右　上意爲御禮、追而御老中初江　御書
被遣之、
一、御差下之御使奥平彈兵衛下着、御老中江御使相
勤之、
一、日永〔村脱カ〕傳右衛門　御目見ニ罷出候付、小袖壹被
下之、

十一月十六日

御差下之御使奥平彈兵衛、阿部豊後守仍差圖登
城之処、豊後守出座奉書相渡、御暇被下、時
服拜領之、
一、紅葉山　御宮御修復出來、御迁　宮相濟、
公方様明日御装束ニ而　御參詣被遊候間
大納言様御在國ニ付　宰相様御豫參被成
候様被　仰出之、

十一月十七日

紅葉山　御宮江　公方様御參詣ニ付　宰
相様御豫參、御懇之　上意之上、神酒御頂戴
有之、
一、右　御參詣相濟候御歡として　宰相様　御登
城有之、

十一月十八日

御精進揚ニ付　公方様江鮑一折御差上、　若
君様江も密〔蜜〕柑一篭御差上之、

奥津鯛

一、宰相様御頂戴之呂宋之御壺・口切之御茶御進上
相濟候付　大納言様江御茶一袋・御鷹之鳫二・
奥津鯛一箱、　御書を以御差上有之、

濃州などの切支丹江戸へ差下すや國許にての仕置きや差圖請ふ

一、濃州洞戸村〔武儀郡〕十三郎・同人女房、　尾州三井村〔丹羽郡〕乇太
郎・同人女房切支丹宗門之由白状ニ付、　江戸江
御差下可有之哉、　御國許ニ而御仕置可被　仰付
哉、　井上筑後守ゟ差圖有之様被　仰遣、

十一月十九日

拳の白鳥

昨日御鷹野之節、　御拳之白鳥被進候奉書、　阿部
豊後守御城附江相渡之、

一、天樹院様・　大姫君様江御鷹之鶴、　御使を以被
進之、

領分の切支丹につき阿部忠秋らの奉書到來

一、御領分之内切支丹有之候付、　阿部豊後守・阿部
對馬守ゟ奉書到來、　御即答被遣之、

□□〔十二〕月廿日

姫君様江御鷹之鶴被進之、

十一月廿一日

先達而御鷹御差上、　御機嫌被　思召候旨被
仰進候奉書到着、

十一月廿二日

*義直瀧川之成宅へ御成

滝川權十郎〔之成〕宅江初而被爲　成、
此節大判壹枚・小袖五被下之、

十一月廿三日

宿次奉書を以御鷹之白鳥被進、　昨□〔日〕到着ニ付、
爲御礼御使横田權之助御差下之、

*年頭の名代成瀬正虎なるべき差圖あり

一、來年頭　御名代として成瀬隼人正御下し可被
成候得共　若君様御袴着被遊候得ハ、　其節隼
人正御下可被成ニ付、　年頭　御名代ハ志水甲
斐御下可被成与被　思召、　右之趣酒井讃岐守
江爲御伺有之候處、　隼人正江御差下可然旨差圖
有之、

一、紅葉山　御宮御修復出來之御悅、且　宰相様御豫參之爲御礼、御使山崎惣左衛門(直助)御差下之、

一、松平安藝守・淺野因幡守江年寄中奉狀を以、御鷹之鶴被進之「遣之」、

一、碁□「打」三哲御暇被下罷登候付、銀五枚被下之、

一、切支丹十三郎・㐂太郎夫婦之者、井上筑後守江御聞合之處、御成敗ニ不及、先牢舍被　仰付候様　上意之旨差圖有之、

十一月廿四日

記事無之、

十一月廿五日

女院江海鼠腸一壺、年寄中奉狀を以御差上有之、

十一月廿六日

記事無之、

十一月廿七日

御鷹野ニ被爲　成、

十一月廿八日

公方様江鱸一折御差上之、

十一月廿九日

御差下之御使山崎惣左衛門・横田權之助下着、御老中江御使相勤之、

一、切支丹之儀ニ付奉書相添、井上筑後守より申來候內、紺屋兵治・與作・八兵衛三人、荻(萩)原八大(茂江)夫差添御差下、其余ハ牢舍等被　仰付之、

一、此月、今宮御方(幸教親王)　青蓮院(尊純法親王)御門跡御弟子ニ被爲成候付、御歡として御使堀田彦兵衛京都江爲御差登、　今宮御方江白銀三拾枚　青蓮院御門跡江同貳拾枚被進之、

右ニ付、彦兵衛江小袖壹・羽織壹被下之、

一、此月、野老沢　御殿御座之間・御臺所・御鷹部屋取毀、前沢江御取寄、　御殿屋敷之內江入置、御厩并銀拾枚東光寺江被下、

一、此月、左之通被　仰出、

御足米百石被下置、　御部屋御用人　上田甚五兵衛

（頭注）
鱸*
碁打三哲
*切支丹につき井上政重申來るうち紺屋兵治ら差下す
切支丹十三郎らまづ牢舍仰付くやう差圖あり
*幸教親王青蓮院門跡弟子となる
*野老澤御殿取毀つ
*前澤へ取寄す
義直鷹野へ御成

義直小牧へ御成
*昨夜地震
*光友前澤へ御成
*成瀬正虎江戸へ罷下る
*義直津島へ御成
*義直横井補入宅へ立寄る
義直苅安賀へ御成

御加増六拾石ツ、被下置、　五十人頭　小笠原九郎兵衛（宗勝）
加藤三左衛門

隠居被　仰付、　大寄合　長野五郎右衛門（政成）

父家督・知行被下、同心頭被仰付、　五郎右衛門惣領　長野數馬（政武）

十二月朔日

公方様・　若君様江鯛一折ツ、御差上之、

一、御泊御鷹野として、小牧（尾張國春日井郡）江被爲　成、
御滞留之間、二之宮山（丹羽郡）おゐて御鹿狩有之、

一、宰相様御登城　公方様江　御對顔、　大納言
様御儀、御懇ニ　御尋有之、
右　上意之爲御禮、追而御老中初江　御
書被遣之、

十二月二日

女院江牡蠣一篭、年寄中奉狀を以御差上有之、

十二月三日

小牧より苅安賀（尾張國中島郡）江被爲　成、
御滞留之內、御川狩有之、

十二月四日
十二月五日

記事無之、

十二月六日

宰相様江　上使加々爪甲斐守（直澄）を以、御鷹場江
之御暇被　仰出、大鷹一居被進之、

一、右御禮として　御登城、御老中江御謁　御退出、

十二月七日

昨夜地震ニ付　公方様・　若君様爲伺御機嫌、
間宮權大夫登　城、阿部對馬守江謁、

一、宰相様前沢江被爲　成、

一、成瀬隼人正江戸表江罷下候付、小袖五ツ被下之、

十二月八日

苅安賀より津嶋（尾張國海東郡）江被爲　成、
御逗留之內、爲御鷹野赤目（尾張國海西郡）江被爲　成、横井
補入宅江　御立寄、御膳被　召上之、

千代姫臺所賄料進らす旨老中申聞せあり

十二月九日

姫君様江御臺所御賄料金五千両ツ丶、來年より可被進旨被　仰出候段、大橋五左衛門江御老中申聞有之、

前田光高室へも賄料進らす家光失念にて只今まで延引

一、右ニ付、酒井讃岐守宅江竹腰山城守罷越、御國表江可申上哉与相伺候處、早速可申上旨申聞、　公方様　上意ニハ、大姫君様江御賄料被進候付而　姫君様江も被進候、何角御失念被遊、只今迄御延引之旨　上意之趣申聞有之、

鵰拳の菱喰

一、當春　御成之節、被進候鵰ニ為御捉被遊候　御拳之菱喰　公方様江御差上ニ付、内藤左平(正高)差添御差下之、

一、宰相様ゟ　公方様・若君様江御鷹之鳫二ツ丶、御使野呂瀬半兵衛(直畠)を以御差上之、

十二月十日

記事無之、

十二月十一日

宰相様御鷹場江　上使安藤伊賀守を以、御菓子被進之、

一、右御禮として、前沢ゟ御使岩田長右衛門(昌成)御差上有之、　大納言様ゟ者　御國元ゟ追而御老中初江　御書被遣之、

十二月十二日

宰相様江　上使を以、御鷹場江之御暇被進、御鷹被進候為御禮、御使林勘右衛門御差下之、

十二月十三日

雪降候付、為御伺御機嫌　若君様江御重一組御差上之、

＊切支丹三人江戸下著

一、切支丹兵治以下三人之者下着ニ付、今日井上筑後守江御差出有之、

＊義直津島より歸城

十二月十四日

津嶋より　御帰城、

一、公方様去八日　水戸様江被為　成候付、為御祝御使舟橋久右衛門(貞則)御差下之、

一、左之通被　仰出、

御旗奉行　平岩瀬兵衛（元成）

隠居被　仰付、知行之内五拾石并悴江被下來候知行貳百五拾石被下置、當役其侭可相勤候、

瀬兵衛悴　鉄炮組御足輕頭　平岩善右衛門（元則）

父知行之内七百石被下置、

一、御老中仍差圖　宰相様今晩前沢ゟ　御帰府、

一、茶屋四郎次郎　御目見罷出候付、大判壹枚被下之、

一、茶屋新四郎（長吉）御暇被下罷登候付、大判壹枚被下之、跡ゝ銀五枚被下候處、此度より右之通被下、

（十二月十五日條缺ク）

十二月十六日

御拳之菱喰御差上ニ付、御差下之御使内藤左平下着、御老中江御使相勤候處、阿部對馬守仍差圖、右菱喰　御城江持參御差上相濟、

一、姫君様江御賄料金被遊進候爲御禮、御使阿部〔安、以下同ジ〕八兵衛（道季）御差下之、

*木曾より出づる榑木山村良豊ら取扱ふべし

光友前澤より歸府

茶屋四郎次郎御目見に罷出づ

*家光紅葉山東照宮へ參詣

*家綱と稱す

一、木曾（信濃國木曾郡）ゟ錦織（美濃國可兒郡）江出候榑木、山村甚兵衛・千村平右衛門并久ゝ利出之輩・手前同心之者、是迄川上いたし候由ニ付、右榑木川上いたし候ハヽ、其所ニ積置候儀も、右之者可取扱旨、甚兵衛・平右衛門江年寄中ゟ相達、稲葉主計・稲葉市兵衛（右近正通カ）ニも右之振ニ付、是又年寄中ゟ申達之、

一、宰相様江御鷹場ゟ　御帰府ニ付、今日　御登城被遊候様、阿部對馬守ゟ御差圖申上候處、今日者御用多ニ付、十八日・十九日之内　御登城被遊候様、重而御差圖申上之、

十二月十七日

紅葉山　御宮江　公方様御參詣ニ付、還御以後　宰相様御自拜、

十二月十八日

若君様昨日　公方様より　御名乘被進、家綱公与奉称、且來年御袴着ニ付、昨日　御社參之節、被爲　召候呉服等被進之、

成瀬正虎年頭御使ならば袴著の節も上ぐべし

一、右御祝儀として　宰相様　御登城有之、
一、御精進揚ニ付　公方様・若君様江御肴一折ツヽ、御差上之、
一、御差下之御使林勘右衛門昨日下着、今日御老中江御使相勤之、
一、酒井讃岐守ゟ　若君様御袴着、來正月ニ而可有之に付、來年頭御使成瀬隼人正罷下候ハヽ、御袴着御祝之節も、隼人正御上ヶ被成候様致度旨、竹腰山城守江申聞有之、

十二月十九日

宰相様御登城、於御黒書院　公方様江　御對顔、御鷹場より　御帰府之御禮被　仰上、御懇之　上意有之、
右　上意之爲御禮　大納言様ゟ追而御老中初江　御書被遣之、
一、御差下之御使内藤左平并林勘右衛門、阿部對馬守仍差圖登　城之處、對馬守對面奉書相渡、御暇被下、御小袖二ツ、拜領之、

十二月廿日

御差下之御使船橋久右衛門昨日下着、今日御老中江御使相勤之、

十二月廿一日

記事無之、

十二月廿二日

御差下之御使阿部八兵衛今日下着、御老中江御使相勤之、
一、御差下之御使船橋久右衛門を以　水戸様江御成相濟候爲御祝儀　公方様江御菓子・御肴一種ツヽ、御差上之、
一、右ニ付、御祝儀として　水戸様江御樽二荷・御肴二種、養珠院様（家康側室、蔭山氏）・中將様（徳川光圀）江枝柿一箱・御肴一種ツヽ、松平刑部様（頼元）・松平播磨守（頼隆）様江御肴一種ツヽ、船橋久右衛門を以被進之、

十二月廿三日

歳暮の祝儀として家光らへ呉服差上ぐ

＊家綱紅葉山東照宮へ參詣

上野上乘院は淨心院持分

義直稻葉正通宅へ御成

桑名家具屋十右衛門御目見に罷出づ

＊來春家綱著袴につき別段の使者として志水忠政遣す

歳暮御祝儀として　公方様・若君様江呉服
御差上之、
一、若君様江　公方様より　御名乘被進候爲御祝儀、
御使山下市正御差下之、
右ニ付、市正江小袖二被下之、
一、公方様御厄前年ニ付、於御國三社御祈禱被　仰
付、御祓并御熨斗御內〻より御差上ニ付、今日
御差下之、
一、女院江粕漬鮑一桶、年寄中奉狀を以御差上有之、
一、上野(武藏國豐島郡)上乘院者淨心院持分ニ候處　公義より寺
領御寄附ニ付、御禮として御老中江　御書被遣
之、
一、稻葉市兵衞宅江初而被爲　成、大判壹枚・小袖
五被下之、
一、宰相様江竹腰山城守ゟ御腰物指上之、
一、桒名(伊勢國桑名郡)家具屋十右衞門　御目見ニ罷出候付、小
袖壹被下之、

十二月廿四日
十二月廿五日
記事無之、
十二月廿六日
若君様江　御名乘被進候付而、今日紅葉山
御宮江　御參詣ニ付、還御爲御伺　御機嫌
宰相様二丸江　御登城有之、
十二月廿七日
記事無之、
十二月廿八日
當日御祝儀として　若君様江雉子一折御差上
之、
一、宰相様御登城　公方様江　御對顏之處　公
方様・若君様御機嫌之御様躰　大納言様ゟ
毎度御伺有之、御滿悅　思食候、此旨宜被
仰進候様　上意有之、
一、來春　若君様御袴着之節、御祝儀之御使・年

*鷹の鳥物頭以上の輩へ下置く
*物見寺住持隠退
*清須惣見寺蹟に一寺建立
*興聖山惣見院と附す
*山號の額は光友自筆
千代姫手跡上達を義直喜ぶ
歳暮の祝儀として千代姫江戸城入る

頭之御使成瀬隼人正御差下ニ付、御袴着御祝儀之御使も隼人正御差上可然筈ニ候處、紀州様ゟ別段御使者御差下ニ付、猶又酒井讃岐守ゟ仍差圖、今日志水甲斐御差下有之、

右ニ付、甲斐江小袖三・羽織一被下之、

一、熱田上人致拜領候　姫君様御筆之物　大納言様江入　御覽候處、御手跡御上達被遊、御喜色　思食旨被　仰進之、

十二月廿九日

歳暮御祝儀として　姫君様　御城江被爲入、

一、右ニ付　大納言様ゟ杉御重一組御差上有之、

十二月晦日

年頭御祝儀として、成瀬隼人正御差下、今日到着、

一、此月、御馬廻組小尾甚五兵衛、大道奉行被　仰付、御足米貳拾石被下置、

一、此月、御鷹之鳥、物頭以上之輩江被下置之、

一、此年、松平土佐守江巣鷂一居・兒鷂一居被遣之、

一、此年、(尾張國愛知郡)惣見寺住持閩山、老後京都江隱退可仕段被　聞召、於御領分地面可被下旨被　仰出、清(尾張國春日井郡)須惣見寺旧蹟ニ一寺御建立有之、興聖山惣見院与御附被下、仍　仰山號之額　宰相様御自筆ニ而被遊、高拾六石三斗八升八合之地、壹町七反餘境内御寄附有之、

一、此年、左之通被　仰出、

寄合　伊奈左門(吉次)　御番頭被　仰付、
御供番　鳥居与三左衛門(十之)　御目付被　仰付、
弓組御足軽頭　岡寺兵助(正信)　黒御門御足軽頭被　仰付、
御目付　萩原八大夫　鉄炮組御足軽頭被　仰付、
御馬廻組　小笠原九郎左衛門(吉親)
同　本多九右衛門　御供番被　仰付、

同　水野善大夫（正次）

押奉行被　仰付、
御加増五拾石被下置、
同　井出兵左衛門（重近）

道奉行被　仰付、
御進物番　佐分吉兵衛（忠村）

御進物番小頭被
仰付、
同　田中市左衛門

長囲爐裏御番　寄田與五兵衛

長囲爐裏御番
小頭被　仰付、
同　高橋平之丞

同　安田五郎大夫

長囲爐裏御番
小頭被仰付、御加増被下置、
同　宇野茂右衛門

御本丸番被
仰付、
御馬廻組　鈴木庄左衛門

御馬廻組被
仰付、
御膳奉行　鈴木彈左衛門

御進物番被
仰付、
御通番　津田權之丞

御小性被
召出、
御用人
與三右衛門（景之）次男
鈴木角之助（資景、のち成瀬正景）

御通番被　召出、
御切米六拾石・御扶持
五人分被下置、
御目見　冨永八左衛門

伏見御屋敷奉行
被　仰付、
御歩行　森村甚左衛門（吉成）

地方貳百五拾石
被下置、
御馬廻組　松田庄大夫

御加増拾石・御加扶持
一人分被下置、
合羽御鷹匠　吉田小次郎

御加増拾五石
被下置、
同　冨田勘左衛門（正行）

御手鷹匠被　召出、
金五兩・御扶持三人分
被下置、
御手鳥見
九左衛門悴
御目見　小沢八左衛門

渡邊半藏仍願同心
被　召出、知行貳百石被下置、
浪人　服部源左衛門（春康）

寺尾左馬助同心被　召出、
知行百五拾石被下置、
戸田左門（氏鐵）家中
梶原兵部（行秀）悴
梶原弥一右衛門

生駒因幡守（利豊）同心被
召出、知行貳百石被下置、
鳥居左京亮（忠恆）家中之悴
永田勘兵衛（忠和）

隠居被　仰付、御扶持
三十人分被下置、
御部屋御傅　小野沢五郎兵衛

父同姓五郎兵衛
家督・知行無相違
被下置、
五郎兵衛惣領
御部屋御小性頭
小野沢五右衛門（吉記）

之斷絶、

御作事奉行 西郷久大夫(政信)	隱居被　仰付、
久大夫惣領 御目見 西郷六大夫(正勝)	父同姓久大夫家督・知行無相違被下置、御馬廻組被　仰付、
御進物番 魚住半右衛門	(正近)父隱居被仰付候付、家督・知行無相違被下置、御馬廻組被　仰付、
御目見 鈴木九左衛門(重武)	(十正カ)父隱居被仰付候付、家督・知行無相違被下置、御馬廻組被　仰付、
御進物番 舍人源太左衛門(經次)	(經時)父家督・知行三百石被下置、御馬廻組被　仰付、
御目見 天野四郎兵衛(景隆)	(景貞)亡父遺跡知行無相違被下置、御馬廻組被仰付、
阿部河内同心ニ而病死 弥大夫惣領 御弓役 渡邊弥五右衛門	父同姓弥大夫遺跡知行無相違被下置、阿部河内同心被　仰付、
御供番 加藤茂兵衛	病氣仍願御役儀御免、御馬廻組被　仰付、
御馬廻組 渡邊郷右衛門(有綱)	押奉行被　仰付、其後御供番被　仰付、猶又仍願御役儀御免、御馬廻組被　仰付、
大道奉行 朝倉善右衛門(吉明)	御役儀御免、御馬廻組被　仰付、

一、此年、御通番酒井源三郎、改易被　　仰付之、

一、此年、渡邊忠右衛門同心外山忠兵衛病死、悴無

正保二年
義直四十六歳
家光四十三歳
光友二十一歳
家綱五歳
綱重二歳
亀松一歳

*家綱著袴の祝儀

名代成瀬正虎年頭の祝儀を仰上ぐ

光友年頭の御禮として登城

（表紙題簽）

源敬様御代御記録　卌一

（内題）

「源敬様御代
㊞御記録　正保二年　従正月至十二月
四月　御參府」

正保貳年
正月朔日
年頭　御名代成瀬隼人正（正虎）を以　公方様（徳川家光）・
若君様（徳川家綱）江御祝儀被　仰上之、

正月二日
爲年頭御禮　宰相様（徳川光友）御登　城、於御白書院
公方様江　御對顔、御太刀壹腰・御馬代黄金
壹枚御差上、相濟而御退出、夫ゟ　天樹院様（本多忠刻室、徳川氏）
江被爲　入、御樽代白銀五枚被進之、

正月三日

若君様江　御諱之　御字被進、旧臘廿六日
御宮（紅葉山東照宮）江初而　御參詣被遊候爲御悦、御使寺西藤（昌勝）
左衛門御差下之、
右ニ付、藤左衛門江「一」御小袖貳被下之、（貼紙、以下同ジ）
一、若君様御袴着ニ付、爲御祝儀　宰相様御登城、
於御黒書院御祝之餅・御吸物出、御酒　御頂
戴、畢而　公方様御座之間御上段江　出御、
若君様二之間江　出御、　宰相様於御縁頬
御對顔、相濟而御退出、
一、水戸様（徳川頼房）御元服御禮被　仰上候付　宰相様ニ茂
御登城　御對顔有之、

正月四日
昨日　若君様御袴着御祝儀被爲　整候爲御
歡、　宰相様　御登城　公方様江　御對顔、
畢而二丸江　御登城　若君様江　御對顔、
御太刀目録御差上、年頭御祝儀被　仰上、相濟

*伊勢神宮にて太々神樂執行

家光厄年につき祈禱仰付く御國三社へ金銀備ふ

若菜の祝儀

*徳川光圀前髪執る

千代姫年禮として江戸城入る

家光へ厄年御祓差上ぐ

*家光厄年につき日光山での祈禱を公海に頼む

而御退出、

正月五日

記事無之、

正月六日

公方様御厄年ニ付、旧臘御國三社おいて、御祈禱被　仰付候付、熱田(熱田社)(尾張國愛知郡)江大判壹枚、津嶋(津島社)(尾張國海東郡)江銀三枚、一之宮(眞清田社)(尾張國中島郡)江同貳枚御備有之、

正月七日

爲若菜御祝儀　宰相様御登城、御老中江御謁御退出、

正月八日

姫君様(光友室、徳川氏)爲御年禮　御城江被爲　入、

右ニ付、爲御迎　御城女中參上有之、其外御簾本之面々參上、御供相勤之、

一、公方様御厄年ニ付、御國三社おいて、御祈禱被　仰付、御祓御内々ゟ御差上に付、今日御差下有之、

一、右御祈禱被　仰付候付、勢州江御使飯嶌九郎左(光貞)衛門被遣、太々神樂御執行有之、春木大夫(伊勢外宮)江大判六枚被遣之、

正月九日

御差下之御使寺西藤左衛門二丸江登　城、時服拜領之、

一、公方様・若君様去朔日・二日御表　出御之御悦として、御使澤井惣左衛門(元慶)御指下之、

右ニ付、惣左衛門江御小袖貳被下之、

一、水戸中將様(徳川光圀)御前髪被爲　執候付　水戸様・中將様江爲御悦、御使松井久右衛門御差下之、

正月十日

記事無之、

正月十一日

公方様御厄年ニ付、於日光山(下野國都賀郡)當年中之御祈禱御執行之儀、毘沙門堂御門跡(公海)江御使を以、御頼被

仰進、白銀三十枚被進之、

*三州高月院ら御目見に罷出づ
家綱袴著の祝儀として志水忠政差下す
*義直相應寺相應院牌前參詣
*義直名古屋東照宮參詣
*家光紅葉山東照宮參詣
光友登城し家光より滿足の上意あり
*地震

正月十二日
記事無之、
正月十三日
若君様御袴着御祝儀として、志水甲斐(忠政)御差下、
公方様江三種二荷　若君様江御太刀・馬代
大判壹枚御差上、甲斐今日　御本丸・二丸江
罷出、
正月十四日
公方様御厄年ニ付、伊勢おいて太〻神樂御執行、
右御祓・神酒・神湯・御供・御札・熨斗御内〻
ゟ御差上ニ付御差下之、
正月十五日
宰相様御登城　公方様江　御對顔之處　大(徳川義直)
納言様ゟ毎度御機嫌御伺有之、　御滿足被
思召旨御懇之　上意有之、相濟而御退出、
右ニ付、爲御礼　御國許ゟ追而御老中江
御書被遣之、

一、公方様江宮重大根一折御差上之、
一、三州高月院(本譽尊太)(加茂郡)・信光明寺(額田郡)　御目見罷出候付、御〻「一」
小袖貳ツ、被下之、
正月十六日
相應寺(尾張國愛知郡)　相應院様(家康側室、志水氏)御牌前江　御參詣、黄金
壹枚御備之、
正月十七日
三之丸(名古屋東照宮)　御宮江　御參詣、黄金一枚御備之、
一、公方様紅葉山(紅葉山東照宮)　御宮江　御參詣ニ付　宰相
様　御豫參、
正月十八日
御指下之御使澤井惣左衛門　御城江罷出、
正月十九日
地震ニ付　公方様・若君様爲伺御機嫌、間
宮權大夫(正照)　御城江罷出、
正月廿日
正月廿一日

記事無之、

正月廿二日

四月上旬參府なるやうにとの奉書到著

若君様當四月　御官位被遊候間、四月上旬
御參府被成候様ニとの奉書到着ニ付、爲御禮
御使大道寺玄蕃(直時)御差下之、
右ニ付、玄蕃江「一」御小袖貳被下之、
一、瀧川權十郎(之成)抱大工を弟町大工、釿ニ而切殺候付
磔、

正月廿三日

義直上使池田長賢を町屋に迎へる

名古屋(尾張國愛知郡)江　上使池田帶刀(長賢)を以、當年初而被爲
捉候御鷹之白鳥被進、到着ニ付、爲御迎町屋江
被爲　成、其後帶刀登城、於　御對面所(名古屋城)
上意被爲　請、白鳥　御頂戴、御饗應有之、御
刀被遣、相濟而退散、
帶刀を以年頭之御祝儀、且當年　若君様御
元服之儀をも被　仰進之、
一、右御禮として、御使阿部河内(正致)御差下之、

*義直三の丸台徳院靈屋參詣

*家光增上寺台徳院佛殿參詣

右ニ付、河内江「一」御小袖三・「一」御羽織壹被下之、
一、御差下之御使澤井惣左衞門登　城、御暇被下、
時服拜領之、
一、奥様(義直側室、津田氏)今日　公方様ゟ女使を以、御鷹之鳫被進
之、

正月廿四日

四月上旬　御參府被成候様、先達而奉書を以被
仰進候付、三月中　御發駕之御積候処、緩
ゝ御支度被遊、四月上旬　御參府候様ニと
上意有之候付、爲御礼御使御差下之、
一、三之丸(名古屋城)　台徳院(徳川秀忠)様御靈屋江　御參詣、黄金
壹枚御備之、
一、增上寺(武藏國豊島郡)　台徳院様御仏殿江　公方様御參詣
ニ付　還御以後　宰相様　御參詣有之、
此節增上寺江白銀三枚被遣、天光院(武藏國豊島郡)江も同貳
枚被下之、

正月廿五日

若君様ゟ御袴着爲御祝儀　宰相様江　上使
松平和泉守（乗壽）を以、呉服・御樽肴被進之、
一、右爲御禮　御登城有之、

家綱より家光へ年頭の膳を進む

正月廿六日
若君様より　公方様江年頭之御膳被進候付
宰相様御本丸・二丸江　御登城、於二丸ハ
御饗應・御囃子有之、
一、女院（東福門院、徳川和子）江海鼠腸一壺御差上有之、

正月廿七日
宰相様江　上使仙石大和守（久隆）を以、明廿八日
若君様御袴着御祝儀之御能被　仰付候間、
御登城・御見物被成候様被　仰進之、
一、右爲御禮　御登城有之、

光友登城し能見物

正月廿八日
宰相様御登城、於大廣間　公方様・　若君様
江御對顔、御能　御見物、御中入之節御饗應、
上使松平伊豆守（信綱）を以、御盃臺被進之、天氣

能御祝儀之御能被　仰付、御機嫌被　思召候、
緩々御酒被　召上候様　上意有之、　若君
様ゟも朽木民部少輔（稙綱）を以、御盃臺被進之、御能
相濟而御退出、中之御門御番所おゐて、御半袴
ニ被爲　召替御立歸、御禮被　仰上、

正月廿九日
記事無之、

*禁裏などへ年頭の祝儀進献

一、此月、高家大澤右京亮（基重）爲　御使上京ニ付
禁裏（後光明天皇）・　仙洞（後水尾上皇）・　女院・　新院（明正上皇）江年頭御祝儀と
して、右京亮を以御進獻物有之、
一、此月、京都住居大概勘左衞門惣領同姓伊左衞門、
御藥込被　召出、

二月朔日
二月二日
記事無之、

*頼房より年頭の祝儀仰進らる

二月三日
水戸様ゟ御使爲御差登、年頭御祝儀被　仰進之、

右御使江大判壹枚・御小袖貳被下之、

二月四日

記事無之、

二月五日

若君様御袴着御祝儀御能之節　宰相様江

上使を以、御登城被成候様被　仰進、従

＊家綱よりの使者名古屋著城

若君様も右御祝儀として　上使を以被進物有

之候付、爲御礼御使横井伊織(時峯)御差下　若君様

江御手遊物一箱御差上之、

右ニ付、伊織江御小袖貳・御羽織一被下之、

一、左之通被　仰出、

五十人頭　高木久大夫(吉和)

長囲爐裏頭被仰付、　同　小瀬新右衛門(忠次)

攝州生國魂神主御目見に罷出づ

一、攝州生玉(東成郡)神主(松下氏)　御目見罷出候付、銀五枚被下

之、

二月六日

尾州江　上使被進候爲御礼、阿部河内御差下

ニ付、今日登　城　公方様江一種一荷　若君

様江枝柿一箱御差上有之、河内時服拜領之、

一、奉書被進候爲御禮、御差下之御使大道寺玄蕃登

城　公方様江　御目見、時服拜領之、

二月七日

記事無之、

二月八日

御袴着御祝儀として　若君様ゟ名古屋江

上使大久保豊前守(忠貞)を以、呉服・御樽肴被進、今

日到着ニ付、爲御迎町屋江被爲　成、其後豊

前守登　城、於　御對面所　御諚被爲　聞、

御饗應有之、御刀被遣之、相濟而退散、

一、右爲御礼、御使寺尾左馬助(直政)御差下之、

右ニ付、左馬助江御小袖三・御羽織壹被下之、

一、御鉄炮張柴辻理右衛門　御目見罷下候付、銀

五枚被下之、

自二月九日
至二月十二日

記事無之、

二月十三日

女院江粕漬鮑一桶御差上有之、

當年より領國中免相四つ概仰付く

一、當年ゟ御領國中御免相四ッ概ニ被　仰出候付、御家中之輩知行所附之書付、今日於成瀬隼人正宅夫々相渡之、

一、左之通被　仰出、

地方四百石被下置、　長囲爐裏頭　高木久大夫

同三百石充被下置、　御本丸御城附　若林四郎兵衛（尚信）
御供番　石川勘左衛門（伴大夫正次）

御馬廻組被　仰付、知行貮百五拾石被下置、　御進物番　菅谷次郎兵衛（昌良）

知行貮百五拾石被下置、　御馬廻組　冨永甚右衛門（兼年）

同貮百石充被下置、　奥御番　榊原五左衛門（宗親）
同　林　武兵衛（信加）

御切米八拾石被下罷在候　伊勢清吉（貞平）

同百五拾石被下置、　御馬廻組　梶田市右衛門（新助繁成カ）

右何れも　御黒印をも被下置、

地方貮百五拾石被下置、　御供番　山本彦助

老衰仍願隠居被仰付、　御鷹匠　赤林治右衛門（信久）

父同姓治右衛門家督・知行四百八石之内三百石・居屋敷共被下置、　治右衛門惣領　御鷹匠　赤林孫七郎（次右衛門信成カ）

父同姓治右衛門隠居被仰付候付、知行之内分知百八石被下置、　治右衛門二男　赤林庄右衛門（信次）

一、志水友之助（懐信）江知行七百石、御馬廻組横井三大夫江貮百五拾石之　御黒印被下置之、

一、御宮神主（名古屋東照宮）園崎左近（直勝）江知行所替被下候付　御黒印被下置之、

二月十四日

記事無之、

二月十五日

*茶筌師高山因幡御目見に罷下る

爲當日御祝儀　宰相樣御登城有之、
一、御指下之御使横井伊織登　城、時服拜領之、
一、若君樣江伊織を以、二種壹荷御差上之、
　此節御手遊物も御差上有之、
一、若君樣ゟ尾州江初而　上使被進候付、爲御礼寺尾左馬助御差下、御老中江爲御伺仍差圖公方樣江壹種壹荷　若君樣江二種壹荷御差上有之、
一、志水甲斐同心石川藤大夫次男　御目見同姓彦兵衞、御弓役被　召出、

二月十六日

記事無之、

二月十七日

*碁打三知ら御目見に罷下る
蹴鞠珎入御目見に罷下る

蹴鞠珎入　御目見罷下候付、銀貳枚被下之、

二月十八日

宰相樣　水戸樣江御招請ニ付、被爲　入、御茶被進、色々御饗應有之、

二月十九日

茶筌師高山因幡　御目見罷下候付、銀貳枚被下之、

自二月廿日
至二月廿二日

記事無之、

二月廿三日

御差下之御使寺尾左馬助登　城　公方樣江御目見、御暇被下、時服・羽織拜領之、

二月廿四日

宰相樣今日毘沙門堂御門跡江御招請ニ付、被爲入、此節御小袖五被進、其外僧中江も銀子・小袖被下之、
一、碁打三知并京都町人共　御目見罷下候付、銀三枚充被下之、

二月廿五日
二月廿六日

記事無之、

二月廿七日

宰相様江　上使加〻爪甲斐守(直澄)を以、御菓子被
進之、

一、女院江志津幾壹壺御差上有之、

二月廿八日

宰相様御登城　公方様江　御對顔之處　大
納言様御事、御懇之　上意有之、

一、箱根(相模國足柄下郡)御本陣　御目見罷出候付、銀三枚被下之、

二月廿九日

記事無之、

二月晦日

昨夜　御男子様御誕生之御悦、且　若君様
ゟ御名　亀松様与被進候付、為御祝儀　宰
相様御登城有之、

一、此月、春日井(尾張國)・海東・愛知・中嶋・知多五郡之
内、新田共貳万三百七拾九石九升六合之地貳十
一ヶ所、成瀬隼人正江御預有之、

家光より義直の事につき御懇の上意あり

箱根本陣御目見に罷出づ

昨夜亀松誕生

*義直熱田大宮司へ神事法式などの黒印下置く

春日井郡などの新田地成瀬正虎へ預く

*上巳の祝儀として光友登城し家光らと對顔

一、此月、左之通被　仰出、

御小性被仰付、御切米六拾石・御扶持五人分被下置、　御禿　正木六之丞(喜兵衛時英)

御小性被　召出、　成瀬隼人正同心孫右衛門(忠方)惣領御目見　荒川大助(五郎左衛門忠恆カ)

五十人御目付被仰付、　五十人組　本多藤左衛門

御納戸被　仰付、　長囲爐裏御番　今井武右衛門

三月朔日

宰相様御登城之処、月次御礼無之に付、御老中
江　御謁御退出、

一、熱田大宮司(千秋武季)江神事・法式等之　御黒印被下置
之、

三月二日

記事無之、

三月三日

為上巳御祝儀　宰相様　御本丸・二丸江　御登

城　公方様・　若君様江御對顔有之、

三月四日

*東福門院より勅作の勾玉進らる

御男子様御誕生之爲御悅、御使成瀬吉左衛門(正則)御差下之、

右ニ付、吉左衛門江「一」御小袖貳・「一」御羽織壹被下之、

三月五日

*家中面々の知行所當年より概に仰付く

龜松七夜の祝儀

龜松様御七夜御祝儀□(三)付　宰相様御登城、御老中江　御謁、且御祝之餅・御酒被進、相濟而　御退出、

甲良宗賀御目見として尾州へ罷登る

一、甲良助五郎(宗賀)爲　御目見尾州江罷登候付、銀五枚被下之、

三月六日

*概高百石につき五十匁

義直平子などへ御成

爲御鹿狩、平子(尾張國愛知郡)・橋田洞江被爲　成、

三月七日

*義直間宮正照宅へ御成

今度出生の男子龜松と名付く奉書到著

今度御出生之　御男子様　若君様より御名龜松様ト被進候旨奉書到着ニ付、爲御禮御使安倍勘兵衛(良長)御差下之、

三月八日

記事無之、

三月九日

女院より　勅作之勾玉被進之、　御姫様(義直女、京姫)江も御香箱被進之、

一、御家中之面々知行所、當年ゟ概ニ被　仰付、御藏入・給所共ニ概之高ニ夫銀差出筈ニ付、今般増夫銀被下候筈候間、御國奉行ゟ可請取候、元夫銀ハ是迄之通、面々知行所ゟ請取候様ニと被　仰出、

但當年ゟ御領分中□(夫カ)銀高・元□□百石ニ六拾匁、概高百石ニ付、五拾匁相究、

三月十日

間宮權大夫宅江被爲　成、大判壹枚・「一」御小袖五被下之、

一、女院江粕漬鮑御差上有之、

京都町人ら御目見に罷下る

一、京都町人共　　御目見ニ罷下候付、銀子被下之、

三月十一日

義直平子などへ御成

爲御鹿狩平子・東谷山(尾張國愛知郡)江被爲　成、

三月十二日

龜松様御誕生御悦として、御差下之御使成瀨吉左衞門を以、御脇差三浦國光、代金廿五枚、・御產衣二重御進覽有之、

三月十三日

千代姬灸治

姬君様御灸治被遊候付　　御城女中并牧野内匠(信成)頭・御醫師參上有之、

＊義直長野政成宅へ御成
＊家光表への出御なし

一、左之通被　仰出、

奥御番被召出、御切米七拾石・御扶持五人分被下置、　長囲爐裏頭次郎左衞門(氏之)悴 御目見 丹羽伊左衞門(氏親)

江戸三替無懈怠相勤候付、御帷子二ツ・御單物壹被下置、　一色彦八郎

江戸三替相勤候付、小袖貳被下置、　御目付 落合新左衞門(幸正)

三月十四日

左之輩江御褒美被下置、

「能仕候付、」御奉公出精相勤候付、小判十兩ツヽ、被下置、　一色勘之丞
〃　中根新十郎

幼少ニ而御鷹野・御鹿狩之御供出精相勤候付、「能仕候付、」御小袖一充被下置、　林　權之丞
「〃」〃　村井小源次〔治〕

一、尾崎内藏助(廣定)借屋ニ罷在候次郎兵衞、令盜候付獄門、

三月十五日

長野數馬(政成)宅江被爲　成、大判一枚・御小袖五被下之、

一、公方様江干大根百本、御差上有之、

一、女院江干細魚一箱、御差上有之、

一、爲當日御祝儀　　宰相様　御登城有之、

公方様御表　出御不被遊候付　　御對顏無之、

一、左之輩江御褒美被下置、

五十人組小頭 村田長兵衞(忠英)

*義直名古屋發駕

家光厄年につき御國三社へ祈禱仰付く

角倉嚴昭御目見に罷下る

*萩原村出火
兒玉村切支丹
清右衛門牢死
につき獄門

本阿彌又左衛門ら御目見に罷下る

*義直山村良豊宅へ御成

中・酉兩年御鷹野・御鹿狩御供相勤候付、白銀貳枚充被下置、　同 酒井金大夫(忠總)
同 岡部仁兵衛

三月十六日

公方様江小鮎鮓一桶、御差上有之、

三月十七日

公方様御厄年ニ付、當正月御國三社おいて、御祈禱被　仰付候付、熱田江銀五枚、津嶋江同三枚、一之宮江同貳枚御備有之、

一、角倉平次(嚴昭)　御目見罷下候付、大判壹枚・御小袖二被下之、

一、児玉村百姓清右衛門、切支丹塗師加兵衛江明家借候付入牢之處、牢死いたし候付獄門、

三月十八日

本阿弥又左衛門・井戸屋理右衛門　御目見罷下候付、又左衛門江小袖二、理右衛門江銀三枚被下之、

三月十九日

御參府ニ付、名古屋　御發駕、木曾路　御旅行、今晩御嶽(美濃國可兒郡)　御止宿、

三月廿日

大湫(美濃國土岐郡)御晝休、千村平右衛門(重長)ゟ御膳差上之、此節平右衛門江御小袖五、悴同姓吉之助(基寛)江同三ッ、次男長五郎(重堅)江同二被下置、平右衛門家來之者江も小袖被下之、

一、今晩、中津川(美濃國恵那郡)大泉寺　御止宿、大泉寺江銀五枚被下之、

一、萩原村(尾張國中島郡)出火、町家六拾六軒燒失、右ニ付、追而金五拾兩被下之、

三月廿一日

野尻(美濃國筑摩郡)　御晝休、今晩、上松(信濃國筑摩郡)　御止宿、

三月廿二日

福嶋(信濃國筑摩郡)　御晝休、山村甚兵衛(良豊)宅江被爲　成、甚兵衛ゟ御膳差上之、此節甚兵衛江御小袖五、悴

同姓三郎九郎(良忠)江同三、百助江同貳被下置、家來之者江も小袖被下之、

一、今晩、贄川(信濃國筑摩郡)御止宿、

三月廿三日

今晩、塩尻(信濃國筑摩郡)御止宿、

三月廿四日

今晩、和田(信濃國小縣郡)御止宿、

筋子

一、宰相様ゟ今日和田驛迄御飛脚を以、筋子一桶被進之、

三月廿五日

八幡(信濃國佐久郡)御晝休、今晩、岩村田(信濃國佐久郡)御止宿、

一、宰相様ゟ御道中爲御伺御機嫌、御使野呂瀬半兵(直畠)衛を以、御肴被進、半兵衛岩村田おいて御目見被　仰付、「一」御小袖一・「一」御羽織一ッ被下之、

奥様ゟも御使被進候付、右御使江銀一枚被下之、

一、左之輩江御褒美被下置、

午之極月十日より申之年迄御番相勤候付、御小袖一・御羽織一充被下置、

御馬廻組
長岡庄左衛門(仲因)
馬場六郎左衛門
幡野新右衛門(忠清)
大津久右衛門(吉忠)
大塩傳九郎(敎清)
河野三右衛門

日數貳年分名古屋ニ而御番相勤申候付、御小袖一・御羽織一充被下置、

奥御番
榊原五左衛門

御進物番
天野半助(信安)
柘植庄左衛門
須野崎甚之丞(重繼)
土屋清右衛門

御馬廻組
小尾九兵衛
蘿木小左衛門(盛政)
枩井武兵衛

申・酉両年御鷹野・御鹿狩御供相勤候付、御小袖一・御羽織一充被下置、

御進物番
関　市之右衛門
金子源右衛門
雨宮三左衛門
(頼辰)
土岐甚右衛門
南部権平
榊原茂兵衛
高田長兵衛
御友半兵衛
成瀬隼人正同心
瀬左衛門悴
石川庄之助
同
(政勝)
善左衛門悴
松平三九郎(雅知)
阿部河内同心
(重明)
平七郎三男
御目見
牧野平八郎
大道寺玄蕃同心
二郎兵衛惣領
長谷川宗十郎

申・酉両年御鷹野・御鹿狩御供無懈怠相勤候付、御小袖弐充被下置、

御馬廻組
(友政)
㐂左衛門四男
林　権之助
岡部源次郎
平岩理兵衛
成瀬隼人正同心
(恆澄)
善兵衛二男
高田五左衛門(恆久)
寄田作左衛門
久米彦四郎
雨宮太郎右衛門
磯貝半三郎
成瀬隼人正同心
清大夫四男
中根次郎兵衛
小藤兵大夫
市川傳三郎
栗生四郎兵衛
黒御門御足軽頭
(政義)
助右衛門四男
御目見
江原権平次
鈴木十三郎

中根七之丞
朝岡十之丞
天野半九郎
竹腰（正信）山城守同心
竹（正利）右衛門惣領
御目見（安利）
石川庄左衛門
阿部河内同心
新右衛門三男
寄田弥五右衛門
幡野惣三郎
米倉又八郎
長野數馬同心
（重保）作左衛門次男（重信）
內藤㐂右衛門
成瀬隼人正同心
（重政）平兵衛次男
朝岡甚七郎
（則等）傳右衛門次男
御目見（貞則）
星野三四郎

間宮權大夫同心
助右衛門惣領
高橋八兵衛
尾崎庄兵衛
（信保）五左衛門二男
御目見（次貞）
青木半十郎
御足輕頭
牛右衛門悴
御目見（重宗）
大野兵大夫
比木藤三郎
志水甲斐同心
（重治）十右衛門四男
各務彦大夫（良重）
各務与五左衛門
水野次郎兵衛
若尾藤藏（良光）
御足輕頭
大野牛右衛門

申・酉兩年御鷹野・御鹿狩御供相勤候付、御小袖壹・御羽織一充被下置、

三月廿六日
坂本（上野國碓氷郡）御止宿、
此宿ゟ御鉄炮十九挺御戻有之、

三月廿七日
板鼻(上野國碓氷郡)　御晝休、今晩、倉賀野(上野國群馬郡)　御止宿、
一、板鼻　御晝休江　宰相様ゟ小鯛・蛤被進、従
姫君様も倉賀野　御旅舘江御飛脚を以、
熨斗餅被進之、
一、宰相様江　上使中根壹岐守(正盛)を以、御鷹之鳫被
進之、
一、右爲御禮　御登城有之、
右ニ付、追而爲御礼　御道中ゟ御老中江
御飛札被遣之、
三月廿八日
熊谷(武藏國大里郡)　御止宿、
一、熊谷　御旅舘江　宰相様ゟ御使古屋主水(景泰)被進、
姫君様ゟも御使被進之、
右ニ付、主水江御小袖二・御羽織壹、　姫
君様御使江ハ御小袖一・御羽織壹被下之、
一、水戸様ゟも右驛迄御使被進之、
右御使江御小袖二被下之、
三月廿九日
鴻巣(武藏國足立郡)　御晝休、
一、右　御晝休江　上使仙石大和守を以、御懇之
上意之上、御菓子一箱被進之、
一、右爲御礼、御使松平頼母(康久)御指越之、
一、今晩、浦和(武藏國足立郡)　御止宿、
一、浦和　御旅舘江　紀伊宰相様(徳川光貞)・　水戸中將様
より御使被進之、
右御使江御小袖二宛被下之、

*義直江戸著座

四月朔日
江戸　御着座、

*義直參府につき登城し家光らと對顔

四月二日
御參府御禮被　仰上候付　御登城、於御黒書
院　公方様江　御對顔、御太刀目録・白銀五
百枚・御袷三十御差上、　宰相様・　水戸様・
紀伊宰相様ニも　御對顔有之、過而御白書

院おいて御老中江　御謁、首尾能御禮相濟、其上成瀬隼人正初　御目見之御礼被　仰上、早而二丸江　御登城　若君様江　御對顔、白銀貳百枚・猩々緋十間御差上、酒井日向守(忠能)披露、且連雀・蒿雀御指上有之、此節　若君様御下段迄　出御、御熨斗被進之、　宰相様・水戸様・　紀伊宰相様ニも　御對顔、相濟而御退出、

成瀬隼人正・寺尾左馬助・渡辺半藏(治綱)・阿部河內・松平頼母・稲葉右近(正通)・鈴木主殿(重之)・阿部善兵衞(正周)　公方様江御目見、御太刀・馬代・時服獻上之、

活鶴

一、御參府ニ付、御內々ゟ　公方様江活鶴御差上、
天樹院様江白銀百枚・綿百把、　長松様(徳川綱重)江
御太刀・馬代黄金壹枚・羅紗五間被進之、
若君様御實母於樂御方(家光側室、七澤氏)江も銀五拾枚・綿百把御贈有之、　御城女中江も銀子被遣之、

一、御參府ニ付　姫君様江綿貳百把・美濃紙十丸被進之、

四月三日

御參府ニ付　大姫君様(前田光高室、徳川氏)江白銀百枚・綿百把、
高田様江白銀三十枚・縮緬十巻被進之、

一、御參府ニ付　奥様江美濃紙五丸・綿五拾把被進之、

一、御參府ニ付　養珠院様(家康側室、蔭山氏)・紀州御簾中様(頼宣室、加藤清正女)江美濃紙五丸ツヽ、被進之、

一、七軒町鞘師吉兵衞、人請之儀ニ付致欠落、其上所々ゟ誂之刀・脇差質入ニいたし候付獄門、

四月四日

御參府ニ付、松平安藝守(淺野光晟)・松平新太郎御內室(池田光政室、秀忠養女、本多忠刻女、勝姫)江美濃紙五丸并淺野因幡守(淺野長重女)內室・有馬藏人(康純)母儀(家康養女、國姫)江も美濃紙三丸ツヽ、被遣之、

＊前田光高卒去

四月五日

松平筑前守(前田光高)卒去ニ付　御登城、　宰相様ニも

御登城有之、

自四月六日
至四月八日
記事無之、

四月九日

若君様江枝柿一箱御差上之、

*名古屋東照宮遷宮

頼宣息女婚禮につき長持を進む

四月十日

紀州様御息女(徳川頼宣女、池田光仲室、茶々姫、因幡姫、芳心院)御婚礼ニ付長持十貳棹、御使成瀬隼人正を以被進之、

松平頼純と初て逢ふ

四月十一日

紀州久松様(のちの松平頼純)江初而　御逢被遊候付、爲御祝儀御使を以、御脇差被進之、

四月十二日

五十人組志村市右衛門、五十人御目付被　仰付、

四月十三日

上使安藤伊賀守(重元)を以、御菓子被進之、

四月十四日

三之丸　御宮迁　宮ニ付　御宮別當淨心院(珍海)江銀拾枚・「一」御小袖二、神主園崎左近江銀五枚被下、其外僧中江も金銀被下之、

一、酒井讃岐守(忠勝)ゟ松平筑前守卒去ニ付、香典之儀御城附江申聞有之、

四月十五日

一、切支丹一之宮村(尾張國中島郡)彦次郎後家、牢死いたし候付獄門、

四月十六日

記事無之、

女院江十大根一箱御差上有之、

一、松平筑前守卒去ニ付御香典白銀五十枚、御使を以被遣之、

四月十七日

切支丹一之宮村孫九郎女房、牢死いたし候付獄門、

四月十八日

記事無之、

四月十九日

切支丹中嶋郡中牧村与作女房、牢死いたし候付獄門、

四月廿日

記事無之、

四月廿一日

紀州御姫様（頼宣女、茶々姫）、松平相摸守（池田光仲）江婚姻御整、今日相摸守參上ニ付、於　御座之間　御逢、御相伴ニ而御料理出、御刀壹腰被遣之、此節　紀州様（徳川頼宣）ニも御出、御盃事有之、仕舞被　仰付之、

四月廿二日

記事無之、

四月廿三日

若君様御元服、正三位・大納言御任敍ニ付御登城、　宰相様ニも　御登城、御規式相濟而

於大廣間　大納言様（徳川家綱）江　御對顔、御下段御着座、御祝儀被　仰上、御老中御取合申上御退去、其後再於大廣間　公方様江御對顔、御下段　御着座、御祝儀被　仰上、此節御老中出席、御挨拶申上、今日天氣能　御元服之御式被爲　整、御滿足被　思召旨　上意有之、相濟而御退出、

右御規式相濟候付、林道春（羅山）倭字記作、此節依　上意、御文章御差上有之、

四月廿四日

增上寺　台徳院様御仏殿江　御名代渡辺半藏被遣之、

四月廿五日

御官位御祝儀として　大納言様より　上使牧野内匠頭を以、白銀三十枚・二種壹荷、　宰相様江白銀十枚・二種一荷被進之、

右ニ付、内匠頭江時服被遣之、

*林羅山倭字の記作る

頼宣女池田光仲と婚姻整ふ

家綱元服

正三位大納言叙任

義直ら祝儀として登城

家綱任官祝儀に義直ら登城

一、右爲御礼　御登城、　宰相様ニも　御登城有之、

　四月廿六日

大納言様御元服・　御官位之爲御祝儀　御登城、　宰相様ニも御登城、於御白書院　公方様江　御對顔、御太刀目錄御老中披露、御下段　御着座、御祝儀被　仰上、御老中御取合申上御退去、早而二丸江　御登城、　大納言様江　御對顔、御太刀目錄御老中披露、御祝儀被　仰上御退出、

　四月廿七日

大納言様御灸治被遊候付、爲御伺　御登城有之、

一、盗賊吉右衛門獄門、

　四月廿八日

*竹腰正信尾州にて病氣

大納言様御任官ニ付、爲御祝儀明廿九日御能被　仰付候付　御登城被成、　宰相様ニも　御登城被成候様　上使安藤伊賀守を以被　仰進之、

一、右爲御禮　御登城、　宰相様ニも　御登城有之、

　四月廿九日

御能爲御見物　御登城、　宰相様ニも御登城、於大廣間　公方様江　御對顔、御見物之御礼被　仰上、右御席江御越、御中入之節、御黑書院おゐて御饗應有之、再大廣間ニ而御能御見物、此節　大納言様出御　御對顔、御能過而　公方様江　御對顔、相濟而御退出、鎰（中雀）石御門ゟ　御立歸、御禮被　仰上之、

右ニ付　公方様江御杦重一組、　大納言様江檜御重一組御差上、　宰相様ゟハ公方様・大納言様江一種一荷充御差上有之、

　四月晦日

記事無之、

一、此月、竹腰山城守於尾州病氣ニ付、爲　御尋間嶋權（重正）左衛門爲御差登有之、

山村良豊木曾福島居宅去る十七日焼失
*竹腰正信去る晦日死去
徳川家康宮號につき上使阿部忠秋を進らす
*忌中につき義直ら登城なし
*小梅漬
土井利勝遺物として脇差差上ぐ

一、山村甚兵衛木曾福島居宅、去ル十七日焼失ニ付、
為　御尋　御書被下之、
一、此月、成瀬隼人正同心八郎左衛門（吉政）惣領　御目
見淺田七十郎（日根之丞義清カ）、御小性被　召出、御切米六拾
石・御扶持五人分被下置、
五月朔日
権現様（徳川家康）御宮号之儀ニ付　上使阿部豊後守（忠秋）被進
之、
五月二日
為端午御祝儀　公方様・大納言様江御帷子
二・御單物一・御袷一充御差上、　長松様・
龜松様江も御帷子・御單物一充御進覧有之、
一、右為御祝儀　天樹院様江白銀五枚、御使を以
被進之、
一、土井大炊頭（利勝）遺物として、脇差一腰差上之、
五月三日
為端午御祝儀　公方様より女使を以、時服被
進之、
五月四日
竹腰山城守去月晦日死去ニ付　上使阿部豊後
守被進之、
五月五日
公方様御白書院江　出御、　紀州様・水戸
様・紀伊宰相様・　水戸中将様、参向之公
家衆　御對顔有之候得共、御忌中ニ付　御（義直・光友）
貮方様　御登城無之、
五月六日
記事無之、
五月七日
上使牧野佐渡守（親成）を以、小梅漬被進之、
自五月八日
至五月十日
記事無之、
五月十一日

（尾張國丹羽郡）三ッ井村㐂太郎女房、令牢死候付獄門、

自五月十二日
至五月十四日

記事無之、

五月十五日

大納言様御灸治被遊候付、為御伺　御登城有之、

*家光増上寺台徳院佛殿へ參詣

一、右ニ付、枝柿一箱御差上之、

一、女院江年寄中奉状を以、鮎鮓一曲物御差上有之、

一、左之通、御仕置有之、

令盗候付獄門、　石川助左衛門若黨（政徳）七左衛門

乱心女房をよきニ而打殺候付獄門、　（尾張國）愛知郡淺田村百姓 作藏

五月十六日
五月十七日

記事無之、

*家光昨夕より少々不例

五月十八日

（尾張國海東郡）津嶋村傳藏令盗候付、所おいて獄門、

五月十九日

大納言様・龜松様御灸（治脱）被遊候付、為御伺
御登城、御奏者番江御謁、御退出、

自五月廿日
至五月廿三日

記事無之、

五月廿四日

公方様増上寺　台徳院様御仏殿江　御參詣
ニ付　御豫參、

一、還御以後、右　御仏殿江　宰相様　御參詣、

自五月廿五日
至五月廿七日

記事無之、

五月廿八日

公方様昨夕より少々御不例ニ付、為御伺御機嫌
御登城、　宰相様ニも御登城有之、

五月廿九日

前田光高室安産

*家光より薬園の薬種進らる

大姫君様御安產ニ付、爲御悦　御城江阿部河內御差出之、

一、下町太郎左衞門乱心、　御城御廣間江罷越候付成敗、

竹腰正信死去につき香典下す

一、竹腰山城守去月晦日死去ニ付、此月、御使を以、御香典白銀三拾枚被下、從　御姬様も御使を以、同五枚被下之、

*端午の御内書

木曾福島山村良豊宅焼失につき近所の材木伐りたく願ふ

一、此月、木曾福嶋山村甚兵衞居宅、去月十七日燒失ニ付、當分小屋懸ニ而連々作事致度、其節近所之山ニ而材木伐取度旨、願之通被　仰出、

*洗和布

閏五月朔日

爲當日御祝儀　御登城、御老中江　御謁御退出、

公方様御不例ニ而御表　出御不被遊候付、御對顏無之、

閏五月二日

公方様御不例ニ付、爲御伺　御登城、　宰相様ニも　御登城有之、

閏五月三日

一、公方様ゟ御薬園之薬種被進之、

上使安藤伊賀守を以、御快被爲　在候間、明日ゟ御伺として　御登城御無用之旨被　仰進之、

壬五月四日

端午之　御內書被進之、

自壬五月五日
至壬五月十四日

記事無之、

壬五月十五日

公方様江洗和布一箱　大納言様江干鯛一箱御差上之、

壬五月十六日

女院江氷餅一箱、年寄中奉狀を以御差上有之、

壬五月十七日

記事無之、

壬五月十八日

竹腰山城守屋敷之儀、御内〻御老中江被　仰立
候処、相濟候付、爲御禮　御登城有之、

壬五月十九日

記事無之、

閏五月廿日

上使加〻爪甲斐守を以、巣鷹被進之、　宰相
様江も巣鷹被進之、

一、右御禮として　御登城、御老中江　御謁御退
出、

自壬五月廿一日
至壬五月廿四日

記事無之、

壬五月廿五日

公方様江御差上之巣鷹、飯田源右衛門差添、駿
河迄被遣之、

*竹腰正晴へ亡父遺跡下置く

*龜松蟲氣

*光友へ竹腰正信遺物として小さ刀差上ぐ

*山村良豊居宅焼失につき作事難澁

*木曾は中山道の要路

閏五月廿六日

龜松様少〻御不快ニ付、爲御見舞渡辺半藏御指
出之、

一、山城守次男竹腰虎之助(正晴)、亡父遺跡知行被下置、
同心如元御預、

壬五月廿七日

龜松様御虫氣ニ付　御登城、御老中江　御謁
御退出、

一、宰相様江竹腰山城守爲遺物、小サ刀差上之、

一、津嶋村九郎助、令盗候付成敗、

壬五月廿八日

龜松様御虫氣ニ付　御登城、御老中江　御謁御
退出、

壬五月廿九日

御同様ニ付　御登城「龜松様御虫氣ニ付、御登城、御老中江　御謁御退出、」

一、此月、山村甚兵衛今度福嶋居宅焼失、作事難澁
之処、木曾之儀者中山道之要路、自然之御用之

大樽參萬挺下さる

*日光東照宮正遷宮

*家光紅葉山東照宮參詣

節、尾州ゟハ御手遠ニ付、居宅取立遅リ候而ハ
不可然候間、陣所をも以前之通、取立候様ニと
の御事ニ而、王瀧山(信濃國筑摩郡)ニ而大樽三万挺被下之、右
之樽木三ヶ年ニ出可申旨被　仰出之、

自六月朔日
至六月四日

記事無之、

六月五日

上使久世大和守(廣之)を以、御菓子被進之、
一、右爲御礼　御登城之儀、御無用被成候様大和
守申上候付、御使御差出之、

自六月六日
至六月十四日

記事無之、

六月十五日

公方様江枝柿一箱　大納言様江干鮖一箱御差
上之、

六月十六日

公方様御不例御快被爲　在候得共、明日
御社參ニ付、爲御保養今日嘉定御祝、御表
出御不被遊候付、爲御伺御機嫌、阿部河内御差
出之、

六月十七日

一、女院江年寄中奉狀を以、鮎鮓一曲物御差上有之、
日光(日光東照宮)　御宮御普請出來、正迁　宮有之候付、
今日　公方様紅葉山　御宮江　御參詣ニ付
御豫參御直垂、
一、還御以後、右　御宮江　宰相様　御參詣、

六月十八日

記事無之、

(六月十九日・廿日條は後掲)

六月廿一日

昨夜　上使を以、御獵之魚被進候爲御礼
御登城、御老中江　御謁、此節明廿二日　御(義
三家様方直・頼宣・頼房)并　御嫡子様方(光友・光貞・光圀)(隅、以下同ジ)角田川江御舩ニ而

義直ら隅田川遊歴

*木曾谷中繪圖出來

家光隅田川にて川狩あり

御越可被成旨　上意之趣申上之、

六月廿二日

宰相様御同道、爲遊歴隅田川江　御越、従
公義御舩出、阿部豊後守を以御馳走有之、且
上使朽木民部少輔を以、御舩中江御菓子被
進之、

「(錯簡)

六月十九日

日光　御宮正迁　宮相濟候爲御祝儀　御登
城、　宰相様ニも御登城、　公方様江　御對
顔、此節右御普請ニ付、何方江も不被爲　成候
処、正迁　宮も相濟候付、近日角田川筋江可
被爲　成候間　御三家様ニも御越被成候様
上意有之、相濟而　御退出、

六月廿日

公方様隅田川辺御川狩有之、入夜　上使安藤
伊賀守を以、御獵之魚被進之、」

六月廿三日

昨日之御礼として　御登城、　宰相様ニも
御登城有之、

一、細野宇右衛門(定次)中間弥之助、御川狩之節、町人ト
令喧嘩、致欠落候付成敗、

自六月廿四日
至六月晦日

記事無之、

一、此月、木曾谷中繪圖山村甚兵衛江被　仰付候
處、出來指上之、

一、此月、左之通被　仰出、

御歩行同心 村上源四郎　八丁堀御藏奉行被仰付、御加増拾石被下置、

江戸御屋敷奉行 吉田清三郎　向御屋敷御番被仰付、

自七月朔日
至七月三日

記事無之、

七月四日

七軒町吉兵衛、大工清三郎任賴女を切候付成敗、

七月五日
記事無之、
七月六日

七夕の祝儀として家光らへ黄金を差上ぐ

爲七夕御祝儀　公方様・大納言様江黄金壹枚ツヽ、御使を以御差上之、

日光普請出來祝儀の能

一、日光御普請出來御祝儀として、明日御能被　仰付候間　御登城、御見物被成候様　上使を以被　仰進之、
七月七日
御能ニ付、爲御見物　御登城、　宰相様ニも御登城有之、
七月八日
熱田茂左衛門、御尋者を乍存不申上、僞を申候付、所おゐて獄門、
七月九日
女院江粕漬鮑一桶、年寄中奉状を以御差上有之、

自七月十日
至七月十六日
記事無之、
七月十七日

*家光紅葉山東照宮參詣なるに腹中氣につき不參

公方様紅葉山　御宮江　御參詣ニ付、爲御豫參被爲　成候処、同所江松平伊豆守を以、少々御腹中氣ニ付　御參詣被遊間敷旨被　仰進之、
爲御伺御機嫌　御登城之儀ハ、御無用之由申上之、
自七月十八日
至七月廿二日
記事無之、
七月廿三日

*國許の吉利支丹につき老中より奉書來る

御國許ニ吉利支丹有之ニ付、御老中ゟ奉書來、
七月廿四日
記事無之、
七月廿五日

御精進揚ニ付、干鯆一箱御差上之、

亀松灸治

一、亀松様御灸治ニ付、為御伺　御城江御使者御指出之、

一、松平相摸守江為御振廻被為　成、此節相摸守ゟ御刀指上之、

七月廿六日

記事無之、

*八朔の祝儀として義直ら登城し家光らと對顔

七月廿七日

左之通、御仕置有之、

令盗候付獄門、　左太郎

(三河國碧海郡)池鯉鮒江罷越、令口論候付、追放之処、立帰候付獄門、　(尾張國愛知郡)萱屋町　㐂右衛門

七月廿八日

七月廿九日

記事無之、

*松平忠昌昨夕卒去

一、此月、左之通被　仰出、

御部屋御小性被召出、御切米六拾石・御扶持五人分被下置、　御馬廻組　藤左衛門四男　御目見　鈴木傳三郎(海老江市之進重信カ)

御部屋御小性被召出、　御馬廻組　武藤甚左衛門惣領　堀田彦九郎

御部屋御小性被仰付、　矢嶋右馬助　成田三之丞

八月朔日

八朔之御祝儀として　御登城、　宰相様ニも御登城、於御白書院　公方様江　御對顔、御太刀・馬代黄金壹枚御差上、酒井雅楽頭(忠清カ)披露、早而二丸江　御登城　大納言様江御太刀・馬代御差上有之、

八月二日

松平伊豫守(忠昌)昨夕卒去ニ付、今日　上使被進之、

八月三日

記事無之、

家綱灸治

八月四日

大納言様御灸〔治脱〕被遊候付、為御伺　御登城、

宰相様ニも　御登城可被遊之処、「松平伊豫守死去」御忌中に付、

御登城無之、

自八月五日
至八月七日

記事無之、

八月八日

御忌明ニ付、去二日　上使被進候為御礼、御

登城有之、

八月九日

記事無之、

八月十日

女院江取交鯀一壺、年寄中奉狀を以御差上有之、

一、左之通被　仰出、

*家光頭痛氣

隠居被　仰付、　同心頭 遠山彦左衛門〔景吉〕

祖父家督・知行之内
千石被下、寄合被　仰付、　彦左衛門惣領 寄合ニ而病死 遠山圖書惣領〔遠景〕 加藤五郎兵衛〔景信〕

八月十一日

長野數馬同心善大夫〔良光〕次男　御目見芦澤藤藏〔良久〕、

御通番被　召出、御切米六拾石・御扶持五人

分被下置、

八月十二日

記事無之、

八月十三日

大納言様少々御不例ニ付、為御伺御機嫌、御使

者御差出之、

八月十四日

記事無之、

八月十五日

御登城、　公方様御頭痛氣ニ付、御伺被　仰

上御退出、

*重陽の祝儀として家光らへ進物あり

自八月十六日
至八月廿一日

記事無之、

八月廿二日

女院江御使下方左近（貞景）爲御差登、御樽壹荷御差上有之、

自八月廿三日
至八月廿九日

記事無之、

八月晦日

（尾張國中島郡）小池正明寺村たけ、令盗候付成敗、

一、此月、左之通被　仰出、

新規御切米・御扶持方被下、　御鷹師　倉林九兵衛（知久）

御加増米被下、三拾石被成下、　奥様御番衆　杢　儀左衛門

九月朔日

御姫様近々江戸江　御下向ニ付　女院ゟ御使被進之、

右御使江袷貳被下之、

九月二日

大納言様西丸江被爲　成候付　還御以後二種一荷御差上有之、

自九月三日
至九月五日

記事無之、

九月六日

重陽御祝儀として　公方様・大納言様江御小袖三充御差上、　天樹院様・長松様・龜松様江も銀五枚ッ、被進之、

九月七日

女院江美濃柿一箱御差上有之、

九月八日

爲重陽御祝儀　公方様ゟ女使を以、呉服・御樽肴被進之、

九月九日
九月十日

記事無之、

九月十一日

亀松宮參

亀松様御宮參（紅葉山東照宮）ニ付　御登城、　宰相様ニも
御登城　公方様江　御對顔有之、

頼宣病身

一、上使松平伊豆守を以　御國許江之御暇可被進
之処　紀州様御病身ニ付、今度ハ　御同所
様江御暇被進旨　上意有之、

九月十二日

亀松宮參相濟む祝儀として家光らへ進物あり

昨日　上使被進候爲御礼、　御登城有之、
一、亀松様御宮參相濟候爲御祝儀　公方様江三種
貳荷、御使渡辺半藏を以御差上、　亀松様江も
白銀廿枚被進、　御実母（まさの局、成瀬氏）并御乳人等江も銀子被遣
之、　宰相様ゟも　公方様江壹種一荷、半
藏を以御差上、　亀松様江も御同様被進之、

九月十三日
九月十四日

記事無之、

九月十五日

爲當日御祝儀　御登城有之、

九月十六日

記事無之、

九月十七日

*家光紅葉山東照宮參詣

公方様紅葉山　御宮江　御參詣ニ付　御豫參、
一、還御以後、右　御宮江　宰相様御參詣、
一、女院江廿干柿一箱、御差上有之、

九月十八日

*義直女名古屋發輿

御姫様今日　御發輿、東海道　御下向、今
晩池鯉鮒　御泊、
御供御城代高木修理（吉任）・御傅藤田治左衛門、其
外御醫師・御目付・御足輕頭等相勤之、

九月十九日

御姫様今晩御油（三河國寶飯郡）　御泊、

九月廿日

御姫様今晩荒井（遠江國敷知郡）　御泊、

九月廿一日

御姫様今晩見附（遠江國磐田郡）御泊、

九月廿二日

女院江甘干柿一箱、御差上有之、

一、御姫様今晩金谷（遠江國榛原郡）御泊、

九月廿三日

御姫様岡部（駿河國志太郡）御晝休、今晩丸子（駿河國有渡郡）御泊、

九月廿四日

家光増上寺台徳院佛殿などへ參詣

公方様増上寺　台徳院様御仏殿・崇源院様御仏前江　御參詣ニ付　御豫參、

*義直女江戸著千駄ヶ谷屋敷に住居あり

一、還御以後　宰相様御參詣、

一、御姫様今晩蒲原（駿河國庵原郡）御泊、

九月廿五日

御姫様今晩三嶋（駿河國君澤郡）御泊、

九月廿六日

御姫様三嶋　御逗留、

*竹腰正晴登城し家光へ繼目御禮を申上ぐ

九月廿七日

女院江甘干柿一箱、御差上有之、

一、御姫様箱根（相模國足柄下郡）御晝休、今晩小田原（相模國足柄下郡）御泊、

九月廿八日

御姫様今晩藤澤（相模國高座郡）御泊、

九月廿九日

御姫様今晩神奈川（武蔵國橘樹郡）御泊、

一、御姫様江　宰相様ゟ御使生田權之助被進、姫君様ゟも御使被進之、

九月晦日

上使安藤伊賀守を以、御鷹之鶴被進之、

一、御姫様品川（武蔵國荏原郡）御晝休、江戸　御着座、千駄ヶ谷（武蔵國豊島郡）御屋敷ニ御住居有之、

一、此月、　紀州様御歸國、熱田御通ニ付御馳走有之、白子（伊勢國奄藝郡）江も御使として稲生半右衛門被遣之、

十月朔日

御登城　公方様江　御對顔有之、

一、竹腰虎之助　御城江罷出　公方様江　御目見、

繼目之御礼申上之、

十月二日

日光天海廟へ石燈籠の寄附あり

日光山大僧正(南光坊天海)之廟江石燈籠御寄附有之、

十月三日

天海三回忌法事につき家光ら開山堂へ參詣

大僧正天海三回忌相當、御法事被　仰付、開(東叡山寛永寺)山堂江　公方様御成ニ付、御參詣、宰相様ニも　御參詣、御香典銀三拾枚、宰相様ゟ黄金壹枚御持參、御燒香被遊、相濟而毘沙門堂御門跡江　御立寄有之、

十月四日
十月五日

記事無之、

十月六日

家光へ竹腰正信遺物を指上ぐ

公方様江竹腰山城守遺物指上之、

十月七日

松平右京大夫(徳川頼重)様江爲御招請被爲　成、黄金壹枚被進之、

一、成瀬隼人正　御城おいて、尾州江之御暇被下之、

十月八日
十月九日

記事無之、

十月十日

遠山彦左衛門爲遺物、刀壹腰差上之、

十月十一日

女院江粕漬鮑一桶、御差上有之、

十月十二日

兼松(正尾)又四郎弟(正榮)被　召出候様被遊度旨、御内々御老中迄被　仰入候處、可被　召出之旨被　仰出候付、爲御礼　御登城有之、

自十月十三日
至十月十六日

記事無之、

十月十七日

*義直上野最教院へ御成

上野(武藏國豊島郡)最教院江被爲　成、

十月十八日
十月十九日
記事無之、
十月廿日
上使阿部對馬守(重次)を以、御鷹之白鳥被進、且御鷹
場江之御暇被　仰出之、
一、右御礼并昨日松平伊豫守跡目被　仰出候御礼
旁　御登城有之、
十月廿一日
十月廿二日
記事無之、
十月廿三日
御鷹場江之御暇被　仰出候付、爲御暇乞
御登城有之、
一、上使石川播磨守(總長)を以、先刻　御登城之處、遅
達　上聞、御對顔無之候、於御鷹場緩々
御遊歴、來月十七日以前　御歸府被成候様被
仰進之、

*義直前澤へ御成

十月廿四日
左之輩御褒美被下置、

御作事奉行
内藤又左衛門(重昌)
蘿木伊兵衛(定昌)
内藤五右衛門(忠次)
星野七右衛門(則政)

御作事ニ精を出候付、
御小袖貳充被下置、

竹腰虎之助同心
植松九郎兵衛(信秀)
志水甲斐同心
川崎久右衛門

御材木ニ精を出候付、
御小袖貳充被下置、

十月廿五日
御鷹場前澤(武藏國多摩郡)江被爲　成、
十月廿六日
公方様・大納言様江御鷹場ゟ御鷹之鳥御差上
之、
一、御鷹場江　上使上野阿波守(石川貞當)被進之、
一、木曾小野滝ニ而、日雇頭惣兵衛を突殺候忠左衛

門成敗、

十月廿七日

記事無之、

十月廿八日

爲當日御祝儀　宰相様　御登城、御老中江

御謁御退出、

一、上使爲御礼、御鷹場ゟ御使厺平頼母御差下之處

公方様江　御目見、御懇之　上意有之、

十月廿九日

記事無之、

一、此月、木村金七郎(正武)父遺跡知行貳百石、無相違被

下置、御馬廻組被　仰付、

一、此月、　紀州様御家老三浦庄大夫病死ニ付、同

姓貞歡〔定環〕(爲春)・同長門守(爲時)江　御書被下、　宰相様ゟ

も　御書被下之、

十一月朔日

宰相様御登城　公方様江　御對顔之処　大

*井伊直孝亭に老中參會

頼宣家老三浦庄大夫病死

*家綱井伊直孝亭御成

義直鷹場より歸府次第光友鷹場へ越すやう上意あり

納言様御鷹場ゟ　御歸府次第　宰相様御鷹場

江　御越被成候様　上意有之、

一、井伊掃部頭(直孝)亭江御老中參會、此節仍差圖渡辺半

藏罷越候処、明後三日　大納言様同人亭江被

爲　成候付　御歸府之事も可有之候間、無御

構緩〻御鷹野被成候様可申上旨、御老中申聞有

之、

一、被進之御鷹ニ而爲御捉被遊候鳫　大納言様江

御差上之、

十一月二日

記事無之、

十一月三日

大納言様、井伊掃部頭亭江被爲　成候付

還御以後　宰相様御登城、御老中江　御謁

御退出、

十一月四日

女院江御鷹之鴻一羽、年寄中奉狀を以御差上有

之、

*宮號宣命など林羅山讀む

十一月五日

十一月六日

記事無之、

十一月七日

森川氏信死去

森川金右衛門（氏信）死去ニ付、御香典白銀三十枚、
御使を以被遣之、

十一月八日

*亀松髪置

勅使參着ニ付　御歸府被成候様、御老中奉書を
以被　仰進之、

十一月九日

記事無之、

十一月十日

義直鷹場より歸府

御鷹場ゟ　御歸府、

十一月十一日

權現様へ宮號あり

*日光位記などの寫拝見したく仰出づ

御歸府ニ付、今度　權現様江　御宮號　勅使
之御悦旁　御登城　公方様江　御對顔、且
位記・宣旨并　宮號宣命林道春讀之、　御
聽聞有之、
一、日光江御使被遣候様、松平伊豆守より申上之、
一、御鷹場ゟ　御歸府ニ付、此日　公方様・　大
納言様江御鷹之鳫三充御差上、　亀松様・
長松様江も鳫被進之、

十一月十二日

亀松様御髪置ニ付　御登城、　宰相様ニも
御登城有之、

十一月十三日

亀松様御髪置爲御祝儀　公方様・　大納言様
江三種貮荷ツヽ、御差上、　亀松様江銀貮拾枚
御進覧、御実母并御乳人等江も銀子御贈有之、
　宰相様ゟハ　公方様・　大納言様江二種
一荷充御差上有之、
一、日光位記・　宣旨之写、御拝見被成候様被
　仰出、

光友日光への御使派遣を尋ぬ

一、宰相様ゟ日光江御使可被遣哉ト、松平伊豆守江岩田長右衛門(昌成)を以為御伺之処、御使被遣可然候得共、御差図難仕候間　大納言様・水戸様御相談被成可然候、

向後は日光東照宮と称すべし

且向後ハ日光　東照宮与可奉称旨申聞有之、

　十一月十四日

日光位記などの写松平信綱持参

日光位記・　宣旨之写、仍　上意松平伊豆守持参有之、

一、右御礼として　御登城有之、

*光友日光東照宮へ太刀などを進献

　十一月十五日

　十一月十六日

記事無之、

　十一月十七日

今度宮号進らるにつき家光紅葉山東照宮へ参詣

今度　御宮号被進候付　公方様紅葉山御宮江　御参詣有之　御豫参、

一、還御以後、右　御宮江　宰相様御参詣、

一、右為御祝儀、紅葉山ゟ直ニ　御登城、　宰相様ニも　御登城有之、

　十一月十八日

　十一月十九日

記事無之、

　十一月廿日

宰相様来廿五日御鷹場江被為　成候様被　仰出候旨、松平伊豆守御城附江申聞有之、

一、右御礼として　御登城有之、

一、日光(日光東照宮)　御宮江　宰相様ゟ御太刀・馬代黄金一枚御進献有之、

　十一月廿一日

女院江年寄中奉状を以、枝柿御差上有之、

　十一月廿二日

記事無之、

　十一月廿三日

尭左大夫若黄鷹打差上候付、大判壹枚被下之、

　十一月廿四日

記事無之、

十一月廿五日

千代姫水痘につき酒湯懸く

姫君様御水痘之処、今日御酒湯被爲　懸、

十一月廿六日

十一月廿七日

記事無之、

十一月廿八日

日光江　上使今川刑部少輔(刑部大輔直房カ)被遣候付　御登城可被遊之處　姫君様御水痘ニ付、御登城無之、

十一月廿九日

記事無之、

十一月晦日

上杉定勝跡式仰付く

上杉彈正少弼(定勝)跡式被　仰付候付　上使阿部對馬守被進之、

一、御姫様江戸　御下向ニ付　女院ゟ御使被進候爲御挨拶、此月、京都江御使成田源右衛門(勝明)御差登せ有之、

十二月朔日

御登城　公方様江　御對顔有之、

十二月二日

左之通被　仰出、

亡父遺跡知行之内貮千五百石被下、寄合被　仰付、　惣左衛門惣領 御目見 澤井三左衛門(元重)

亡父遺跡知行之内分知五百石被下、寄合被　仰付、　惣左衛門四男 沢井三十郎(元俊)

自十二月三日至十二月五日

記事無之、

十二月六日

駿河町(尾張國愛知郡)平左衛門下人作助ト申者、主人・女房を切出奔いたし候付、請人岩崎村(尾張國春日井郡)孫左衛門籠舎申付候處、致病死候付獄門、

十二月七日

御馬廻組天野四郎兵衛(景隆)、御勘定奉行被　仰付、

一、盗賊之訴人同類角兵衛江、爲御褒美白銀三拾枚
被下之、
十二月八日
宰相様江　上使松平伊豆守を以、御鷹場江之
御暇被進、　姫君様御水痘御遠慮ニ付　水戸
様御屋敷迄伊豆守相越、岩田長右衛門江相達、
右ハ去月朔日　御登城之節、御暇被進候得共、
姫君様御水痘ニ付御延引、
十二月九日

光友前澤へ發駕

「今晩御鷹場前澤江　御發駕、」
一、宰相様今晩御鷹場前澤江　御發駕、
記事無之、

*家綱不例につき太田資宗差圖により光友歸府

十二月十日

紀州角兵衛と申す者木曽にて杣致す

紀州角兵衛ト申者、木曽ニ而杣いたし、損分相
立候迚　御直ニ目安差上、不屆者ニ付成敗、
十二月十一日

家綱不例

大納言様御不例ニ付　御登城有之、
姫君様御水痘ニ付御差扣、二丸御番所迠被爲
入、御伺有之御退出、
一、上使を以　大納言様御氣色御快然之旨被
仰進、且重而ゟハ無御遠慮　御本丸迄被爲
入候様被　仰進之、
一、宰相様御鷹場江　上使岡部丹波守(與賢)を以、御鷹
一居被進之、
一、右御礼として、前澤ゟ古屋主水御差越之
右ニ付　宰相様ゟ丹波守江大判壹枚・御小
袖五被遣、御鷹匠江も銀子被遣之、
一、大納言様御不例ニ付、太田備中守(資宗)仍差圖　宰
相様今晩夜通　御歸府有之、
十二月十二日
大納言様御不例、爲御伺　御登城有之、
十二月十三日
大納言様御不例御快候間　御登城御無用被成
候様被　仰出之、
一、上使松平伊豆守を以　大納言様御不例御快然

*歳暮の祝儀として家光らへ進上物あり

江戸冨澤町より出火

家綱不例快然のため伊勢神宮へ御備あり

*義直增上寺台徳院佛殿參詣

禁裏などへ進獻物あり

*家光より藥種進らる

光友紅葉山東照宮參詣

之旨被　仰進之、

一、右爲御礼　御登城有之、

一、澤井惣左衛門爲遺物、刀一腰差上之、

十二月十四日

大納言様御不例御快然之爲御祝儀、御囃子有之候付、御老中江爲御伺、依差圖　御登城、

宰相様ニも御登城有之、

十二月十五日

江戸冨澤町(武藏國豊島郡)ゟ出火、及大火候付　御登城有之、

一、大納言様御不例御快然之爲太〻神樂御執行、御供御差上ニ付、伊勢(伊勢神宮)江大判六枚御備有之、

十二月十六日

記事無之、

十二月十七日

禁裏江海鼠腸一壺　仙洞江宮重大根一箱御進獻之、　女院・新院江も御同様御差上有之、

一、宰相様紅葉山　御宮江　御參詣、

十二月十八日

重陽之　御内書被進之、

一、爲歳暮御祝儀　公方様・大納言様江御小袖三ッ、御差上、　天樹院様江も黄金壹枚　長松様・龜松様江も白銀五枚ッ、被進之、

自十二月十九日
至十二月廿一日

記事無之、

十二月廿二日

公方様ゟ女使を以、歳暮御祝儀物被進之、

十二月廿三日

記事無之、

十二月廿四日

增上寺　台徳院様御仏殿江　御參詣、

十二月廿五日

公方様ゟ御薬園之薬種被進之、

一、左之通御仕置有之、

獄門

田辺四郎右衛門（常之）若黨
夜盗
彦　六

同
久野七郎右衛門（宗信）若黨
新　助

同
横井孫兵衛（時之）若黨
與四右衛門

山田八兵衛（一信）中間
盗賊
次郎右衛門

同
伊三郎

同
徳右衛門

同
十兵衛

久野七郎左衛門（右カ）若黨
夜盗新助
妻子

同人中間ニ而致欠落候
夜盗太助
妻

同人中間ニ而致欠落候
夜盗弥助
妻

同斷

横井伊折助（時安）中間ニ而致欠落候
夜盗八兵衛
妻子

稲葉六郎左衛門（正辰）中間致欠落候
夜盗長助
妻子

稲葉兵部（正武）中間致欠落候
夜盗與四藏
妻子

御宿物大夫中間ニ而致欠落候
夜盗覚右衛門
妻子

同人中間ニ而致欠落候
夜盗長藏
妻

盗馬を肝煎
賣買爲致候
齋右衛門

十二月廿六日

昨日藥種被進候爲御禮　御登城有之、

一、左之通御仕置有之、

獄門

人を殺候
盗賊
庄左衛門

盗賊
角右衛門

*家光口中痛につき増上寺台徳院佛殿參詣今日に延引

*歳暮の祝儀として義直ら登城し家光と對顔

*家老のうち諸大夫少なし

*寺尾直政らに諸大夫仰付く

十二月廿七日

左之通御仕置有之、

獄門　久野杢大夫（長雄）中間
夜盗
㐂藏

盗賊
理兵衛

田辺四郎右衛門中間
夜盗
左馬助

十二月廿八日

左之通御仕置有之、

獄門　久野七郎右衛門中間
夜盗
弥助

御宿物大夫中間
同
覺右衛門

同
長藏

盗賊
与平次

謀書・謀判等いたし候付、町中引廻獄門、
（尾張國愛知郡）大和町
佐次右衛門賣子
善太郎

十二月廿九日

公方様去廿四日御口中御痛、増上寺江　御參詣不被遊候付、今日　台徳院様御仏殿江　御參詣ニ付　御豫參、

十二月晦日

爲歳暮御祝儀　御登城、　宰相様ニも　御登城　公方様江　御對顔有之、

一、御家老之内諸大夫之者少候付、其段先達而爲御達之處、寺尾左馬助・間宮權大夫・渡辺半藏諸大夫被　仰付旨、今日於　御城御家老江御老中申渡有之、

右ニ付、左馬助彈正少弼、權大夫大隅守、半藏右馬允与相改、

一、此月、左之通被　仰出、

長囲爐裏御番
志村源次郎（次郎兵衛某カ）
奥御番被　仰付、御加増四拾石被下置、

御腰物奉行
安部［倍］八兵衛（道季）
御城奥方御機嫌伺役被　仰付、

御腰物奉行被
仰付、
御進物番
上田長兵衛

御部屋御小性被
仰付、
御部屋御通番
上野佐助

濃州鵜沼村焼失

一、此月、濃州鵜沼村(各務郡)焼失、

一、此年、　大納言様御元服・御官位ニ付、參向有之候　八條宮(智仁親王)・一条前關白殿(昭良)・同中納言殿(伊實)・飛鳥井(前權脫)大納言殿(雅宣)・阿野宰相殿(公業)初御招請有之、

一、此年、松平伊豫守病氣爲　御尋被爲　成、

竹腰正晴へ赤坂に屋敷下さる

一、此年、新御屋敷南ニ竹腰虎之助屋敷有之候處、新屋敷狹候付、於赤坂屋敷被下、虎之助屋敷者新御屋敷江御囲込相成、

虎之助屋敷之儀　公義ゟ拝領之屋敷ニ仕度旨申上候付　公義江御達有之、

新屋敷添地に義直女御殿など取建つ

一、此年、新御屋敷御添地ニ　御姫様　御殿・御長屋等御取建有之、切組出來、

一、此年、左之通被　仰出、

御部屋御用人被
仰付、
御部屋御小性頭
小野澤五郎兵衛(吉清)

御足米地方ニ御直
被下置、
御目付
本多太兵衛(因信)

御普請奉行被
仰付、御足米地方ニ御直
被下置、
鉄炮組御足輕頭
萩原八大夫(茂江)

鉄炮組御足輕頭被
仰付、
御供番
本多九右衛門
御馬廻組
神谷彦左衛門
御本丸御番
大野牛右衛門

御足輕頭被　仰付、
御弓役
長屋六左衛門(忠重)

御加增廿石被下置、
御部屋御小性
小嶋平左衛門

御納戸被　仰付、
奥御番
林　武兵衛

御供番被
仰付、御加增被下置、三百石
代被成下、
御進物番
天野儀左衛門

御供番被
仰付、百石分之御足米
被下置、
奥御番
山本彦助

寄合被　仰付、
御小性並
毛利治部左衛門(廣尙)

御進物番小頭被
仰付、知行代三百石
被下置、
御進物番
關　市之右衛門
同
江原孫右衛門

同
朝比奈弥次右衛門(正直)
御通番
内藤左平(正高)

御進物番小頭被
仰付、

御進物番(秀熊)
山本平大夫
同
小畠(畑)五大夫(武敏)
同
鳥居傳右衛門(起春)
御通番
海保弥兵衛(満貞)
同
須加井惣右衛門(正休)

御進物番被
仰付、

御通番
米倉㐂左衛門(正方)
長囲爐裏御番(秀守)
上泉弥五兵衛

長囲爐裏御番小頭被
仰付、

同
久米務右衛門

長囲爐裏御番小頭被
仰付、御加増米四拾石被下置、

御進物番(吉正)
本多紋右衛門

細物方御納戸被
仰付、御加増拾石被下置、

御馬廻組(正勝)
西郷六大夫

御納戸被　仰付、

五十人御目付(政因)
太田弥五右衛門

御代官被　仰付、

同
東　武右衛門(政莫)

御加増拾石被下置、

五十人組(信重)
馬場六右衛門

五十人御目付被
仰付、

御部屋御歩行(舍次)
羽田野儀兵衛

御部屋五十人御目付被
仰付、御加増五石被下置、

御城代同心(淨直)
濱嶋甚左衛門

御鉄炮奉行被
仰付、御合力米拾五石
被下置、

同心御鷹匠(吉次)
青山三右衛門

御手鷹匠被
仰付、御加増五石被下置、

御手鷹匠
渡辺次郎九郎

御加増五石・御加扶持
貳人分被下置、

御部屋御馬乗
大泉太兵衛(忠英)

御加増貳十石被下置、

御城代組
茂左衛門惣領(範重)
御目見
一色勘之丞(覺左衛門某カ)

御目見御奉公相勤候付、
金子拾両・御扶持五人分
被下置、追而御小性被　仰付、

御目見
天野久右衛門(政利)

御弓役被　召出、御切米
三十石・御扶持五人分被下置、

御馬廻組ニ而先年改易被　仰付候
(勘八郎重家カ)
勘八惣領
御目見
水野十郎右衛門

被　召出、御切米百石
被下置、

寺尾彈正少弼(直政)同心
半右衛門(親秀)惣領
福冨七郎右衛門(傳右衛門親全カ)

御馬廻組ニ而先年改易被　仰付候
勘八次男
御目見
水野丹右衛門

御通番被
召出、御切米六拾石・
御扶持五人分ツヽ
被下置、

御馬廻組
六大夫(時忠)次男
同
荒川七右衛門

御馬廻組
傳左衛門悴
御目見
外山弥左衛門

御供番
甚之丞悴
御目見
矢嶋彈左衛門(惣右衛門治政カ)

御部屋御通番被
召出、御切米六拾石・御扶持
五人分被下置、

長野數馬同心
半兵衛(景次)二男
御目見
加藤新太郎(和佐)

長囲炉裏御番被
召出、御切米三十石・御扶持五人分
被下置、

成瀬隼人正同心
長大夫三男
御目見
磯貝佐次兵衛

御右筆被　召出、

御馬乘被
召出、御切米四拾石・御扶持
五人分被下置、

高野九兵衛(吉忠)

福嶋(正則)家ニ仕候
備中守(長義)悴
津田主水(長俊)

竹腰山城守同心被
召出、知行貳百五拾石
被下置、

浪人
飯田九郎兵衛(八右衛門盛次)惣領
中村傳左衛門

竹腰山城守同心被
召出、知行百五十石
被下置、

半兵衛悴
奥平市右衛門(定法)

間宮大隅守同心被
召出、知行百五拾石
被下置、

尾張國知多郡緒川村居住
塚本七兵衛悴
鈴木又左衛門(幸重)

渡辺右馬允(治綱)同心被
召出、知行百五十石
被下置、

寄合ニ而病死
伯耆(吉政)惣領
荒川次郎九郎(吉任)

亡父遺跡知行千五百石
無相違被下置、寄合
被　仰付、

同(時久)
作左衛門惣領
寄合
横井吉三郎(時家)

亡父遺跡知行之内
千石被下置、

同人四男
長囲爐裏御番
横井權之丞(時定)

同人五男
御進物番
横井庄三郎(時友)

亡父遺跡知行之内
分知貳百石充被下置、
御馬廻組被
仰付、

御鷹匠ニ而病死
(昌知)四兵衛二男
御鷹匠(昌房)
倉林与七郎

亡父同姓四兵衛遺跡知行弐百石之内百石御加増被下置、

成瀬隼人正同心組頭ニ而病死
(吉忠)三郎左衛門惣領
平岩助六(吉隆)

亡父遺跡知行之内七百石被下、成瀬隼人正犬山同心組頭被 仰付、

三郎左衛門次男
平岩三郎兵衛

亡父遺跡知行之内、分知三百石被下置、 隼人正同心被 仰付、

長囲爐裏御番(正祥)
權田五右衛門

(正勝)父遺跡無相違被下置、渡辺右馬允同心被仰付、

御納戸(長種)
安井弥次右衛門

病氣仍願御免、 長囲爐裏御番帰役被仰付、

御馬廻組小頭(政盛)
大橋勘左衛門

病氣仍願御役儀御免、 御馬廻組被仰付、

概高百石四拾匁に相究む

一、此年、堤銀高百石人足弐人ッヽ、日數ハ壹人五拾日充(春三拾日、秋廿日)、壹人銀五分ツヽ、元高百石五拾匁、概高百石四拾匁ニ相究、

都筑信敎魚住喜右衛門を切殺す

信敎路次において死

一、此年、藤田民部(忠次)同心都筑弥兵衛(信致)惣領同姓八兵衛(信敎)、魚住㐂右衛門と及刃傷、㐂右衛門を切殺、八兵衛ハ深手故路次おゐて死、

正保三年
義直四十七歳
家光四十四歳
光友二十二歳
家綱六歳
綱重三歳
亀松二歳
綱吉一歳

（表紙題簽）

源敬様御代御記録　卅二

（内題）
「源敬様御代
㊞御記録　正保三年　従正月至十二月
八月　御帰國」

年頭の御禮として義直登城し家光と對顔

正保三年
正月朔日
為年頭御禮　御登城、於御白書院　公方様（徳川家光）江御對顔、御太刀目録御差上、御盃事有之、
呉服　御頂戴有之、

正月二日

謡初

今晩御謡初ニ付、御盃臺御差上之、

*義直年頭の祝儀として頼房らへ入る

一、為年頭御祝儀　天樹院様（本多忠刻室、徳川氏）江被為　入、白銀五枚被進之、

光友年頭の御禮として登城し家光と對顔

一、為年頭御礼　宰相様（徳川光友）御登城、於御白書院

公方様江御對顔、御盃事有之、呉服御頂戴有之、
一、今晩御謡初ニ付　御登城　公方様江　御對顔、
御盃事有之、御規式相濟而　御退出、

正月三日
雪降候付、為御伺御機嫌　御本丸・二丸江阿部（正致）河内御差出之、

正月四日
為年頭御礼、二丸江　御登城有之、

*家綱少々不例

正月五日
大納言様（徳川家綱）少ゝ御不例ニ付、為御伺御機嫌、阿部河内御指出之、

正月六日
為年頭御祝儀　水戸様（徳川頼房）・紀伊宰相様（徳川光貞）・水戸（徳川光圀）中將様江被為　入、黄金壹枚充被進之、

*若菜の祝儀

正月七日
為若菜御祝儀　御登城、　宰相様ニも御登城、
御老中江　御謁御退出、

徳川綱吉誕生

*綱重へ年頭の祝儀進む

*義直ら上野東照宮參詣

綱吉七夜の祝儀

正月八日

今日　御男子様（のちの徳川綱吉）御誕生ニ付、為御祝儀　御
登城、　宰相様ニも御登城、御老中江　御謁
御退出、

正月九日

盗賊長藏獄門、

正月十日

御老中御招請有之、

正月十一日

盗賊齋四郎獄門、

正月十二日

正月十三日

記事無之、

正月十四日

徳松様（のちの徳川綱吉）御七夜ニ付、為御祝儀御脇差粟田口國吉、代金拾五枚、
壹腰被進之、
一、右御祝儀として　御登城、　宰相様ニも御
登城、御老中江　御謁御退出、
一、明日　御登城御無用被遊、御使御差出可被成旨、
太田備中守（資宗）御城附江申聞有之、

正月十五日

昨日御鷹之鶴被進候為御礼　御登城有之、
一、長松様（のちの徳川綱重）江為年頭御祝儀、御太刀・馬代黄金壹枚
被進之、

正月十六日

一、為年頭御礼　宰相様二丸江　御登城有之、
記事無之、

正月十七日

上野（上野東照宮）　御宮江　御參詣、　宰相様ニも　御參
詣有之、

正月十八日

記事無之、

正月十九日

女院（東福門院、徳川和子）江海鼠腸一桶、年寄中奉状を以御差上有之、

自正月廿日
至正月廿三日

記事無之、

正月廿四日

増上寺（武藏國豊島郡）　台徳院様（徳川秀忠）御仏殿江　御名代渡辺半（治綱）藏被遣之、

正月廿五日

記事無之、

正月廿六日

大納言様より　公方様江為年頭御祝儀、御膳被進候付　御登城、　宰相様ニも御登城、御老中江　御謁御退出、

家綱より家光へ年頭の祝儀進む

一、竹腰虎之助（正晴）江屋敷地三千貳百三拾坪　公義ゟ被下置之、

竹腰正晴へ公儀より屋敷地下置く

一、左之通御仕置有之、

兄を切殺候付磔、　（尾張國愛知郡）永安寺町　理兵衛
成瀬隼人正（正虎）家來

*家光紅葉山東照宮參詣

獄門
河野弥五右衛門中間
夜盗　九郎助
盗賊　㐂左衛門

正月廿七日

左之通御仕置有之、

盗賊之宿いたし候付獄門、　（尾張國愛知郡）栄町　六左衛門

（尾張國海西郡）脇野村次郎左衛門ト喧嘩いたし、兩人共手負、次郎左衛門相果候付成敗、　（尾張國海東郡）佐折村　庄作

獄門
盗賊　林齋
長九郎

正月廿八日
正月廿九日

記事無之、

一、此月、御馬廻組今井伊兵衛、御納戸被　仰付、

二月朔日

公方様紅葉山（紅葉山東照宮）　御宮江　御參詣ニ付　御豫參、

家光増上寺台徳院佛殿へ參詣

一、還御以後、右　御宮江　宰相様御參詣、銀三枚御備有之、

二月二日

公方様増上寺　台徳院様御仏殿江　御參詣ニ付　御豫參、

御仏殿江銀三枚御備、天光院（武藏國豊島郡）江銀貳枚被下之、

一、還御以後、右　御仏殿江　宰相様御參詣、

入鹿溜池出來につき新田起方の儀村々へ申渡す

一、入鹿溜池（尾張國丹羽郡）出來ニ付、此日新田起方等之儀、右近郷村ミ江御國奉行ゟ申渡、

二月三日
二月四日

記事無之、

*盗賊女

二月五日

高岳院（尾張國愛知郡）地ニ罷在候長左衛門、盗賊之宿いたし候者之宿請いたし候付獄門、

二月六日
二月七日

記事無之、

二月八日

盗賊長左衛門獄門、

二月九日

左之通御仕置有之、

獄門　久野七郎右衛門（宗信）中間　夜盗　與助
盗賊　八左衛門

二月十日

記事無之、

二月十一日

巾下裏町（尾張國愛知郡）盗賊女獄門、

自二月十二日
至二月十四日

記事無之、

二月十五日

御登城　公方様江　御對顔有之、

二月十六日

記事無之、

二月十七日

女院・新院江(明正上皇)年寄中奉狀を以、枝柿一箱充御
進獻有之、

二月十八日

記事無之、

二月十九日

義直鷹場へ御成

御鷹場江被爲　成候付、今日御鷹場江　上使本
多美作守(忠相)を以、蜜柑一箱被進之、

眞雁
白雁

一、公方様・大納言様江眞鳫一・白鳫壹ツ、、御鷹場ゟ御
使久野杢大夫(長雄)を以御差上之、

二月廿日
二月廿一日

記事無之、

二月廿二日

御鷹場江奉書被進之、

義直鷹場より歸府

一、御鷹場ゟ　御歸府、

一、盗賊門九郎・一郎右衞門獄門、

二月廿三日

宰相様江　上使を以、御鷹之鳫被進之、

一、右爲御禮　御登城有之、

二月廿四日

記事無之、

二月廿五日

*義直鷹場へ御成

御鷹場江被爲　成、

二月廿六日

公方様・大納言様江鳫壹充、御鷹場ゟ御使高
木久大夫(吉和)を以御差上之、

自二月廿七日
至二月晦日

記事無之、

*伊藤九郎三郎ら都筑市之丞長屋へ投火

一、此月、伊藤次郎兵衞養子九郎三郎并次郎兵衞召
仕之忰五郎助ト申者、兩人酒ニ給酔、當月四日
成瀬隼人正家來都筑市之丞長屋江投火いたし候

*上巳の祝儀として義直ら登城
侍に似合ざる儀
*光友鷹場へ御成
*光友鷹場より帰府
*頼房女と松殿道昭と縁組
義直鷹場より帰府

處、次郎兵衛穿鑿いたし候内、九郎三郎・五郎助共同七日自害いたし候付、其段達　御聴候處、侍ニ不似合義、不屆ニ　思召候得共、自害いたし候儀、且右之儀脇ゟ洩聞候ハヽ、次郎兵衛急度可被　仰付處、次郎兵衛穿鑿つよく候付、兩人自害いたし候儀と被　思召候付、御構ハ無之由、次郎兵衛江可申渡旨被　仰出、然共侍ニ不似合所業ニ付、先逼塞いたし可罷在旨、年寄中ゟ申渡之、

追而逼塞御免、

一、此月、長囲爐裏御番水野三之丞(次長)、御進物番被仰付、御加増三拾石被下置、

三月朔日

爲當日御祝儀　宰相様御登城　公方様江御對顏、此節御鷹場江之御暇被進之、

三月二日

御鷹場ゟ　御帰府、

三月三日

爲上巳御祝儀　御登城、　宰相様ニも　御登城　公方様江　御對顏、相濟而二丸江　御登城　大納言様江　御對顏有之、

三月四日

一、宰相様御鷹場江被爲　成、

宰相様御鷹場ゟ　御帰府、

一、公方様・大納言様江御鷹之鳫貳御指上、長松様・龜松様・徳松様江も同壹充被進之、

自三月五日
至三月八日

記事無之、

三月九日

水戸御姫様(徳川頼房女)、松殿右大將殿(道昭)江御縁組、近々御上京ニ付、御暇として、長持廿棹被進之、

右御長持追而尾州ゟ御使御馬廻組小頭林勘右衛門御差登、伏見(山城國紀伊郡)迄被遣之、

*義直上野東照宮參詣

*賴房女熱田茶屋屋敷泊り

家綱當春不例につき御國三社へ祈禱仰付く

*賴房女桑名渡海

自三月十日
至三月十三日

記事無之、

三月十四日

左之通御褒美被下置、

御馬廻組
甚左衛門(友政)四男
林　權之助

幼少ニ而御鷹野・御鹿狩之御供相勤候付、御小袖一充被下置
村井小源次〔治〕

三月十五日

御登城、御白書院おいて　公方様江　御對顔有之、

一、上使牧野佐渡守(親成)被進之、

一、大納言様當春御不例ニ付、御國三社おいて御祈禱被　仰付候付、熱田(熱田社)(尾張國愛知郡)江銀十枚、津嶋(津島社)(尾張國海東郡)江同三枚、一之宮(眞清田社)(尾張國中島郡)江同貳枚御備有之、

三月十六日

記事無之、

三月十七日

上野　御宮江　御參詣、

三月十八日

記事無之、

三月十九日

女院江粕漬鮑一桶、年寄中奉狀を以御差上有之、

三月廿日

水戸御姫様御上リ「登り」(貼紙、以下同ジ)、今晩熱田御茶屋屋敷御泊ニ付、成瀬隼人正・間宮大隅守(正照)、其外御役人罷出、御馳走有之、

三月廿一日

御小性鈴木市之丞、御歩行頭被　仰付、

一、今朝　水戸御姫様熱田ゟ桑名(伊勢國桑名郡)江御渡海有之、

三月廿二日

記事無之、

三月廿三日

*舊臘焼失の鵜沼村へ葺萱代下さる

生鳥

*柳生宗矩卒去

頼宣有馬へ湯治

*家光紅葉山東照宮參詣

公方様少ゝ御不例ニ付　御貳方様(義直・光友)ゟ為御伺御
機嫌、御使御差出可被遊哉と、太田備中守江為
御伺之處、御無用被成候様申聞有之、
一、大納言様江生鳥一篭御差上有之、
　三月廿四日
記事無之、
　三月廿五日
宰相様御登城　公方様江　御對顔有之、
　自三月廿六日
　至三月廿九日
記事無之、
一、此月、紀州様(徳川頼宣)有馬(攝津國有馬郡)御湯治ニ付　御書を以、
干鮪百廿枚・氷餅一箱被進之、猶又彼地江御使
下條庄右衛門(正明)を以、御樽肴被進、　宰相様ゟ
も御書を以、干細魚一箱被進之、
　四月朔日
御登城　公方様江　御對顔有之、

　四月二日
旧臘濃州鵜沼村(各務郡)焼失ニ付、葺萱代被下之、
　自四月三日
　至四月六日
記事無之、
　四月七日
柳生但馬守(宗矩)卒去ニ付、御香典白銀廿枚、菩提所
廣徳寺(武藏國豊島郡)江被遣之、
　自四月八日
　至四月十四日
記事無之、
　四月十五日
公方様江和布一箱御差上之、
　四月十六日
記事無之、
　四月十七日
公方様紅葉山　御宮江　御參詣ニ付、御豫參、
　還御以後　大納言様御參詣被遊　歸御

義直自撰の東照宮御年譜差上ぐ

*木曾にて御法度の大木伐出すにつき成敗

*長良木と似書いたすにつき獄門

家光喜悦の旨仰進む

鷹の梅首

之節御跡ニ御引續　御登城、御老中江　御謁御退出、

一、公方様紅葉山　御參詣以前　御登城、　御自撰之　東照宮(徳川家康)　御年譜、阿部對馬守(重次)を以御差上有之、

一、還御以後、右　御宮江　宰相様御參詣、

一、上使阿部豊後守(忠秋)を以、今朝　御年譜御差上、御𢡟悦之旨被　仰進、右爲御禮　御登城可被遊處、豊後守仍差圖、御使渡辺右馬允(治綱)御差出有之、

一、紀州様御下向ニ付、御旅中二川(三河國渥美郡)江御使を以、御樽肴・御菓子被進之、

四月十八日

記事無之、

四月十九日

上使上野阿波守(石川貞當)を以、御鷹之梅首・鶴被進之、

一、右爲御礼　御登城有之、

四月廿日

左之通御仕置有之、

(尾張國愛知郡)本町半右衛門ト申合、(信濃國木曾郡)木曾おいて御法度之大木伐出候付成敗、　松原弥一右衛門手代　村上一郎右衛門

村上一郎右衛門ト申合、木曾おいて大木を伐、長良木与似書いたし候付、所おゐて獄門、　本町理右衛門悴　半右衛門

四月廿一日

四月廿二日

記事無之、

四月廿三日

女院・　新院江年寄中奉狀を以、鮎鮓一曲物充御進獻有之、

四月廿四日

明日公家衆御馳走之御能被　仰付候付、御登城・御見物被成候様　御二方様江　上使安藤伊賀守(重元)を以被　仰進之、

四月廿五日

家綱不例につき公家衆馳走の能相止む

大納言様御不例ニ付、今日公家衆御馳走之御能
相止、
一、大納言様御不例之處、今日ハ御快、且昨今
御登城被遊候付　上使石川播磨守(總長)被進之、
一、右爲御禮、御使者御差出有之、

四月廿六日

今朝地震

今朝地震ニ付、爲御伺御機嫌　御登城、宰
相様ニも御登城有之、

*頼房女婚禮につき山下氏政らを差登らす

一、明日公家衆御馳走之御能被　仰付候間　御
貳方様御登城・御見物被成候様、阿部對馬守御
城附江申聞有之、
一、明日之御能天氣相も不相知候間、明後廿八日迄
御延引之由、奉書を以被　仰進之、

四月廿七日

記事無之、

公家衆馳走の能につき義直ら登城

四月廿八日

公家衆御馳走之御能ニ付　御登城、　宰相様
ニも御登城　公方様江　御對顔、御能御見物、
相濟而御退出、

四月廿九日

記事無之、

四月晦日

大納言様御機嫌御伺として　御登城可被成哉
と　水戸様ゟ御老中江爲御伺之処、御快然被
遊候間、御登城御無用被成候様差圖ニ付　御
貳方様　御登城無之、
一、此月、　水戸御姫様御婚禮ニ付、京都江御使山
下市正(氏政)御差登、　宰相様ゟも山崎惣左衛門(直助)御
差登、松殿江御太刀目録被遣之、　御姫様江も
御樽肴被進、　九條前關白殿(幸家)・同政所(豊臣秀勝女、完子)・同左大
臣殿(九條道房)・二條攝政殿(康道)江御樽肴被遣之、　御姫様
御供ニ而罷登候中山市正(信政)等江も被下物有之、

*端午の祝儀として家光らへ呉服差上ぐ

五月朔日

爲端午御祝儀　公方様・　大納言様江呉服御

差上、　宰相様ゟも御同様御差上有之、

五月二日

後水尾上皇不豫

仙洞(後水尾上皇)御不豫ニ付、京都江御使戸田忠兵衛為御差登有之、

右ニ付、忠兵衛江銀貳枚被下、

一、為端午御祝儀　天樹院様江白銀五枚被進之、

五月三日

公方様ゟ女使を以、端午御祝儀として、呉服色々被進之、

五月四日

大納言様江菖蒲御兜一餝御差上、　長松様・亀松様・徳松様江も御同様被進之、

五月五日

為端午御祝儀　御登城、　宰相様ニも御登城、於御黒書院　公方様江御對顔、相済而二丸江

御登城　大納言様江御祝儀被　仰上御退出、

自五月六日
至五月九日

記事無之、

五月十日

*家綱本復祝儀の能仰付く

大納言様御不例御本復為御祝儀、三丸おいて御能被　仰付候付、為御悦　公方様・大納言様江御樽肴御差上、　宰相様ゟも御同様御差上有之、

五月十一日
五月十二日

記事無之、

五月十三日

*死骸獄門

盗賊甚之助夜盗ニ入、切殺され候付、死骸獄門、

五月十四日

記事無之、

五月十五日

御登城有之、

五月十六日

千代姫吹出物
*義直上屋敷守殿へ御成
*家光眼病氣
家光紅葉山東照宮參詣
千代姫麻疹治定
容體一時に兩度づつ御城へ注進あり
*千代姫酒湯懸く
酒井忠勝ら千代姫伺ひとして一日に兩度使者差出づ
*酒湯の祝儀として酒井忠勝らの進上物あり

公方様江御差上之巣鷹、駿河迄飯田源右衛門差
添御差下有之、
一、姫君様(光友室、德川氏)一兩日御熱被爲　在、御吹出物も相見
候付、今夜中より　上御屋敷　御守殿江被爲
成、
五月十七日
公方様紅葉山　御宮江　御參詣被遊候処
御貳方様ニハ　姫君様御不例ニ付、　御參詣無
之、
五月十八日
姫君様御麻疹御治定、太田治兵衛(宗勝)御藥差上之、
右ニ付、御容体一時ニ兩度ツヽ、　晝夜共
御城江御注進有之、
一、今晩上御屋敷ゟ　帰御、
一、紀州様ゟ　姫君様御所労ニ付、爲御伺一日ニ
兩度ツヽ、　御使被進之、
一、酒井讃岐守(忠勝)・堀田加賀守(正盛)・松平伊豆守(信綱)・阿部豊
後守・同對馬守ゟ　姫君様御所労ニ付、爲伺
一日ニ兩度ツヽ、使者差出之、
五月十九日
上御屋鋪　御守殿江被爲　成、
五月廿日
公方様御眼病氣之処　姫君様御麻疹ニ付
御貳方様　御登城無之、
一、上御屋敷　御守殿江被爲　成、
一、姫君様今日初而御酒湯被爲　懸候儀、御醫師
御様体相伺達　上聞候處、天氣等ニ付、仍
上意今日御酒湯御延引、
五月廿一日
姫君様今日御酒湯被爲　懸、
一、右ニ付、上御屋敷御守殿江被爲　成、
一、御酒湯被爲　懸候付、御醫師卜齋(本多某)・意庵・玄竹(奈須恆昌)
相詰ニ不及旨被　仰出之、
一、御酒湯之御祝儀として　姫君様江酒井讃岐守・

堀田加賀守・御老中・井伊掃部頭(直孝)・酒井河内守(忠清)・
松平越後守(光長)・松平大和守(直基)・松平土佐守(忠實)ゟ御樽肴
進上有之、　大納言様(徳川義直)・　宰相様江も進上物有
之、

五月廿二日

*千代姫麻疹本復後初て義直登城

上御屋敷御守殿江被爲　成、
一、女院江干大根一折、年寄中奉狀を以御差上有之、

五月廿三日

姫君様二度目御酒湯被爲　懸、
一、右ニ付、上御屋敷御守殿江被爲　成、

五月廿四日

上御屋敷　御守殿江被爲　成、

五月廿五日
五月廿六日

記事無之、

五月廿七日

仙洞江鮎鮓一曲物、御進獻有之、

五月廿八日

記事無之、

五月廿九日

公方様江巣鷹御差上之、
一、此月、御小性堀外記(貞高)、御近習詰被　仰付、

六月朔日

姫君様御麻疹御本復後初而　大納言様　御登城　公方様江　御對顔有之、
一、御機嫌御伺之御使者、今日ゟ御差出之、
一、上使阿部豊後守被進之、

六月二日
六月三日

記事無之、

六月四日

宰相様江　上使石川播磨守を以、巣鷹被進之、
一、右爲御礼　宰相様御登城可被遊之処　姫君様御麻疹御遠慮ニ付　御登城無之、

*松村新兵衛らへ知行の黑印下置く

綱吉宮參につき義直登城

光友登城なし

後水尾上皇腫物平癒の祝儀進獻

六月五日

徳松様明日　御宮參被　仰出、　御歸之節牧野(信成)内匠頭亭江　御立寄ニ付　御登城、　公方様江計　御對顔被成候様、松平伊豆守ゟ御差圖申上之、

一、右ニ付、内匠頭江爲御悦御使を以、壹種壹荷被遣之、

六月六日

徳松様御宮參(二の丸内宮)ニ付　御登城　公方様江　御對顔有之、

宰相様ニハ　姫君様御麻疹後ニ付、御遠慮ニ而　御登城無之、

自六月七日
至六月九日

記事無之、

六月十日

仙洞御腫物御平癒ニ付、爲御祝儀、御使一色(孝治)壹岐京都江爲御差登三種貳荷、　禁裏(後光明天皇)・女院・新院江貳種一荷充御進獻有之、

六月十一日

記事無之、

六月十二日

松村新兵衛江知行五百石、加藤三左衛門(正長)・小笠原九郎兵衛(宗雄)江三百石充、野呂瀬半兵衛(直畠)江御加増知百石之　御黑印被下置之、

六月十三日

上使加々爪甲斐守(直澄)を以、瓜一籠被進之、

六月十四日

記事無之、

六月十五日

御大工茂右衛門悴茂助、枇杷嶋橋(尾張國春日井郡)之金物盗取候付成敗、

六月十六日

記事無之、

家光二の丸御宮參詣

寺尾直政ら諸大夫の口宣板倉重宗へ仰遣す

*八百石入りの荷物船三艘新規出來

六月十七日

公方様二丸　御宮江　御參詣ニ付、紅葉山御宮江　御名代寺尾彈正少弼(直政)被遣之、

一、寺尾彈正少弼・間宮大隅守・渡邊右馬允、旧臘諸大夫被　仰付候付、口　宣之儀、板倉周防(重宗)守江　御書を以被　仰遣之、

六月十八日

(尾張國愛知郡)駿河町作助、主人之妻を切欠落いたし候付、町中引廻礫、

六月十九日

記事無之、

六月廿日

左之通御仕置有之、

平尾弥兵衛　若黨　長三郎
夜盗いたし候付獄門、

同人　妻
成敗、

太田新五左衛門(資昆)　若黨　與右衛門
長三郎同類ニ付獄門、

服部小十郎(正吉)　御預御足輕　左大夫
長三郎・與右衛門同類に付獄門、

同人　妻
獄門、

久野七郎右衛門　御預御足輕　平右衛門
同類ニ付獄門、

同人　母
妻
娘
獄門、

六月廿一日

八百石入之御荷物舟三艘、新規出來、

六月廿二日
六月廿三日

記事無之、

六月廿四日

增上寺　台德院様御仏殿江　御名代志水甲斐(忠政)被遣之、

六月廿五日
六月廿六日
記事無之、
六月廿七日
女院・新院江粕漬鮑一桶ツヽ、年寄中奉狀を
以御差上有之、
六月廿八日
爲當日御祝儀　御登城　公方樣江　御對顏有
之、
一、公方樣・大納言樣江干鯛一箱充御差上、（家綱へ手遊物も差上ぐ）
大納言樣江ハ御手遊物をも御差上有之、
六月廿九日
記事無之、
一、此月、御部屋御小性上野佐助（小左衞門資宗）、御勘氣被　仰出、（上野資宗へ勘氣仰出づ）
一、此月、松殿右大將殿薨去ニ付　女院御機嫌御（松殿道昭薨去）
伺、且松殿一門中爲御見廻、「兼松源兵衞（正榮）御差登、
兼松源兵衞御差登
女院御機嫌御伺之儀、京都所司代松平周防守江（板倉重宗カ）爲御伺之處
之処、此度之儀、公義ゟ　上使太田備中守御
公義ゟ上使太田備中守御差登有之候得共、以上使
差登有之候得共以　上使被　仰上候に、此備
被仰上候ニ不及、備中守帰府ニ付、大岡美濃守（忠吉）・野ゝ山丹後（兼綱）
中守帰府ニ付、御用人松平周防守仍差圖、大岡
守迄申置候樣、周防守仍差圖、右兩人江　御口上申置源兵
美濃守・野ゝ山丹後守迄　御口上申置、源兵
衞罷帰、」
衞罷帰、
七月朔日
御登城　公方樣江　御對顏之処　此方（徳川義直）・水
戸御父子樣・紀伊宰相樣御同道、近日深川・
角田川辺江乍御慰（隅、以下同ジ）（武藏國葛飾郡）　御越被成候樣　上意有之、
卽御礼被　仰上御退出、
來四日・五日之內角田川辺江　御越被成候
樣被　仰出候旨松平伊豆守・阿部豐後守御城
附江申聞有之、
一、右　上意之趣　宰相樣江可申上旨松平伊豆
守御城附江申聞有之、

千代姫麻疹本復後初て光友登城
*小早船にて鵜遣見物
頼房女婚姻以前に松殿道昭薨去につき江戸下向
*七夕の祝儀として家光らへ黄金差上ぐ
義直ら船にて隅田川へ越す
*小野澤吉勝と村尾左門刃傷に及び共に死す
馳走人阿部忠秋

一、右爲御礼　宰相様ゟ御老中江御使被遣之、
一、姫君様御麻疹御本復後初而　宰相様御登城
　公方様江　御對顔有之、
　七月二日
記事無之、
　七月三日
水戸御姫様當三月御上京之処、御婚姻以前松殿
右大將殿薨去ニ付、江戸江御下向、今晩佐屋（尾張國海東郡）御
泊ニ付、御馳走有之、
　七月四日
此方・水戸御父子様・　紀伊宰相様、御船ニ
而角田川江　御越、右　御殿江被爲　入、御
馳走人阿部豊後守被　仰付、中奥御小性・御目
付・御船奉行等相越、角田川迄　上使牧野佐
渡守を以、御樽肴・御菓子被進之、御饗應早而
爲　上使新見七右衛門（正信）鵜匠壹人召連相越、
歸御之節鵜爲擶　御覽被成候様　上意之
趣申上、其後御作園場・瓜畑等御見物、夫ゟ小
早御船ニ而鵜擶御見物、相濟而　歸御、
右ニ付、御馳走奉行等江御使を以、被遣物有
之、
　七月五日
昨日於角田川御饗應等之爲御禮　御登城、
　宰相様ニも　御登城、御老中江　御謁御退
出、
　七月六日
爲七夕御祝儀　公方様・大納言様江黄金壹
枚充御差上、　宰相様ゟも御同様御差上有之、
一、御部屋御小性小野澤九郎三郎（吉勝）、村尾左門及刃傷、
兩人共死、
　七月七日
爲七夕御祝儀　御登城、　宰相様ニも御登城、
於御黒書院　公方様江　御對顔、相濟而二丸
江　御登城、　大納言様江　御對顔、御祝儀

被　仰上御退出、

自七月八日
至七月十日
記事無之、

七月十一日

*家光増上寺佛殿参詣

大納言様ゟ御生見玉之御祝ニ付而、例年ハ御登城不被遊候得共、當年ハ如何可被遊哉ト、御老中江御城附を以爲御伺之處、例年之通　御登城御無用被遊候様申上、被爲入御念候段、御序を以可達　上聞旨申聞有之、

生御靈の祝儀の登城無用

七月十二日

記事無之、

七月十三日

大納言様江御盃臺御差上之、

一、姫君様江御燈篭被進之、

七月十四日

記事無之、

七月十五日

*家光紅葉山東照宮参詣

公方様増上寺　御仏殿江　御參詣ニ付　還御爲御伺御機嫌、御使者御差出之、

七月十六日

記事無之、

七月十七日

公方様紅葉山　御宮江　御參詣ニ付　御豫參、

一、還御以後、右　御宮江　宰相様　御參詣、

七月十八日

*家綱灸治

大納言様御灸治ニ付、爲御伺御機嫌、枝柿壹箱御差上之、

一、渡辺次郎兵衛中間長助、令盗候付獄門、

七月十九日

上使加々爪甲斐守を以、御鷹之雲雀被進之、

一、右爲御禮　御登城有之、

一、葭町小三治、（尾張國愛知郡）母并舅与及口論候付成敗、

七月廿日

記事無之、

七月廿一日

宰相様江　上使新庄美作守(直房)を以、御鷹之雲雀被進之、

七月廿二日

一、右爲御礼　御登城有之、

記事無之、

七月廿三日

奥様(義直側室、津田氏)江今日　上使を以、御鷹之雲雀被進之、

七月廿四日

女院江取交鮓一壺、年寄中奉状を以御差上有之、

七月廿五日

上使松平伊豆守を以　御國許江之御暇被進、明後廿七日於二丸御茶可被進旨被　仰進之、

一、右爲御礼　御登城有之、

七月廿六日

明日二丸おいて御茶被進候付、爲御礼　御登

城、且今日　大納言様・亀松様御灸治ニ付、御伺も被　仰上、御退出、

一、右御伺として　宰相様　御登城有之、

七月廿七日

*義直二の丸にて茶頂戴

*家光出御

*家綱出御

*供の者も料理など頂戴す

於二丸御茶被進候付、百人番所迄　御越、御左右有之、二丸江　御登城、御書院　御着座、此節酒井讃岐守を以、御手前ニ而可被進候得共、久〻不被遊、其上御痛所も被爲　在候付、永井信濃守(尚政)江被　仰付候旨　上意之趣申上、御囲おいて御會席、相濟　公方様　出御、御茶　御頂戴、井伊掃部頭・酒井讃岐守御挨拶申上、御茶之末右兩人江被下、相濟而　入御、重而於御書院　公方様江　御對顔、御盃御頂戴、黄鷹二居・鶴三居・御馬三疋被進、早而　入御、　大納言様　出御　御對顔、御小脇指(行平、代金五十枚、)被進、相濟而御退出、

御供ニ而罷登候寺尾彈正少弼・渡辺右馬允・

大道寺玄蕃(直時)・成瀬吉左衛門(正則)・鈴木主殿(重之)・石川(河、以下同ジ)伊賀(正光)御料理頂戴、時服拜領之、

一、右爲御禮　御本丸江　御登城、御老中江　御謁御退出、掃部頭・讃岐守・御老中江　御越被遊、松平和泉守(乘壽)・牧野内匠頭・朽木民部少輔(稙綱)・中根壹岐守(正盛)・久世大和守(廣之)・牧野佐渡守・内田信(正信)濃守・小出越中守(尹貞)江御使被遣之、

一、御老中其外御招請有之、

七月廿八日

七月廿九日

記事無之、

七月晦日

義直江戸發駕

御帰國ニ付、江戸　御發駕、東海道　御旅行、

今晩　御泊不詳、

八月朔日

御泊不詳、

八朔の祝儀として光友登城し家光らへ太刀など差上ぐ

一、爲八朔之御祝儀　宰相様御登城、於御白書院

公方様江　御對顔、御太刀・馬代御差上、

過而二丸江　御登城、　大納言様江　御對顔、

御太刀・馬代御差上、相濟而　御退出、

八月二日

*風雨強きにつき様子伺ひの宿次奉書大磯著

昨日風雨強候得共、無御恙御旅行被成候哉被爲聞度旨被　仰進候宿次奉書、大磯(相摸國淘綾郡)驛江到着、

右爲御禮、御使山本彦助御差下之、

一、今晩小田原(相摸國足柄下郡)　御止宿、

一、小田原驛江　上使渡辺内匠(三綱)を以、風雨ニ付御道中　御尋被　仰進之、

一、右御礼として、御使石川伊賀御指下之、

八月三日

今晩三嶋(伊豆國君澤郡)　御止宿、

一、山中(駿河國田方郡)ゟ三嶋之間、御鹿狩有之、

一、大磯ゟ御差下之御使山本彦助下着、御老中江　御使相勤之、

*家綱誕生日につき光友より家光らへ肴差上ぐ

一、大納言様御誕生日ニ付　宰相様より　公方

様・　大納言様江御肴一種充御差上之、

八月四日

今晩由井（駿河國庵原郡）　御止宿、

*道中尋ねの奉書金谷到著

一、小田原驛より御指下之御使石川伊賀　公方様
御前江被　召出、御暇被下、時服拜領之、
右爲御礼、追而御道中ゟ御老中江　御書被遣
之、

八月五日

雨天ニ付由井　御逗留、

八月六日

義直久能山東照宮參詣

久能（久能山東照宮）（駿河國有渡郡）　御宮江　御參詣有之、

一、今晩丸子（駿河國有渡郡）　御止宿、

一、大納言様御灸治ニ付、爲御伺御機嫌　宰相様
御登城有之、

徳川頼重在所到著

一、松平右京大夫（徳川頼重）〔様脱〕在所到着ニ付　姫君様江一種一
荷、使者を以差上之、

雨天打續く

一、此間打續雨天ニ付　公方様・　大納言様御機
嫌御伺として、鞠子驛〔丸、以下同ジ〕ゟ御使山下佐左衛門（氏紹）御差
下之、御老中江　御書被遣之、

八月七日

雨天ニ付、御道中　御尋之奉書、今日金谷驛（遠江國榛原郡）
江到着、爲御禮御使平岩善左衛門（元綱）御差下之、

一、今晩見附（遠江國磐田郡）　御止宿、

八月八日

今晩荒井（遠江國敷知郡）　御止宿、

一、荒井ゟ爲御伺御機嫌、御使小畑十大夫（久廣）御差下之、
御老中江　御書被遣之、

一、鞠子驛ゟ御差下之御使山下佐左衛門、今日奉書
出、御暇被下、時服拜領之、

一、宰相様江　上使石川播磨守を以、御菓子被進、
奥様・御姫様（義直女、京姫）江も女使を以、御菓子被進之、
追而　上使御礼として、御國許より御老中江
御書被遣之、

八月九日

今晩藤川（三河國額田郡）御止宿、
一、御差下之御使石川伊賀罷登、今晩藤川　御旅舘江到着、　御請等申上之、
一、大樹寺（存榮）、藤川　御旅舘江罷出、　御逢有之、

八月十日

*家綱灸治

今晩　御泊不詳、
一、御道中江　上使且奉書被進候爲御禮　宰相様御登城可被遊哉と御老中江爲御伺之処　御登城被成候様御差圖申上之、

八月十一日

義直名古屋著城

今日　御着城、
此日新道江　御還リ、祐福寺（尾張國愛知郡）ニ而　御昼休、
御家中之輩爲御迎御道通江罷出、夫々　御目見有之、
一、右之御儀ニ付、從　宰相様生田平六（經忠）爲御差登、御樽肴被進之、　姫君様ゟも御使高田九兵衛（宗則）爲御差登有之、

*義直歸國につき禁裏へ御使差登らす

右ニ付、九兵衛江銀拾枚被下之、
一、御帰國ニ付　禁裏御初江爲御使安倍勘兵衛（良長）、京都江爲御差登有之、
一、金谷驛ゟ御差下之御使平岩善左衛門下着、今日御老中江　御使相勤之、
一、大納言様御灸治被遊候付、爲御伺御機嫌、御使新見孫兵衛御差下之、

*鷹野法度仰出づ

一、御鷹野之節、御法度左之通被　仰出、
一、御鷹野御供之時、猥田畑不可踏事、
一、御鷹野御供之時、私用ニ竹木一切不可伐取事、
一、一分之者ハ勿論、物頭たりと云共、御鷹野場ニ而一圓振舞仕へからす、弁當もたす間敷候、自分之食物迄を可爲持事、
一、御目見衆ハ、御小性立衆之可從差圖事、
一、不依誰御意ニ而下知仕候儀、不可令違背事、
右之旨、堅可相守者也、
一、大坂御番歸小尾仁左衛門（光重）　御目見として名古（尾張國

屋江（愛知郡）立寄候付、時服貳・羽織一被遣之、

一、御道中江　上使且奉書被進候爲御礼　宰相様　御登城有之、

八月十二日

道中法度仰出づ

江戸御番替ニ罷下候輩、道中御法度左之通被仰出、

一、就諸事　公義御法度、堅可相守事、

一、喧嘩・口論双方可處曲事、於令荷擔ハ、本人ゟも可爲重科事、

一、今度道中行列、與頭可任差圖事、

一、江戸御番替衆小身之輩、道中乘物ニ不可乘、雖然病人ハ可爲各別之間、御目付衆江相斷乘へき事、

附、御番替ニ罷下輩、分限ニ過たる儀仕間敷事、

一、於道中面々宿之儀、其役人於割渡ハ、不可及違乱事、附リ、下々宿札不可剥取之、若於相背ハ、可爲過料事、

一、於道中行懸りたりといふとも、振舞堅停止、

附、錢湯ハ勿論、於泊所風呂をたかせ、寄合入へからさる事、

一、於道中不可押買・狼藉、兼日如御定轉（博）奕・好色ハ勿論、不依何事、不行儀之事可爲曲事（事脱）ニ、

右、可相守此旨者也、

八月十三日

御歸國爲御礼、御使間宮大隅守御差下之、

右ニ付、大隅守江御帷子二・御單物一・御羽織一被下之、

一、爲御伺御機嫌、新居ゟ御差下之御使小畑十大夫下着、今日御老中江御使相勤之、

一、松平越中守（定綱）江爲御使奥平彈兵衛（貞利）、勢州桒名江被遣之、

八月十四日

八月十五日

*義直名古屋東照宮參詣

義直相應寺相應院牌前參詣

*義直著城の御禮として使者遣す

記事無之、

八月十六日

相應寺（尾張國愛知郡）　相應院様（家康側室、志水氏）御牌前江　御參詣、黄金壹枚御備之、

一、左之輩江御褒美被下置、

御登之節、歩行ニ而御供仕候付、御小袖貳ツ、被下置、

御小性 津田万助（直信）
同 荒川新之丞
同 淺田七十郎
御側御小性 一色勘之丞
中根新十郎

御巣鷹無懈怠産立候付、御帷子貳充被下置、

御鷹匠 鈴木太左衛門（重命）
同 鈴木清兵衛（重張）
同 倉林五郎兵衛
同 杦山庄大夫

八月十七日

八月十八日

三之丸（名古屋東照宮）（尾張國愛知郡）御宮江　御參詣、黄金壹枚御備之、

記事無之、

八月十九日

御着城之爲御禮、間宮大隅守を以　公方様・大納言様江御樽肴御差上ニ付、酒井讃岐守初メ御役人中江　御書・御使相勤、女中向江も安倍八兵衛（道季）を以　御書被遣之、　天樹院様・清泰院様（前田光高室、頼房女、家光養女、大姫）・高田様（松平忠直室、徳川氏）江も御使を以、御樽肴被進之、

一、鉄炮町（尾張國愛知郡）彦左衛門、令盗候付獄門、

八月廿日

公方様御不例ニ付、御老中江爲御伺依差圖爲御伺（マヽ）　宰相様　御登城有之、

一、御差下之御使新見孫兵衛、今日御老中江　御使相勤之、

八月廿一日

義直歸國につき菱喰を進らす

御帰國ニ付、名古屋江　上使本多美作守を以
菱喰被進、美作守　御城江罷出候付　上意
被為　請、御饗應有之、御刀被遣之、鳴海（尾張國愛知郡）并本
町おいても御馳走有之、
一、右御礼として、御使阿部河内御差下之、
右ニ付、河内江「一」御帷子二・「一」御單物一・「一」御羽織
一被下之、

家光不例

一、公方様御不例御伺として　宰相様　御登城有
之、

八月廿二日

公方様御不例為御伺　宰相様　御登城有之、

八月廿三日

公方様御不例御伺として　宰相様　御登城有
之、

碁打宗雲江戸へ罷下る

一、碁打宗雲江戸江罷下、為　御目見名古屋江罷
出候付、羽織壹ツ被下之、

八月廿四日

*義直三の丸台徳院靈屋參詣

三之丸（名古屋城）　台徳院様御霊屋江　御參詣、黄金
壹枚御備之、
一、公方様御不例為御伺、御使寺西藤左衛門（昌勝）御差下
之、
右ニ付、藤左衛門江「一」御帷子貳ツ・「一」御單物一ツ
被下之、
一、公方様御不例御伺として　宰相様　御登城有
之、

*光友日々の登城家光滿足に思召す

一、宰相様江　上使阿部豊後守を以日々　御登
城御滿足被　思召旨被　仰進之、
一、右、為御礼再　御登城有之、
右為御禮、追而酒井讃岐守初江　御書被遣
之、
一、左之輩江御褒美被下置、

御弓役
枕山三右衛門（吉次）
土屋太郎右衛門

*川手十郎兵衛家來手討ちは致し方宜からず

本阿彌光益ら御目見に罷出づ

禁裏へ屛風一双進獻

義直鹿狩として岐阜へ御成

*自證院七回忌につき光友黄金を備へる

*義直岐阜より歸城

義直岐阜御笛山へ入る

*家光所勞につき御國三社へ祈禱仰付く

江戸三替無煩御番
相勤候付、御帷子・
御單物一充被下置、

押奉行 山崎七右衛門
大村三郎四郎
御帳付 太田善左衛門

一、本阿弥光益・角倉与市・本阿弥㐂太郎　御帰國之砌　御目見ニ罷出、御暇被下罷登候付、光益江大判壹枚・單物一・帷子一、與市江大判壹枚・單物一・帷子二、㐂太郎江單物一ッ・帷子貳被下之、

八月廿五日

禁裏江御屏風一双御進獻有之、

一、爲御泊御鹿狩、（美濃國厚見郡）岐阜江被爲　成、鵜飼をも
御覽有之、

一、公方様御不例爲御伺　宰相様御登城有之、

八月廿六日

於岐阜御笛山江被爲　入、鹿四ッ被爲　留、

一、公方様御不例爲御伺　宰相様　御登城有之、

一、御部屋御足輕頭川手十郎兵衛家來手討、致方不宜候付、改易被　仰付之、御用人古屋主水（景泰）宅おいて御目付引加　御意之趣申渡之、

八月廿七日

一、公方様御不例爲御伺　宰相様　御登城有之、

女院・新院江志津幾師御進獻有之、

八月廿八日

公方様御不例爲御伺、御使兼松源兵衛御差下之、
右ニ付、源兵衛江御帷子二・御單物一被下之、

一、公方様御不例爲御伺　宰相様　御登城有之、

一、（家光側室、岡氏、千代姫生母）自證院様七回御忌ニ付　宰相様ゟ御使上田忠左衛門を以、黄金壹枚御備之、

八月廿九日

岐阜ゟ　御帰城、

一、公方様御不例爲御伺　宰相様　御登城有之、

一、此月、　公方様御所労ニ付、於御國三社御祈禱被　仰付之、

右ニ付、追而熱田江銀拾枚・津嶋江同三枚・
一之宮江同貳枚御備之、

九月朔日

女院・　新院江美濃柿一箱充御差上有之、
一、御差下之御使阿部河内下着、今日御老中江御使
相勤之、

*御國三社より
御祓など內々
差上ぐ

一、公方様御不例爲御伺、御使伊奈左門(吉次)御差下之、
右ニ付、左門江御袷貳被下之、

家光不例につ
き伊勢神宮へ
祈禱仰付く
*伊勢神宮より
御祓など差下
あり

一、公方様御不例ニ付、於伊勢(伊勢神宮)御祈禱被　　仰付、
慶光院(周清)江御使飯嶋九郎左衛門(光貞)を以、大判壹枚被
遣之、　　宰相様ゟも同人を以、大判壹枚被遣
之、
右ニ付、慶光院江御樽・美濃紙被遣之、
一、公方様御不例爲御伺　　宰相様　御登城有之、

九月二日

公方様御不例爲御伺　　宰相様御登城有之、此

家光瘧疾全快

節御瘧疾　　御發日之処、御全快之旨阿部豊後

守申上候付、御悦被　仰上御退出、

九月三日

公方様御不例爲御伺、神谷彦左衛門御差下、御
老中江御使相勤之、
一、右之御儀ニ付、於御國三社御祈禱被　　仰付、
御祓并熨斗一箱ツヽ、相添、御內々より御差上ニ
付、今日御差下有之、
一、公方様御不例御伺として　　宰相様御登城有之、

九月四日

公方様御不例ニ付、於伊勢御祈禱被　　仰付、
御祓并御熨斗、今日御差下有之、
一、御帰國爲御礼、御差下之御使間宮大隅守を以
公方様江二種壹荷　　大納言様江壹種一荷御
差上、尾州江　　上使被進候爲御礼、阿部河内
を以　　公方様江壹種一荷　　大納言様江御菓子
壹種御差上、兩人共　　御城江罷出候処、時服・
羽織拜領之、

*重陽の祝儀として家光より呉服進らす

*弓師ら御目見に名古屋へ罷出づ　重陽の祝儀として家光らへ進物あり

此節大隅守を以　龜松様・　德松様江も被
進物有之、
一、公方様御不例爲御伺　　宰相様　御登城有之、
九月五日
御差下之御使寺西藤左衛門下着、今日御老中江
御使相勤之、
一、御使として、渡辺右馬允御指下之、
右馬允久〻江戸ニ相詰、御供ニ而罷登候処、
間もなく御差下ニ付、大判拾枚・「｜」御袷一・「｜」御
羽織一被下置之、
一、公方様御不例爲御伺　　宰相様御登城有之、
九月六日
重陽之御祝儀として　　公方様・　大納言様江
御使を以、時服御差上、　天樹院様・　長松様・
龜松様・　　德松様江も御使を以、銀五枚充
被進之、
一、公方様御不例爲御伺　　宰相様　御登城有之、

九月七日
爲重陽御祝儀　　公方様ゟ女使を以、呉服被進
之、
一、公方様御瘧御快被爲　成候付、御使阿部善兵衛(正周)
御差下之、
右ニ付、善兵衛江「｜」御袷貳被下之、
一、公方様爲御伺御機嫌　　宰相様御登城有之、
九月八日
御差下之御使伊奈左門、今日御老中江御使相勤
之、
一、公方様爲御伺御機嫌　　宰相様　御登城有之、
一、弓師・矢師・空穗屋爲　　御目見名古屋江罷出、
差上物仕候付、銀子被下之、
九月九日
爲御使松平頼母(康久)御差下之、
右ニ付、頼母江「｜」御袷貳・「｜」御羽織一被下之、
一、爲重陽御祝儀　　宰相様御登城、　公方様御

*三州瀧山東照宮遷宮相済む

家光不例につき參府は無用なるやう松平信綱申上ぐ

違例後ニ付、爲　御名代　大納言様出御
御對顔、相濟而御退出、
一、宰相様日〻　御登城、御滿足被　思召候、御
快然被遊候間、明日ゟ　御登城御無用被成候
様、酒井讃岐守・堀田加賀守を以　上意有之、
　九月十日
記事無之、
　九月十一日
公方様御不例ニ付、御參府も可有御座哉、必御
無用被成候様　宰相様江松平伊豆守申上候付、
爲御禮御使兼松又兵衛(正廣)御差下、今日御老中江御
使相勤之、　宰相様ゟも酒井讃岐守・阿部豊
後守・阿部對馬守江御使被遣之、
一、爲御伺御機嫌　宰相様ゟ成瀬隼人正御差出之、
　九月十二日
記事無之、
　九月十三日

三州滝(滝山東照宮)(額田郡)　御宮御迁　宮相濟候爲御悦、横井孫(時元)
右衛門御差下有之、
　右ニ付、「一」御小袖二被下之、
一、芝辻理右衛門　御目見として名古屋江罷出候付、
銀五枚被下之、
一、長谷川左兵衛御暇被下、尾州江罷登候付、「一」御小
袖貳被下之、
　九月十四日
御差下之御使阿部善兵衛下着、今日御老中江御
使相勤之、
　九月十五日
女院江氷餅一箱御差上有之、
一、御歩行頭鈴木市之丞江地方三百石被下置　御
黒印をも被下置、
一、同心頭長野織部江知行四百石之　御黒印被下
置之、
一、宰相様　御登城有之、

義直相應寺相應院牌前參詣
*義直鹿狩として大森へ御成
家光病後初て御座の間へ出御
*義直夕山へ御成
三州瀧山東照宮新規造營
義直太刀など奉納

九月十六日

相應寺　相應院様御牌前江　御參詣、
此節入院(南龍、寂蓮社臺譽不曲)後初而御膳差上候付、黄金壹枚・御「一」
小袖三被下置之、僧中江も銀子被下之、

一、左之通被　仰出、
黒御門御足輕頭
川澄新左衛門(正吉)
町奉行被　仰付、
御馬廻組
鈴木藤左衛門二男
鈴木金右衛門(政重)
鈴木主殿同心被召出、知行貳百石被下置、

一、公方様御病後初而　御座之間江　出御ニ付
宰相様ゟ御歡被　仰上、

九月十七日

今度三州瀧　御宮、新規御造營、昨夜　御
遷宮ニ付、御使水野惣右衛門(光康)を以、御太刀・馬
代黄金壹枚御備、且石燈籠御奉納有之、

九月十八日

公方様御不例御本復ニ付、為御祝儀　宰相様

御登城之儀、御老中江為御伺、仍差圖松平和泉
守・牧野内匠頭江御使被遣之、

九月十九日

公方様御不例御本復之為御祝儀、御老中江　御書
被遣之、

一、為御泊御鹿狩、大森(尾張國春日井郡)江被為　成、

一、御手鷹匠吉田伊左衛門、御鷹ニ初鶴取せ候付、
「一」御小袖一被下置、

九月廿日

今日夕山江被為　成、御笛ニ而鹿貳ッ被為　留
之、

一、御差下之御使阿部善兵衛・兼松源兵衛　御城
江罷出候処、御暇被下、時服拜領之、(附箋)「善兵衛時服・羽織、源兵衛儀時服
拜領之、」

九月廿一日

記事無之、

*義直水野夕山へ鹿狩に御成

九月廿二日

明廿三日朝山江被爲　成、大夵ニ而晝御膳被

召上、御道筋御鷹野被遊、　御帰城可被遊

旨被　仰出之、

九月廿三日

御差下之御使横井孫右衛門下着、今日御老中江

御使相勤之、

義直大森より帰城

九月廿四日

一、大夵ゟ　御帰城、

三州浄妙寺ら御目見として名古屋へ罷出づ

三州浄明寺(妙、以下同ジ)(額田郡)・鳳來寺(設樂郡)日輪坊(俊應)　御目見として名

古屋江罷出候付、浄明寺江「一」御小袖二、日輪坊江銀

三枚被下之、

義直鹿狩として水野へ御成

九月廿五日

御泊御鹿狩として、水野(尾張國春日井郡)江被爲　成、

一、公方様御不例御快然ニ付、爲御祝儀御使渡辺右

馬允御差下、御樽肴御差上に付、御老中江御使

相勤之、

一、三州瀧　御宮　御迁　宮相濟候御悦、且御伺

御機嫌　宰相様御登城有之、

九月廿六日

今日於水野夕山江被爲　成、鹿壹ツ被爲　留

之、

一、女院江廿干柿御差上有之、

一、公方様御不例後、去十七日　御宮(二の丸内宮)江　御參詣被

遊候付、「御指下之△」(異筆)△御使松平頼母を以、御悦被　仰上、

今日御老中江御使相勤之、

*光友増上寺台徳院佛殿參詣

一、増上寺　台徳院様御仏殿江　宰相様御參詣、

九月廿七日

御差下之御使渡辺右馬允・松平頼母登　城、御

暇被下、時服・羽織拝領之、

九月廿八日

女院江志津幾一壺御差上有之、

一、御差下之御使横井孫右衛門登　城、御暇被下、

時服拝領之、

一、為當日御祝儀　宰相様御登城有之、

九月廿九日

義直水野朝山へ入る

於水野朝山江被為　入、夫ゟ大夲江被為　成
御止宿、

九月晦日

義直大森より帰城

大夲ゟ御道筋、御鷹野被遊　御帰城、

一、此月、御進物番近藤新左衛門(明經)金方御納戸被　仰
付、

十月朔日

義直竹腰正晴宅へ御成

竹腰虎之助宅江家移後初而被為　成、御刀一
腰・大判壹枚・御小袖十被下置之、虎之助ゟも
御刀差上之、

一、為當日御祝儀　宰相様　御登城有之、

頼房肥満にて胴に合ず具足誂ふ

一、水戸様江先年様之御具足被進候處　御肥満被
遊、御胴ニ不合候付、又ゝ様之御具足御誂被遊
度旨、成瀬隼人正江御頼有之、名古屋おいて出
來、稲冨土佐(秀明)様之上、御用人ゟ隼人正迄差下之、

十月二日

今夜中阿部對馬守ゟ奉書差越之、

十月三日

女院江粕漬鮑一桶御差上有之、

一、昨夕亥猪之御祝相濟候為御悦　宰相様御登城
有之、

十月四日

女院・新院江甘干柿御差上有之、

*家光病後初て御黒書院出御

一、宰相様御登城、　公方様御病後初而御黒書院江
出御、御對顔有之、

一、宰相様江　上使被進之、

十月五日

昨日　上使被進候付、為御禮　宰相様御登
城有之、

一、御不例御快然以後　大納言様ゟ　公方様江
御膳被進候為御祝儀　宰相様再　御登城有之、

*義直鷹野へ御成

*歸御以後霍亂氣なるも早速本復

千代姫初て自筆の御書進ず

*樋口信康ら名古屋參向

十月六日

玄猪御祝之節　公方様御病後初而御表　出御被遊候付、爲御悦御使奥平彈兵衛御差下之、

十月七日

公方様御病後弥御機嫌能、去四日又〻御表出御被遊候付、爲御悦御使小瀬新右衛門(忠次)御差下之、

一、姫君様初而　御自筆之　御書被進候付、御滿足被　思召旨ニ而、御肴壹折被進之、

十月八日

記事無之、

十月九日

爲御伺御機嫌、御老中迄　御飛札被遣之、

十月十日

公方様御不例御全快ニ付、去五日　大納言様より御膳御差上、同日御鷹野にも被爲　成候付、爲御祝儀、御使澤井三左衛門(元重)御差下之、

右ニ付、三左衛門江「一」御小袖貳被下之、

一、御鷹野被爲　成、歸御以後、少〻御霍乱氣ニ而御頭痛も被遊候處、早速御本復、

十月十一日

御差下之御使奥平彈兵衛下着、今日御老中江御使相勤之、

一、樋口三位殿(信孝)・同中將殿(樋口信康)爲御見廻名古屋江參向ニ付、御對顔・御饗應有之、三位殿江大判壹枚、中將殿江御小袖三被遣之、

十月十二日

記事無之、

十月十三日

御差下之御使小瀬新右衛門下着、御老中江御使相勤之、

十月十四日

女院・新院江甘干柿一箱充御差上有之、

十月十五日

御差下之御使澤井三左衛門を以　公方様・
大納言様江御樽肴御差上之、

一、公方様江洗和布一箱御差上之、

一、松平太郎左衛門(重和)・三州(加茂郡)高月院(本譽尊太)・北野随吟　御
目見罷出候付、太郎左衛門・高月院江「一」御小袖貳
充、随吟江銀五枚被遣之、

十月十六日

記事無之、

十月十七日

明國兵亂につき奉書來る

明國兵乱之儀ニ付、奉書到来　御卽答被遣之、

長崎御用につき成瀬正虎呼出す

一、長崎御用之儀ニ付、成瀬隼人正被呼出、　上
意之趣酒井讃岐守・御老中申渡之、

十月十八日

女院江甘干柿御差上有之、

一、御差下之御使奥平彈兵衛・小瀬新右衛門・澤井
三左衛門登　城、御暇被下、時服・羽織拜領
之、

十月十九日

記事無之、

十月廿日

*名古屋へ上使池田長賢鷹の鶴を進む

名古屋江　上使池田帯刀(長賢)を以、御鷹之鶴被進之、
今日到着ニ付、爲御迎町屋江被爲　成、追付帯
刀登　城、　御對面所おいて　上意被爲　請、
相濟而御饗應有之、御刀・御脇差被遣之、早而
退散、

一、右爲御禮、御使志水甲斐御差下之、
右ニ付、甲斐江「一」御小袖三・「一」御羽織一被下之、

十月廿一日
十月廿二日

記事無之、

十月廿三日

宰相様江　上使牧野美濃守(儀成)を以、御鷹之鳫被
進之、

*光友不例につき御使差下す
*尾州への上使の御禮として家光らへ進物あり
*鷹野鹿狩の節の法度仰出づ
*鯱

一、右為御禮、成瀬隼人正御差出之、
一、宰相様御不例ニ付、御使佐枝平兵衛(種定)御差下之、
右ニ付、平兵衛江「一」御小袖貳被下之、
十月廿四日
黒御門御足軽頭六左衛門(忠一)次男　　御目見松井伴
右衛門、御通番被　　召出、御切米六拾石・御
扶持五人分被下置、
一、簾屋徳右衛門為　　御目見名古屋江罷下候付、
銀三枚被下置、
十月廿五日
明國兵乱之儀ニ付、奉書被進候為御禮、御差下
之御使石川〔河〕杢左衛門(宗直)下着、今日御老中江御使相
勤之、
一、宰相様御氣色為　　御尋　　上使伊澤隼人正(政信)被進
之、
一、右御禮として、成瀬隼人正御差出之、
十月廿六日

禁裏・　女院江御鷹之鶴御進獻之、
一、尾州江　　上使被進候為御禮、御差下之御使志
水甲斐を以　　公方様江貳種壹荷　　大納言様江
一種御差上之、
一、當秋御暇之節、被進候御鷹ニ為御捉被遊候鶴一
羽　　公方様江御差上ニ付、左右田源左衛門(綱俊)御差
下之、
「一、御鷹野・御鹿狩之節、御法度被仰出之、」
此日御鷹野御鹿狩之節、御法度被　　仰出之、
一、日永村(伊勢國三重郡)傳右衛門鯱差上候付、小袖一被下之、
十月廿七日
大納言様江御鷹之鶴一羽御差上ニ付、魚住半右(正近)
衛門御差下之、
十月廿八日
宰相様江　　上使本多美作守被進之、
一、伊勢春木大夫(伊勢外宮)　御帰國之節、為　　御目見名古
屋江罷出候付、銀三枚被下之、
十月廿九日

本院（後水尾上皇）・新院江御鷹之鶴壹ツ、御進獻之、
一、御差下之御使左右田源左衛門を以　公方様江
御鷹之鶴御差上有之、

義直山鷹野に御成

一、此月、山御鷹野として、明知村（尾張國春日井郡）・神屋村（尾張國春日井郡）江被為
成、
一、此月、板倉周防守下リニ付、熱田おいて御馳走
有之、

京都公安院建立
相應院位牌安置

一、此月、京都（山城國愛宕郡）黒谷賢譽一寺建立ニ付、御取持被遊、
相應院様御位牌御安置有之、依之公安院（山城國愛宕郡）与
相唱、
一、此月、左之通被　仰出、
御供番被仰付、知行代三百石被成下、　御進物番　水野藤大夫（盛直）
御腰物奉行被　仰付、　同　渥美源右衛門（勝晴）
御部屋御右筆被仰付、御加増三拾石被下置、　御右筆　橋田長七郎
御鉄炮打被　仰付、　御藥込　大槻伊左衛門

御右筆被召出、御切米三拾石・御扶持五人分被下置、　浪人澤孫左衛門悴　御目見　杦立權右衛門（正勝）
御役儀御免、寄合被　仰付、　御旗奉行　平岩瀬兵衛（元成）

十一月朔日

左之通被　仰出、
御黒印をも被下置、
御加増知五百石充被下置、　御城代　高木修理（吉任）
久野七郎右衛門

*光友登城し家光と直談あり

一、為當日御祝儀　宰相様御登城　公方様江
御對顔、暫　御直談有之、相濟而御退出、

十一月二日

八幡（石清水八幡宮）正岳院為　御目見名古屋江罷出候付、銀
三枚被遣之、

*濃州鵜沼村傳馬町へ葺萱代下す

一、濃州鵜沼村傳馬町、當十月朔日焼失ニ付、葺萱
代金被下之、

十一月三日

*義直留守につき鷹場明く

*先年は米國々より相廻すも今は江戸へ相廻さざるやう申聞す

記事無之、

十一月四日

女院江宮重大根一箱御差上有之、

一、宰相様御不例ニ付　上使被進候為御禮、御使松井市右衛門（吉藏）御差下之、

十一月五日

御指下之御使志水甲斐・左右田源左衛門・石川杢左衛門・魚住半右衛門　御城江罷出候処、御暇被下、時服・羽織拜領之、

「（貼紙）甲斐時服・羽織、源左衛門初時服拜領之、」

半右衛門義ハ、於二丸拜領物有之、

「一、黒御門御足軽頭山崎十左衛門（元家）、御籏奉行被　仰付、
一、左之通被　仰出、　御黒印をも被下置、
御加増貳百石被下置、　御黒印を茂被下之、」
〃〃御籏奉行被　　黒御門御足軽頭
〃〃仰付、御加増二百石被下置、　山崎十左衛門

一、御國奉行服部小十郎江御加増知貳百石之　御黒印被下置之、

十一月六日
十一月七日

記事無之、

十一月八日

大納言様御留守ニ付、御鷹場明候間　宰相様御越被成度候ハヽ、御暇可被進　思召ニ候、乍去御風氣後候間、十七日過御越被成度候哉、御内意可被　仰達旨松平伊豆守ゟ御城附江申聞有之候付、御病後ニも候間、十七日過ニ御暇被進候様被遊度旨、伊豆守迄為御達有之、

自十一月九日
至十一月十一日

記事無之、

十一月十二日

先年ハ米國〻より廻し、江戸ニ而相調不申様被　仰出候得共、今程ハ江戸より國〻之方拂能候間、江戸江不相廻様、松平伊豆守ゟ御城附江申聞有之、

濃州蕨生村百姓度々庄屋と公事致すにつき獄門

*竹腰正辰ら證人替を仰入る

十一月十三日

濃州蕨生村(武儀郡)百姓新十郎小百姓申合、度〻庄屋ト公事いたし候付、於所獄門、

十一月十四日

熱田上人弟子今度上人ニ被　仰付候付、為御禮　御城女中江　御書被遣之、

十一月十五日

女院・新院江海鼠腸一壺ツヽ御差上有之、

*光友鷹場前澤へ御成

一、御舩奉行渡辺半十郎(景綱)江御加増知百五拾石被下置

御黒印をも被下置、

一、左之通御仕置有之、

濃州蕨生村 庄屋 孫作
家來之者惣百姓ト一味いたし、度〻公事致候付、於所獄門、

(尾張國)知多郡南奥田村 百姓 半兵衛
人を殺候付成敗、

十一月十六日

御差下之御使松井市右衛門　御城江罷出候処、

御暇被下、時服拜領之、

十一月十七日

證人竹腰傳九郎(正辰)為代同姓虎之助姉、志水半左衛(忠継)門為代同人妹御差下被遊度旨被　仰入候處、右之通可被成旨被　仰出候奉書到着ニ付、御礼として　御使古屋兵大夫御差下之、

十一月十八日

宰相様江先達而　上使岡部丹後(波)守(與賢)を以、御鷹場江之御暇被進候付、今日前澤(武藏國多摩郡)江被為　成、

前澤おいて光明寺江被為　入、御滞留、

一、左之通御仕置有之、

濃州蕨生村 長吉
同 九郎左衛門
庄屋之家來なから、惣百姓与一味いたし、庄屋ト致公事候付、於所獄門、

(尾張國海西郡)早尾村百姓 吉十郎
庄屋ト公事いたし候付、於所獄門、

十一月十九日

宰相様ゟ　公方様・大納言様江御鷹之鳫貳

ツ、御差上之、

伊勢桑名町人名古屋へ罷出づ

一、勢州桒名町人名古屋江　御目見として罷出、差上物仕候付、小袖壹被下置、

十一月廿日

左之通御仕置有之、

庄屋ト公事いたし候付、於所獄門、　早尾村百姓　七右衛門

(尾張國春日井郡)清須村庄屋ト公事いたし候付、清須おいて獄門、　濃州岐阜　長三郎

十一月廿一日

宰相様御鷹場江　上使水野石見守(忠貞)を以、御鷹被進之、

右ニ付　宰相様ゟ御使を以、石見守江大判壹枚被遣、御鷹匠江も銀五枚被遣之、

納の朔日

一、來月納之朔日ニ候間　宰相様當晦日　御帰府被成候様、阿部豊後守御城附江申聞有之、

伊勢町人釜屋但馬名古屋へ罷出づ

一、勢州町人釜屋但馬　御目見として名古屋江罷出、差上物仕候付、銀貳枚被下置、

十一月廿二日

宰相様江　上使を以、御鷹場江之御暇被進候爲御礼、御使加藤与大夫(正直)御差下之、

十一月廿三日

御差下之御使古屋兵大夫下着、今日御老中江御使相勤之、

一、松平安藝守国許江御飛脚を以、御鷹之鶴被遣之、

十一月廿四日

*江州土山本陣ら名古屋へ罷出づ

江州土山(甲賀郡)・勢州庄野(鈴鹿郡)本陣　御目見として名古屋江罷出候付、小袖又ハ銀子被下置、

十一月廿五日

宰相様御鷹場江　上使を以、御鷹被進候爲御禮、御使朝比奈六郎右衛門御差下之、

一、淺野内匠頭(長直)江御飛脚を以、御鷹之鶴被遣之、

一、新町桶屋新三郎、人之女房と致蜜〔密〕通候付成敗、

十一月廿六日

左之通御褒美被下置、

水野　御泊并御狩之節、精出候付、銀五枚被下置、　水野ニ罷在御林方御用相勤候　水野久之丞

御狩之節精出候付、銀貳枚充被下置、　水野水之助

水野嘉右衛門

十一月廿七日

義直鷹野として小牧へ御成

御泊御鷹野として、小牧（尾張國春日井郡）江被爲　成、

十一月廿八日

女院江蛎一篭御差上有之、

十一月廿九日

義直二之宮山などにて鹿狩あり

二之宮山（尾張國丹羽郡）・神尾村（尾張國海東郡）ニ而御鹿狩有之、

一、御差下之御使加藤與大夫下着、今日御老中江御使相勤之、

一、盗賊同類左兵衛獄門、

十一月晦日

明後二日寒入ニ付　公方様・大納言様爲御伺御機嫌、御使鮎川八郎左衛門御差下之、

光友鷹場より歸府

一、宰相様御鷹場ゟ　御帰府、

一、此月、左之通被　仰出、

黒御門御足輕頭　左右田十内（正家）

御加増百石被下置、

御馬廻組　杦山勘之丞（俊親）

押奉行被仰付、

同㐂左衛門四男　林　權之助

長囲爐裏御番被召出、御切米三拾石・御扶持五人分被下置、

*御供の輩につき仰せあり

一、此月、來月　御參府之節、御供之輩替リ合、如元九ヶ月たるへく旨被　仰出、御小性立・御近習之外、三替ニ被　仰出、

十二月朔日

*義直苅安賀へ御成

小牧ゟ苅安賀（尾張國中島郡）江被爲　成、

一、宰相様　御帰府ニ付　御登城　公方様江　御對顔有之、

一、宰相様ゟ　公方様・大納言様江御鷹之鳫御差上、　龜松様・徳松様江も御進覧有之、

十二月二日

御差下之御使朝比奈六郎左衛門（右、以下同ジ）下着、今日御老

*薬園の薬種進らす

義直津嶋へ御成

義直側室らへ家光より鷹の雁進らす

*義直津嶋より帰城

*茶屋四郎次郎名古屋へ罷出づ

*志水忠政娘證人代として江戸下著

中江御使相勤之、

自十二月三日
至十二月五日

記事無之、

十二月六日

苅安賀ゟ津嶋江被爲　成、
此節津嶋神主(氷室長吉)江小袖貳被下之、

一、奥様・　御姫様江今日　公方様ゟ女使を以、
御鷹之鴈貳ツ、被進之、

十二月七日

記事無之、

十二月八日

御指下之御使鮎川八郎左衛門下着、今日御老中
江御使相勤之、

十二月九日

記事無之、

十二月十日

御薬園之薬種被進之、

十二月十一日

記事無之、

十二月十二日

奥御番志村次郎兵衛、知行代三百石被下置、

十二月十三日

記事無之、

十二月十四日

津嶋ゟ　御帰城、

十二月十五日

爲當日御祝儀　宰相様　御登城　公方様江
御對顔有之、

一、茶屋四郎次郎爲　御目見名古屋江罷出候付、
大判壹枚被下之、

十二月十六日

志水甲斐證人同姓半左衛門代として、甲斐娘下
着ニ付、半左衛門安藤右京進(重長)仍差圖　御城江

*上使岡部與賢名古屋へ罷越す

甲良宗賀名古屋へ罷出づ

*家綱へ破魔弓差上ぐ

來年頭の名代として渡邊治綱差下す

白林寺隠居所慈雲庵へ成瀬正虎願により黒印下置く

光友紅葉山東照宮參詣

罷出候処、御老中對面、永々相詰罷在、大儀ニ
被　思召旨　上意之趣申渡、御暇被下、時服・
羽織拝領之、右娘ゟハ縮緬三巻獻上、參府之御
礼申上之、
半左衞門　御目見可被　仰付候得共、年内
餘日無之ニ付　御目見不被　仰付候、其段
可申上旨、安藤右京進申聞有之、
一、半左衞門御暇・拝領物之爲御礼、追而御老中江
御書被遣之、
十二月十七日
一、甲良助五郎(宗賀)江戸ゟ　御目見として名古屋江罷
出候付、銀五枚被下之、
來年頭爲　御名代、渡辺右馬允御差下之、
右ニ付、右馬允江御小袖二・御羽織一被下之、
一、白林寺(尾張國愛知郡)隠居所慈雲庵江、成瀬隼人正より新田百
石寄附ニ付、隼人正仍願　御黒印被下置之、
一、紅葉山　御宮江　宰相様御參詣、

十二月十八日
女院・　新院江御菓子御差上有之、
一、上使として、岡部丹波守名古屋江罷越候付、荒
井迄御使を以、御樽肴被遣之、
十二月十九日
記事無之、
十二月廿日
爲歳暮御祝儀　公方様より女使を以、呉服・
御樽肴被進、　宰相様江も御同様被進之、
十二月廿一日
大納言様江御破魔弓御差上之、
十二月廿二日
記事無之、
十二月廿三日
公方様・　大納言様江歳暮御祝儀物御差上有之、
一、右御祝儀として　宰相様ゟ御使を以　天樹
院様・　長松様・　龜松様・　徳松様江銀五

*追懸鴨

義直對面所にて上意請く

家光らへ差上ぐる物江戸にて相談次第

*當年は拝借銀返納しがたき旨申達す

枚充被進之、
一、名古屋江　上使岡部丹波守を以、御鷹之白鳥
被進、丹波守到着ニ付、爲御迎町屋江被爲　成、
追付　御城江罷出候付、於　御對面所　上
意被爲　請、御饗應有之、御刀被遣之、相濟而
退散、
鳴海おいても、御馳走有之、
十二月廿四日
上使被進候爲御礼、御使阿部河内御差下、
公方様江御樽肴　大納言様江御國之御菓子ニ而
も、御肴にても、於江戸相談次第差上候様被
仰付之、
右ニ付、河内江「一」御小袖三・「一」御袖細一・「一」御羽織
一被下之、
一、左之輩江御褒美被下之、
水野八郎兵衛

御進物番
水野三之丞
新御番
横井小平太（時盛）
御通番
横井曾市（時久）
追懸鴨いたし候付、
御小袖一充被下置、
一、増上寺　御佛殿江　宰相様御參詣可被遊之処、
御風氣ニ付　御參詣無之、
十二月廿五日
記事無之、
十二月廿六日
重陽之　御内書、阿部豊後守ゟ御城附江相渡
之、
一、渡辺右馬允昨日下着ニ付、今日　宰相様　御
目見被　仰付之、
一、渡辺右馬允儀、酒井讃岐守江相越、當年ハ御拝
借銀御返納難被遊旨申達候處、讃岐守仍差圖、
猶又御老中江も申達之、
十二月廿七日

來々年は家康三十三回忌

*麴町添屋敷御殿作事出來

*義直女右屋敷へ移徙

*山村良豊へ同心などを預く

清須本町焼失につき金子下す

記事無之、

十二月廿八日

公方様・　大納言様來年四月日光江　御社參
可被遊旨先達而被　仰出候処、來ゝ年三十三
回御忌ニ付、其節　御參詣可被遊候間、御延引
可有之旨被　仰進候奉書、阿部豊後守より御城
附江相渡之、

十二月廿九日

一、宰相様　御登城　公方様江　御對顔有之、
野間清兵衛・鈴木五郎左衛門下着ニ付　宰相
様　御目見被　仰付、

十二月晦日

御差下之御使阿部河内昨晩下着、今日御老中江
御使相勤之、
一、爲歳暮御祝儀　宰相様御登城　公方様江
御對顔有之、
一、此月、清須(尾張國春日井郡)本町出火、家數十六軒焼失に付、金
子被下之、
一、此月、御馬廻組ニ而病死次郎(道榮)(左)右衛門惣領五十人
御目付東武右衛門(政莫)、父同姓次郎左衛門遺跡知行
百五拾石被下置、御馬廻組被　仰付、
一、此年、麴町(武藏國豊島郡)御添屋敷　御殿御作事出來、千駄ヶ(武藏國豊
島郡)谷御屋敷ゟ　御姫様御移徙有之、
一、此年、木曾谷(信濃國木曾郡)中廣且御關所も御預被置候事ニ付、
山村甚兵衛(良豊)江同心四騎・御足軽四十人御預有之、
一、此年、左之通被　仰出、

同心頭被　仰付、同心十貳騎御預、　御小性　鈴木主殿
御供番被　仰付、知行代三百石被下置、　同　細野八左衛門(定次)
御加増貳拾石ツヽ被下置、　同　正木六之丞(喜兵衛時英)
　同　淺田七十郎
年ゝ金十兩ツヽ被下置、　御部屋御小性　小嶋平左衛門(守治)
御本丸御城附被　仰付、　御進物番小頭　朝比奈弥次右衛門(正直)

知行代百廿石
被下置、
同　田中市左衛門

御加増被下置、三百石
代被成下、
同　小畠(畑)(武敬)五大夫

三百石代被成下、
同　鳥居傳右衛門(起春)

御馬廻組　魚住半右衛門

御供番被
仰付、
同　市辺猪兵衛(成政)

同　渡辺次郎兵衛

御供番被
仰付、御加増七十石被下置、
三百石代被成下、
五十人組小頭　村田長兵衛(忠英)

御加増貳十石被下置、
御弓役　長屋安左衛門(楞忠)

長囲爐裏御番
被　仰付、
御右筆　磯貝佐次兵衛

御進物番(治兵衛正秀)　増田理左衛門

御納戸被仰付、
同　左右田乇左衛門(正成)

三ヶ村御代官被
仰付、
濃州郡奉行　鈴木半右衛門

水奉行被仰付、
五十人組小頭(俊寛)　本多与左衛門

同　櫻口乇左衛門(高行)

御材木奉行兼被
仰付、
渡辺右馬允同心　平井角左衛門

御膳奉行被
仰付、
五十人組小頭　大熊市左衛門

御馬廻組(信喜)　青木五兵衛

御本丸番被
仰付、
同　清水庄大夫

御廣敷御足輕頭被
仰付、
同　野呂(紋)(正勝)門左衛門

御部屋御足輕頭被
仰付、御足米五拾石分
被下置、
同　鈴木五郎左衛門

奥御番被　仰付、
御進物番(満貞)　海保弥兵衛

御進物番小頭被
仰付、知行代三百石
被成下、
同　山崎儀左衛門(元忠)

御馬廻組被　仰付、
御切米百石被下置候　水野十郎右衛門
御進物番(隆直)　冨永善左衛門

御加増四拾石被下置、
長囲爐裏御番小頭　牧野伊左衛門(重武)

地方百五十石被下置、
御手鷹匠　枚山左平太

御加増十石・御加扶持貳人分被下置、
合羽御鷹匠
吉田小次郎

御加増貳拾石・御加扶持貳人分被下置、
同
冨田勘左衛門（正行）

尾州郡奉行被
仰付、
御代官
太田弥五右衛門（政因）

濃州郡奉行被
仰付、
御歩行
山内小兵衛

御薬込役被　仰付、
五十人組小頭
雑賀十左衛門（吉次）

五十人組小頭被
仰付、御加増廿石・御加扶持貳人分ツヽ、被下置、
五十人御供組
林　弥五右衛門
同
近藤小大夫（貞智）
同
飯沼甚兵衛（忠正）

五十人御目付被
仰付、
五十人組
鈴木傳大夫（善秀）

御代官被　仰付、
同
杁浦弾右衛門

長囲爐裏御番小頭
被　仰付、御加増十石
被下置、
長囲爐裏御番
毛利傳左衛門（廣政）

御帳付被
仰付、御加増廿石被下置、
同
寄田安左衛門（好時）

御小性被
召出、御切米八拾石・御扶持五人分被下置、
御城代
修理五男
御目見
高木主米（主米助吉繼）

御通番被
召出、御切米六拾石・御扶持五人分ツヽ、被下置、

御番頭
左門次男
伊奈權九郎（源五右衛門定次カ）

成瀬隼人正同心
瀬左衛門悴
御目見
石川平四郎

生駒（利豊）因幡守同心
甚右衛門次男
同
近藤新藏

御目見
鈴木孫右衛門

同
酒井源左衛門（忠永）

五左衛門二男
同
青木半十郎

御足輕頭（政勝）
助右衛門四男
御目見
江原權平次

御馬廻組
次郎兵衛惣領
同
長谷川惣十郎

作左衛門七男
同
横井小平太

成瀬隼人正同心
清大夫三男
同
中根又左衛門

同
同人四男
中根次郎兵衛

同（政勝）
善左衛門悴（雅知）
松平三九郎

志水甲斐同心
十右衛門（重治）四男
御目見（良重）
各務彦大夫

阿部河内同心
孫右衛門（重明）三男
同
牧野平八

長囲爐裏御番被
召出、御切米三拾石・
御扶持五人分ツヽ被下置、

御馬廻組
甚右衛門（宗雪）二男（宗之）
佐藤内左衛門

御馬醫被　召出、

御供番
彦四郎（正以）三男
御目見（政近）
兼松作十郎

御部屋御通番被
召出、御切米六拾石・
御扶持五人分被下置、

御鷹役
源右衛門悴
御目見、御扶持被下罷在候
飯田源市郎（源市武住）

御切米貳拾石被下置、

御旗本
市郎右衛門（保英）二男
御目見（保重）
服部四郎右衛門

御合力米五拾石被下置、

眞田伊豆守（信之）家老
靫負末子
同
大熊庄兵衛（正及）

被　召出、　御切米百石
被下置、

浪人
七右〔左〕衛門惣領（英利）
小池理左衛門

御馬乗被
召出、御切米三拾石・御扶持
五人分被下置、

（伊達忠宗）
松平陸奥守内
伊達阿波家來（安房成實カ）
九左衛門悴（重長）
小野勘左衛門

御馬乗被
召出、御切米六拾石・御扶持
五人分被下置、

清水久右衛門

渡辺右馬允同心被
仰付、知行貳百石被下置、

寄合ニ而病死
与兵衛（正俊）三男（正高）
寺尾與次左衛門

寺尾彈正少弼同心
被　召出、知行貳百石被下置、

浪人（元知）
小寺小市右衛門

間宮大隅守同心被
召出、

水野日向守家中（勝成）
久兵衛悴
鈴木與右衛門

福住弥右衛門同心被
召出、知行貳百石被下置、

御部屋御足輕頭ニ而病死
新五左衛門(内藏丞正勝)二男
大田六左衛門(正善)
亡父同姓新五左衛門遺跡知行五百五拾石之内、六左衛門江三百石、權八郎江分知貳百五十石被下置、寄合組被仰付、

同人三男
太田權八郎(資昆)

稲生半右衛門(俊政)
父遺跡知行五百石之内、半右衛門江三百石、拾右衛門江分知貳百石被下置、御馬廻組被仰付、

同人弟
稲生拾右衛門(政種)

御目見
朝倉平右衛門
父隱居被仰付候付、家督・知行三百石無相違被下置、御馬廻組被仰付、

傳馬所繼飛脚差出すにつき公儀より錢下さる

一、此年、　院(後水尾上皇)御所御不例之節、傳馬所繼飛脚晝夜差出候付、錢三拾貫文ツヽ、　公義ゟ熱田・鳴海兩宿江被下之、

久野宗信一寺取建てたく願ふ

一、此年、久野七郎右衛門、亡父清安(吉政)爲ニ一寺取建度、地面拜領之儀相願候付、名古屋おいて被下之、

久野山清安寺建立

則建立、久野山清安寺与號之、

源敬様《げんけいさま》御《ご》代《だい》御《ご》記《き》録《ろく》　第3　　史料纂集　古記録編〔第195回配本〕

2018年2月27日　初版第一刷発行　　定価（本体15,000円＋税）

編　集　（公財）徳川黎明会
徳川林政史研究所

校　訂　深井雅海
川島孝一
藤田英昭

発行所　株式会社　八木書店　古書出版部
代表　八木乾二
〒101-0052 東京都千代田区神田小川町3-8
電話 03-3291-2969（編集）-6300（FAX）

発売元　株式会社　八木書店
〒101-0052 東京都千代田区神田小川町3-8
電話 03-3291-2961（営業）-6300（FAX）
https://catalogue.books-yagi.co.jp/
E-mail pub@books-yagi.co.jp

印　刷　平文社
製　本　牧製本印刷
用　紙　中性紙使用

ISBN978-4-8406-5195-0